PONTO DE FUGA

A marca FSC® é a garantia de que a madeira utilizada na fabricação do papel deste livro provém de florestas que foram gerenciadas de maneira ambientalmente correta, socialmente justa e economicamente viável, além de outras fontes de origem controlada.

ANA MARIA MACHADO

Ponto de fuga

Conversas sobre livros

Copyright © 2016 by Ana Maria Machado

Grafia atualizada segundo o Acordo Ortográfico da Língua Portuguesa de 1990, que entrou em vigor no Brasil em 2009.

Capa
Joana Figueiredo

Preparação
Mariana Delfini

Revisão
Adriana Bairrada
Carmen T. S. Costa

Dados Internacionais de Catalogação na Publicação (CIP)
(Câmara Brasileira do Livro, SP, Brasil)

Machado, Ana Maria
    Ponto de fuga : conversas sobre livros / Ana Maria Machado. —
1ª ed. — São Paulo : Companhia das Letras, 2016.

    ISBN 978-85-359-2612-5

    1. Crítica literária 2. Ensaios literários 3. Escrita 4. Literatura — História e crítica 5. Livros — Aspectos sociais 6. Livros e leitura I. Título.

15-04808   CDD-809

Índice para catálogo sistemático:
1. Literatura: História e crítica   809

[2016]
Todos os direitos desta edição reservados à
EDITORA SCHWARCZ S.A.
Rua Bandeira Paulista, 702, cj. 32
04532-002 — São Paulo — SP
Telefone: (11) 3707-3500
Fax: (11) 3707-3501
www.companhiadasletras.com.br
www.blogdacompanhia.com.br

Sumário

Prefácio — Nas teias da linguagem, Marisa Lajolo 7
A ideologia da leitura 15
Leitura, livro e novas tecnologias 24
O trânsito da memória: Literatura e transição
para a democracia no Brasil 44
Entre vacas e gansos: Escola, leitura e literatura 62
Outro chamado selvagem 75
Texturas: O Tao da teia — sobre textos e têxteis 85
Do bom e do melhor. E muito 123
Muito prazer: Notas para uma Erótica da narrativa 131
Livros infantis como pontes entre gerações 156
Fantasma oculto: Alguns segredos de quem escreve 171
Em louvor da narrativa 190
Pelas frestas e brechas: A importância da literatura
infantojuvenil brasileira 208
Lá e cá: Algumas notas sobre a nacionalidade
na literatura brasileira 226

Publicações originais dos textos 249

Prefácio
Nas teias da linguagem

Marisa Lajolo

Os belos e sugestivos treze ensaios aqui reunidos nasceram da participação de sua autora — a premiada escritora Ana Maria Machado — em diferentes eventos. Os textos, que dão conta do período de 1988 a 2011, debatem questões relevantes do mundo das letras — particularmente das letras brasileiras, e, mais particularmente, da literatura infantil, gênero que rendeu a Ana Maria Machado em 2000 o prestigiado prêmio internacional Hans Christian Andersen de Literatura Infantil.

De um texto para outro, este *Ponto de fuga* vai construindo e consolidando sua unidade. As questões sobre as quais o livro se debruça nos seduzem para, ao longo de suas páginas, investigarmos a escrita, a leitura e a literatura do final dos anos 1980 até esta segunda década do século XXI.

Ensaio dos mais provocantes é o que discute o papel que a literatura pôde (e teve de) desempenhar no Brasil durante a ditadura militar (1964-85). A discussão aqui proposta toma um rumo que levanta a ponta de uma cortina sobre um cenário pouco devassado. E, por detrás do pano dessa história literária contemporânea, Ana Maria vislumbra a multiplicação das linguagens da resistência. A literatura infantil, vista até então como uma literatura menor — por vezes sequer considerada literatura... —, puxa a fila e levanta a voz, tomando para si, também, a bandeira do restabelecimento da democracia.

Porta-voz com voz infantil: uma renovação radical. Originalidade extrema de visão da história literária!

Essa desconstrução do panteão dos gêneros literários perpassa o livro inteiro. Quadrinhos e letras de música são parceiros da literatura infantil e, no calor da luta pela democratização, conquistam reconhecimento estético.

Prosseguindo com a ampla discussão do papel político da cultura — particularmente a literária —, *Ponto de fuga* discute como e por que a cultura é importante, não tanto pelas respostas que dá, mas pelas perguntas que faz. Perguntas que se multiplicam. Perguntas que talvez brotem no teclado dos escritores, de lá migrando para as páginas dos livros e delas para a cabeça dos leitores. Aprendemos com Ana Maria que o que se aprende nos livros não está necessariamente *escrito* neles: está nas entrelinhas e nos ecos que as linhas deixam nos leitores, durante e após a leitura.

A discussão segue adiante, enveredando pelas trilhas de pesquisas contemporâneas em neurociência.

Neurociência?! Epa!

Que ninguém se assuste com a expressão! O rótulo dá nome ao itinerário utilizado por Ana Maria para conduzir o leitor pelos trabalhos de Steven Pinker, professor da Universidade Harvard. Com desenvoltura, a autora familiariza seus leitores com teses de Pinker, para quem a linguagem humana é um instinto e não uma competência adquirida. Numa bela e já clássica comparação, o professor defende que para nós, humanos, usar a linguagem é tão natural e essencial quanto é natural para aranhas o tecer de suas teias.

Indo adiante nas pesquisas de Pinker, Ana Maria refina a hipótese, conferindo sofisticação ao instinto humano da fala, desdobrando-o no que se poderia chamar de *instinto narrativo*. Fortifica-se, a partir daí, a hipótese de que a literatura é articulada a essa ancestral capacidade humana de narrar. Não há povo que não conte histórias e não há criança que não goste delas: do indivíduo à espécie, o *era uma vez* vive desde sempre e para sempre.

Sob essa perspectiva, a relação entre seres humanos e histórias parece ir muito além do *gostar*. Parece ancorar-se no *precisar*. Corroborando essa hipótese, perfilam-se os livros das grandes religiões, que explicam os mundos de que falam através de histórias.

Parece mesmo ser antiquíssima a necessidade humana de viver entre histórias. *O que aconteceu?*, *aconteceu com quem?*, *aconteceu por quê?* são perguntas que introduzem as demais questões que inspiram narrações, sejam elas fábulas, contos de fada ou romances. Telenovelas, filmes e quadrinhos também.

Talvez tudo isso faça parte — na esteira do que Pinker propõe e Ana Maria retoma — de nosso ser biológico.

Será? Pode bem ser...

E se for, as diferentes manifestações narrativas em circulação em diferentes comunidades humanas podem ser concebidas como diferentes formas culturais de responder a esse instinto.*

Embora para algumas leituras tal enfoque pareça aproximar-se de uma perspectiva, digamos, essencialista da literatura, este *Ponto de fuga* não corre esse risco. Bem ao contrário. Ana Maria é plenamente consciente de que a literatura não é apenas uma das formas de satisfazer a essa necessidade humana de narrar

---

* O livro de Steven Pinker que Ana Maria comenta é *The Language Instinct: How the Mind Creates Language* (Londres: Penguin, 1995) [ed. bras.: *O instinto da linguagem: Como a mente cria a linguagem*. Trad. de Claudia Berliner. São Paulo: Martins Fontes, 2004].

e, narrando, explicar vida e morte. Literatura também é mercado. Mercadoria que tem um preço, que tem intermediários, que tem consumidores.

Em 2013, uma pesquisa registrou no Brasil a produção de 62 235 títulos de livros, dos quais foram tirados 467 835 900 exemplares.* Nesse cenário tão impressionante, ganham peso questões sobre as quais Ana Maria se detém e para as quais provoca o leitor: que leitura é possível fazer de tal quantidade de livros? Há leitores para todos eles? Todos esses livros merecem leitura?

A partir dessas questões, a autora acompanha algumas das vertentes mais sugestivas de estudos contemporâneos de leitura: lê-se hoje como se lia antigamente? Lê-se da mesma maneira diferentes tipos de livros? Qualquer leitura vale a pena? De passagem e perseguindo as questões, Ana Maria registra a multiplicação de situações de leitura em que homens e mulheres, crianças e adultos veem-se, hoje, inevitavelmente envolvidos.

Com efeito, não é mais (nem principalmente?) apenas com material impresso que o leitor interage. Nas ruas das cidades, bem como em longínquos recantos do nosso planeta (azul?), outdoors, placas, letreiros, telas de máquinas de cartão de crédito, caixas eletrônicos, supermercados, postos de recarregamento de vale-transporte e telefones móveis com suas múltiplas funções exigem leitura.

Leitura que exige leitores. Leitores poliglotas e competentes. É essa situação — certamente global — que se exprime na afirmação de Ana Maria de que "nunca tantas pessoas leram tanto no Brasil".

---

* Resultados da pesquisa "Produção e vendas do setor editorial brasileiro", de 2013, realizada pela Fundação Instituto de Pesquisas Econômicas (Fipe), pela Câmara Brasileira do Livro (CBL) e pelo Sindicato Nacional dos Editores de Livros (SNEL). Disponível em: <http://www.snel.org.br/wp-content/themes/snel/docs/Apresentacao_pesquisa_FIPE_imprensa_2013.pdf>. Acesso em: 30 abr. 2015.

A consideração surpreende, pois parece ir na contracorrente de muitas vozes. E, ao mesmo tempo, provoca outras questões: quais são os modos pelos quais ocorre essa *outra* leitura? Quais são os objetos sobre os quais ela se desenvolve? É de mão dupla o trânsito entre diferentes modalidades e suportes de leitura?

Vários ensaios do livro provocam o leitor a pensar no assunto e a chegar a suas próprias conclusões.

O cuidado constante da autora em não impor suas conclusões a seu leitor traz, para a construção dos textos aqui reunidos, um dos pressupostos em que este livro parece apostar: a ideia de que a leitura constitui um gesto selvagem, imprevisível. A ideia de que a leitura foge a qualquer controle quando pilotada pelo leitor, que se vale de suas próprias experiências para construir sentidos para cada nova experiência de leitura.

A questão é magnificamente discutida a partir das diferentes leituras que recebeu o livro *Menina bonita do laço de fita*.* Encontros de Ana Maria com leitores desse seu livro dão lugar a uma rara e oportuníssima observação relativa à (imprevisível?) variedade de sentidos que um mesmo texto ganha aos olhos de diferentes leitores.

Essa é uma das deixas para que Ana Maria discuta campanhas de leitura em curso, ao que parece, no mundo inteiro. Campanhas, no caso do Brasil, muitas vezes marcadas pela contradição entre *o que se diz* e *o que se faz*: ao mesmo tempo que se proclama a importância da educação e da leitura, tais proclamações não são acompanhadas de iniciativas que proporcionem concretude à iniciação e ao exercício da leitura.

Segundo a autora, várias iniciativas governamentais — particularmente um projeto como a coleção Literatura em Minha

---

* Publicado pela primeira vez em 1986, pela editora Melhoramentos.

Casa —* parecem apontar caminhos para a difusão de práticas leitoras significativas. Mas todas elas, por mais bem-intencionadas que sejam, tropeçam na completa e generalizada falta de familiaridade dos professores — salvas as raras exceções de sempre — com livros e com leituras. Nesse cenário desolador, e talvez inspirada por ele, Ana Maria aponta a avidez e a ingenuidade com que a escola brasileira contemporânea consome modismos didáticos.

A essa altura, particularmente o leitor que é profissional da educação pode evocar a rápida sucessão de teorias (ou de vocabulário?) que, em nome dos entornos de *alfabetização* e de *letramento*, têm pontilhado (e embaçado?) a formação de professores brasileiros nas últimas décadas. Como sugerem os contextos de outros países — relatados neste livro —, essa situação não é monopólio brasileiro.

O que não nos consola, claro! Longe disso!

Registrando inúmeras iniciativas voltadas para o incentivo à leitura, e registrando também seu relativo fracasso, a autora propõe — de forma extremamente convincente — a hipótese de que o que forma leitores é o *exemplo* de outros leitores. Num eloquente paralelo, Ana Maria se pergunta e pergunta a seus leitores: "pode alguém que não sabe nadar converter-se em instrutor de natação?".

Essa hipótese — a necessidade de serem bons leitores os responsáveis pela iniciação à leitura — dá lugar a um conjunto de reflexões relativas à precariedade do exercício do magistério no Brasil. Embora registrando e aplaudindo as exceções e os improvisos para contornar problemas, o tema deixa na alma uma inevitável nota de melancolia.

A melancolia, no entanto, se dissipa em outro ponto do arco que reúne livros, leitura e literatura. Em várias passagens deste

---

* O programa Literatura em Minha Casa fez parte do Programa Nacional Biblioteca da Escola, implantado pelo MEC de 1997 a 2004.

Ponto de fuga, o leitor se encanta com o relato de experiências vividas por escritores que, em minha leitura, tornam concretas respostas a questões que repontam nos treze ensaios aqui reunidos.

Assim como a leitura faculta ao leitor viver vidas alheias — e nisso residem simultaneamente o céu e o inferno de quem pretende que a leitura *forme* —, também no ato de escrever o escritor se envolve e se multiplica pelas situações e pelas personagens que cria.

Relatando experiências próprias e alheias, articulando profundamente leitura e escrita, essa perspectiva permite à autora entrar — levando seu leitor com ela — no fascinante campo da *sedução* e do *negaceio* que presidem as (boas) situações de leitura e de escrita. Leitores e autores, no exercício da leitura e da escrita, vivem vidas múltiplas e, porque múltiplas, irresistíveis e... incontroláveis.

Talvez seja nessa clave que ganha sentido maior a discussão que Ana Maria promove referente a imagens de certas literaturas cristalizadas em clichês. Vive isso particularmente a literatura latino-americana — e, nesta, a brasileira, da qual se espera, quase sempre, bananas, macacos & demais tropicalidades.

Estamos condenados ao *exotismo*?

Na esteira de um ensaio clássico de Machado de Assis,[*] Ana Maria discute a inevitável pluralidade das linguagens comprometidas com a expressão de identidades coletivas: melhores são e mais valem tais linguagens quanto mais se multiplicam. Nessa hipótese, talvez ganhe novas luzes a reflexão sobre as lembranças das leituras infantis, nas quais ressalta o fecundo enlace entre a fantasia e o cotidiano, entre o vivido e o sonhado.

---

[*] Trata-se do ensaio *Notícia da atual literatura brasileira: Instinto de nacionalidade*, publicado na edição de 24 mar. 1873 da revista *O Novo Mundo*, editada em Nova York entre 1870 e 1879. Disponível em: <http://bndigital.bn.br/hemeroteca-digital/>. Acesso em: 30 abr. 2015.

É especialmente instigante o comentário às leituras infantis de James Joyce. A passagem, de alguma forma, articula-se ao relato de uma situação familiar vivida por Ana Maria e sua filha, em torno de uma aranha que tece sua teia entre as plantas do jardim.

Da experiência doméstica e trivial da menina que chama a mãe para ver o trabalho de uma aranha às pesquisas de Steven Pinker, aranhas e suas teias atravessam este *Ponto de fuga*. São, de um lado, experiências concretas de laboratório e do cotidiano familiar, mas constroem, ao mesmo tempo, uma bela metáfora da linguagem humana e da escrita.

Virando a esquina, metáfora da criação.

Se, como aponta Ana Maria, "sem paixão, ninguém escreve nem lê de verdade", é exatamente nesse semovente território da produção apaixonada de sentidos — quer no polo da criação, quer no polo da leitura — que este livro constrói sua unidade e sua beleza.

Como o leitor vai conferir, encantado, nas páginas seguintes.

A ideologia da leitura*

Inicialmente, parto da premissa de que vocês leram meu texto sobre ideologia e livro infantil, apresentado no Congresso do Internacional Board on Books for Young People (IBBY) em Sevilha. Ao me convidarem para vir falar aqui, pediram-me que prosseguisse a partir dele, dizendo que já circulou muito entre vocês e é muito conhecido no Uruguai. Por isso, não vou repetir a argumentação que desenvolvi naquela conferência e me limito a recapitular rapidamente seus principais pontos, sem explicar nem dar exemplos. O que me interessa lembrar, antes de mais nada, sobre esse tema, é que não existe obra cultural inocente, todas estão carregadas de ideologia. Inclusive (ou principalmente) quando seus autores acreditam que não estão — já dizia Roland Barthes, fazendo uma brilhante demonstração desse ponto de vista.**

---

* Palestra proferida no Congresso da Associação de Literatura Infantil, em Montevidéu, em setembro de 1996.
** Ana Maria Machado, *Contracorrente: Conversas sobre leitura e política*. São Paulo: Ática, 1999. p. 29.

No caso de obras dirigidas às crianças, a ideologia tradicional universalmente presente é a que reafirma a dominação do mais fraco pelo mais forte — histórias que ensinam aos pequenos que os adultos sabem mais, são mais experientes, podem decidir melhor sobre os problemas da vida e que cabe às crianças obedecer.

Apesar disso, a obra de arte tende a ser subversiva e a afirmar a rebeldia individual frente à autoridade. Por sua própria natureza, a criação artística procura caminhos de inconformidade e ruptura. Prefere sempre a criação de protótipos, aquilo que ainda não existe, em vez de se limitar à repetição de estereótipos. E como, bem comprovou Barthes, que torno a citar, "há uma identidade entre ideologia e estereótipo". Quanto mais livre de estereótipos for uma obra, mais livre de ideologia será. Consequentemente, quando se escolhe para a leitura infantil um conjunto de obras que procure antes de mais nada ter qualidades estéticas, existe muito mais probabilidade de que sua mensagem seja libertária e comprometida com mudanças do que quando se prefere seguir o cânone que indica livros tradicionalmente aceitos pelo mundo da didática e da pedagogia, em geral mais preocupado com os conteúdos e a transmissão de valores já estabelecidos e consagrados pelas autoridades.

Evidentemente, não se trata de uma divisão rígida, e pode haver exceções dos dois lados. Mas, como ponto de partida, se não desejamos que se perpetue um sistema de dominação da criança, é mais seguro tentar lhes oferecer livros que tenham mais a ver com arte do que com ensino, com a formulação de perguntas do que com a imposição de respostas. Textos que recusem o estereótipo como ponto de partida, que sejam distintos, novos, únicos em sua diferença e originalidade, o que lhes permitirá enfrentar a carga de repetições, estereótipos e códigos culturais que os atravessarão, apesar de tudo — e aí está seu paradoxo e sua força. Sem redundância, não serão legíveis e não se comunicam; sem ruptura, não criam e não abrem caminhos. Por isso tantas vezes as paródias são interessantes e ricas nos livros infantis. Elas brincam com formas conhecidas e estabelecidas, mas as reescrevem, zombam delas, as desnudam e deformam, revelando seus significados ocultos. Exatamente como fez a arte moderna, e penso especialmente no modernismo brasileiro.

Apesar disso, convém não se fazer de inocente: a carga ideológica pode ser tênue, mas sempre continuará a existir. É por isso que proponho, em seguida a esse recurso citado (a preferência por verdadeiros textos literários, exemplos da arte da palavra), outros dois procedimentos de defesa do leitor — para que não seja docilmente colonizado pela escrita, para que a autoria não se transforme em autoritarismo do autor. O primeiro seria o desenvolvimento da capacidade de leitura crítica, em condições de ver o que se esconde debaixo da superfície das palavras do texto, de descobrir o que está nas entrelinhas. O segundo seria uma grande variedade de leituras, uma diversidade capaz de fornecer alimento e munição para o diálogo de contradições, capaz de fazer com que um texto discorde de outro, o conteste e sugira alternativas a ele.

Ou seja: se eu tivesse que resumir ainda mais este resumo do trabalho que apresentei em Sevilha, diria simplesmente que se deve ler o que tem valor artístico, ler criticamente e ler em quantidade. Conviver criticamente com o ideológico. Para tanto, porém, é necessário estar consciente de que essa expressão pressupõe o exercício permanente da razão, do pensamento. Estou inteiramente de acordo com Terry Eagleton, quando ele afirma que o dogmatismo supremo, hoje em dia, é o intuicionismo, a atitude que leva a dizer: "Eu já sei que isto é muito bom (ou muito ruim) e não discuto". A atitude ora aparece como tietagem, ora como patrulhamento.

Como se pode perceber, neste instante estamos nos afastando do enfoque tradicional da discussão sobre literatura e ideologia, sempre centrado na ideologia da escrita, no conteúdo do texto. Passamos a focalizar algo muito mais sutil, e que geralmente fica esquecido, embora seja fundamental: a ideologia da leitura, da carga que o leitor traz ao ato de ler.

Nos últimos quinze anos, depois que comecei a publicar também romances para adultos, deparei-me com uma pergunta frequente de jornalistas em entrevistas. Uma questão que nunca me haviam apresentado antes e que não me havia ocorrido: se existe uma escrita feminina. No primeiro momento, fui respondendo que não, nunca pensei em escrever de maneira diferente porque sou mulher. Mas como a pergunta sempre se repetia, comecei a pensar mais no assunto, porque de alguma forma a resposta que eu estava dando, ainda que sincera, não me satisfazia. Hoje acredito que sim, com toda certeza existe essa escrita feminina. Se falo como mulher, ando como mulher, sinto como mulher, sem dúvida olho o mundo e escrevo como mulher. Mas não sei de que modo essa minha escrita será diferente e não me preocupo em saber, prefiro seguir fazendo o que sempre fiz e lidar com a criação intuitivamente. De qualquer maneira, comecei a pensar na questão. E fui percebendo algo que é muito nítido e evidente, e que eu também nem desconfiava que existisse, nem nunca ouvi ninguém falar nisso ou perguntar em entrevistas. Mas existe, sim, uma *leitura* feminina, muito diferente da leitura masculina.

O que chamo de atitude masculina na leitura é uma tendência ao enfrentamento com o texto, a uma oposição de princípio, a um desejo de dominar a diferença como se o outro fosse uma ameaça, como se o escrito ocultasse uma espécie de agressão territorial ao leitor, que precisa ser rechaçada. Ou como se esse texto escondesse uma insinuação de rebeldia, uma tentação inaceitável, uma sedução inadmissível, uma negação da autoridade e uma tentativa de diminuir o poder patriarcal de quem lê. Algo a ser refutado e recusado, negado sempre que possível.

Por outro lado, a leitura feminina tenderia a abrir espaços para o outro, a recebê-lo e aceitá-lo com prazer, deixando-se fecundar pela diferença, alimentando-a com a própria carne e sangue, para que amadureça e cresça nas entranhas. É a leitura que recebe o texto, emprenha-se de suas ideias e palavras, dá-lhes tempo para se desenvolverem, guardando-as com carinho até que estejam prontas a serem entregues ao mundo exterior, sob forma nova e autônoma, de mistura com tudo o que o próprio leitor lhes apartou. Uma leitura escancarada para o diálogo, o encantamento e o prazer. É verdade que existem mulheres que leem com hostilidade, como se fossem homens desconfiados. E há maravilhosos leitores homens que leem com doçura e generosidade. Mas os dois tipos de leitura existem. Muitas vezes misturados e equilibrados, outras vezes com predomínio de um deles.

Essa constatação me fez pensar mais na questão da ideologia da leitura. Parece-me que esse tema é particularmente importante no caso dos livros infantis, porque se trata de uma leitura que passa pela mediação de leitores adultos e poderosos, na família ou na escola. Sendo assim, é uma leitura com graves riscos de trazer de contrabando uma ideologia clandestina, que vai se infiltrando na criança e nem estava no livro. Desse modo, livros subversivos podem ser lidos pelos adultos para as crianças como se fossem lições de conformismo transformados em fábulas com moral. Livros conformistas e autoritários podem ser lidos como exemplos de ideal, desejáveis para formar uma geração submissa. Livros inteligentes, irreverentes e deliciosamente inventivos podem ser lidos como uma piada ou brincadeira, ou censurados como politicamente incorretos, nestes tempos de tão pouca sutileza e leitura ainda mais parca.

Por tudo isso, gostaria de encerrar estas reflexões com um convite ao debate não sobre livros infantis, mas sobre nossa leitura. Que lemos nós, os adultos? E como lemos? O crítico britânico Terry Eagleton, que citei há pouco e é um estudioso de ideologia, um desses divertidíssimos e agudos socialistas ingleses que é um prazer ler, diz que a crise atual da cultura se apoia num paradoxo — esta sociedade de consumo se autodesconstrói. Por um lado, ela gosta de afirmar que a arte, a religião e o corpo/sexualidade são algo particular e íntimo, ninguém tem nada a ver com o que o indivíduo faz com eles, não pertencem à esfera do social, como acreditavam as gerações precedentes. Essa aparente liberdade leva ao fim dos valores coletivos nessas áreas. Tudo se relativiza. Assim, a cultura — e principalmente a literatura — é levada a se transformar num repositório de absolutos e é encarada como a resposta às questões humanas. Ao mesmo tempo, por outro lado, essa sociedade de consumo exige da cultura (sobretudo da literatura, novamente) que seja fiel à manifestação das novas consciências que afloram (nacionalismos, feminismo, etnias diversas), e com isso ela deixa de poder responder aos problemas globais, *porque passa a ser vista como parte do problema*, território de afirmação necessariamente parcial e negação do resto. Outro aspecto do paradoxo pós-modernista, para Eagleton, seria o predomínio do mercado, aceitando que o artista ofereça o que quiser. Vale tudo, qualquer um pode fazer qualquer coisa. Começa então uma corrida para oferecer o que seja mais fácil e renda mais dinheiro — inclusive a agressividade, a violência, a psicopatia que dominam os *mass media*, por exemplo, ao lado de outras coisas que, evidentemente, não deviam valer, segundo os valores éticos que vigoravam até este atual domínio do mercado. O que essa sociedade de consumo está provando é que, se o dinheiro é a medida de tudo e a violência dá mais dinheiro, é claro que ela vale mais do que os chamados valores morais. E estes vão sendo abandonados. É profundamente coerente, uma consequência lógica da premissa que se escolheu.

Todos esses aspectos carregam a leitura de um peso ideológico inegável. Vou dar alguns exemplos, no caso da literatura infantil, com leituras diferentes do meu livro *Menina bonita do laço de fita*, publicado pela editora Ática.

A história deste livro surgiu para mim a partir de uma brincadeira que eu fazia com minha filha recém-nascida de meu segundo casamento. Seu pai, de ascendência italiana, tem a pele muito mais clara do que a minha e a de meu primeiro marido. Portanto, meus dois filhos mais velhos, Rodrigo e Pedro, são mais morenos que Luísa. Quando ela nasceu, ganhou um coelhinho branco de pelúcia. Até uns dez meses de idade, Luísa quase não tinha cabelo, e eu costumava pôr um lacinho de fita na cabeça dela quando íamos passear, para ficar com cara de menina. Como era muito clarinha, eu brincava com ela, provocando risadas com o coelhinho que lhe fazia cócegas de leve na barriga, e perguntava (eu fazia uma voz engraçada): "Menina bonita do laço de fita, qual é seu segredo pra ser tão bonitinha?". E, com outra voz, enquanto ela estava rindo, eu e seus irmãos íamos respondendo o que nos dava na telha: é porque caí no leite, porque comi arroz demais, porque meu irmão passou pasta de dentes em mim, porque me jogaram muito talco, porque me pintei com giz etc. No fim, outra voz, mais grossa, dizia algo do tipo: "Não, nada disso, foi uma avó italiana que deu carne e osso para ela...". Os irmãos riam muito, ela ria, era divertido. Um dia, ouvindo isso, o pai dela (que é músico) disse que tínhamos quase pronta uma canção com essa brincadeira, ou uma história, e que eu devia escrever. Gostei da ideia, mas achei que o tema de uma menina linda e loura, ou da Branca de Neve, já estava gasto demais. E nem tem nada a ver com a realidade do Brasil. Então a transformei numa pretinha e fiz as mudanças necessárias: a tinta preta, as jabuticabas, o café, o feijão-preto etc.

O livro fez muito sucesso e foi traduzido em vários países. Onde, evidentemente, foi encontrando leituras ideológicas distintas e variadas.

Na América Latina, região acostumada a misturas e mestiçagens, teve a honra de ser recomendado e incluído em premiações e seleções de melhores obras na Venezuela, na Colômbia, na Argentina.

Na Suécia, também teve uma recomendação especial nas bibliotecas públicas, como um exemplo de convívio multicultural e pluriétnico.

Em outro país nórdico, na Dinamarca, uma funcionária muito militante, do setor de bibliotecas, o condenou e recomendou que as bibliotecas não o comprassem, porque o livro sugere que é possível que negros e brancos vivam em paz como bons vizinhos, sem que os negros lutem por seus direitos e façam valer suas reivindicações daquilo que a sociedade lhes nega. Para ela, o livro seria uma desmobilização da luta e uma incitação ao conformismo.

Nos Estados Unidos, num debate com professoras primárias em Wisconsin, uma delas pediu a palavra e disse que achava espantoso que eu tivesse a coragem de associar numa mesma história uma menina negra e um coelho, quando todos sabem que o coelho é um símbolo de promiscuidade sexual e de proliferação, e que essa associação era ofensiva aos negros. Mesmo se levássemos em conta que eu sou latina e que essas questões de promiscuidade não nos assustam tanto em nossa cultura. De tão estupefata, fiquei sem reação no primeiro instante, e não sabia o que responder. O que foi muito bom, porque meu silêncio permitiu que outra professora, e esta era negra, me defendesse frente à primeira, branca e loura. Contou que seus alunos tinham lido o livro e ficaram encantados, adoraram se reconhecer como bonitos e donos de um padrão invejável de beleza, capaz de obcecar um amiguinho branco.

No Norte do Brasil, numa livraria de Belém, apresentou-se a mim uma vendedora negra e linda, dizendo: "Muito prazer, eu queria muito conhecer você. Eu sou a Menina Bonita do Laço de Fita". E contou que dez anos antes o livro fora parar em suas mãos por acaso e ela o leu. Ela se achava bonita e deliciou-se em ver que os livros reconheciam isso e eram capazes de mostrá-la linda. Identificou a leitura com verdade, coragem, e o livro como uma espécie de espelho mágico, que a refletia e revelava como sabia que era, mas nem sempre era vista pelos outros. Interessou-se por livros, não tinha dinheiro para comprá-los, foi trabalhar numa livraria para aproveitar os momentos livres e ler tudo o que lhe caísse nas mãos. Acabava de convencer o patrão a abrir a primeira livraria infantil da Amazônia sob sua responsabilidade.

Posso falar de outras leituras, mas não há muito tempo, nem é o caso. Estas bastam para atestar o que eu gostaria de ver discutido aqui. Um livro não é apenas aquilo que está escrito nele, mas também a leitura que se faz desse texto. Os dois processos são ideológicos. Os dois pressupõem uma determinada visão do mundo. Para que o livro tenha um potencial rico, com muitas significações, é necessário que seja cuidado, tenha qualidades estéticas, seja um exemplo de criação original e não estereotipada. Mas, para que esse livro possa manifestar esse seu potencial, torná-lo real, é indispensável que encontre um leitor generoso que possa fazê-lo dialogar com muitas outras obras, com visões de mundo enriquecidas pela pluralidade e pela aceitação democrática da diferença. Somente dessa maneira o livro deixará de ser um ponto de chegada para se transformar num ponto de partida permanente para outras leituras — de textos e do mundo. Ou dos inúmeros e inumeráveis mundos que existem, que não queremos mais que continuem existindo ou que sonhamos que um dia possam vir a existir.

Leitura, livro e novas tecnologias*

Agrada-me ter sido chamada a falar deste tema, sobre o qual venho pensando muito, como todos nós que gostamos de livros e de leitura. De minha parte, devo dizer que gosto também das novas tecnologias e as utilizo com entusiasmo. Mas não as considero o maior milagre humano, como alguns deslumbrados parecem encará-las. Para mim, o maior milagre humano continua sendo a linguagem. E aqui venho hoje convidá-los para passarem algum tempo comigo, passeando pelos meandros desse milagre, observando um ou outro detalhe encantador à beira do caminho, olhando a paisagem que se estende até o horizonte.

Ou seja, esta conversa é mais uma divagação que uma dissertação. Apenas trago algumas ideias, opiniões, dúvidas e perplexidades para compartir. Não apresento hipóteses a partir de premissas claras, não as desenvolvo no sentido de uma conclusão. Nada é programado. Ao contrário de muitas das novas tecnologias

---

* Palestra proferida no IX Congresso Internacional de Leitura, em Bogotá, em abril de 1997.

que nos levam rapidamente por programações prévias (e alheias), apresentando cardápios diante dos quais só podemos dizer SIM ou NÃO, nesta conversa iremos fazer algo típico da linguagem. Podemos dizer *Talvez* ou *Quem sabe?*, de vez em quando *Por que não?*, e até *Deus me livre*... Iremos deixar que as palavras aflorem, atraiam outras, se associem em frases e encadeiem raciocínios ao sabor do que for ocorrendo pelo caminho.

Aliás, é bom avisar logo: este é um caminho impossível de percorrer sozinho, fechado em si mesmo, diante de uma tela. Como em toda aventura da linguagem, ele é coletivo, feito em companhia de muita gente. A maioria, seres humanos anônimos que vêm forjando esta linguagem pelos séculos afora e nem sabemos quando ou onde viveram. Mas muitas vezes, pessoas que conhecemos e de que nos lembramos, frases pescadas numa entrevista na imprensa, autores que nos impressionaram e nos ofereceram suas ideias, opiniões e emoções. Podemos nos interromper, voltar atrás, olhar para o lado, aproximar ideias contraditórias e até opostas. Provavelmente, nunca será *ou uma ou outra*. Mas sempre *uma e outra*. Com mais somas que exclusões.

Não pretendo chamar a atenção para nada. Nem lançar um foco de luz sobre coisa alguma. Aliás, um dos primeiros companheiros que estou identificando a nosso lado agora neste passeio, o filósofo Alan Watts,* lembra que não gosta de prestar atenção em nada. Para ele a atenção é uma lanterna potente num quarto escuro. Ilumina com clareza algum ponto, mas nada nos diz sobre onde realmente estamos. Assim, vamos divagar. Devagar como uma borboleta. Ligeiros como um beija-flor. De flor em flor, nos alimentando do que nos atrai e dá prazer. E, talvez, quem sabe?, ao mesmo tempo fecundando e garantindo a continuidade de uma vida futura.

---

* Alan Watts, *The Book: On The Taboo Against Knowing Who You Are*. Nova York: Vintage Books, 1989.

Olho o título, o tema proposto. Várias flores, lado a lado. São diversas, têm cores e perfumes diferentes, e isso é muito bom. Distingue-se *livro, leitura* e *novas tecnologias*. Vejo até, na sombra, escondida por baixo das folhas, outra florzinha, que nem se nota à primeira vista. Uma tímida violeta — a *literatura*. Podemos começar examinando uma delas. Não importa qual. De qualquer modo, todas misturam seus perfumes no mesmo ar que envolve nosso passeio.

Por exemplo, comecemos pelo livro, um objeto bem recente na história da humanidade. Muito antes dele, houve papiros, tabletes de barro, inscrições em pedras ou cascas de árvores, rolos de couro cobertos de sinais feitos com sumo de frutas esmagadas ou com animais marinhos reduzidos a tinta. E houve pergaminhos, manuscritos com iluminuras a ouro... Preciosidades pertencentes aos poderosos e guardadas debaixo de sete chaves, até mesmo por um analfabeto como Carlos Magno, que compreendeu que ter uma biblioteca, um banco de dados, significava deter poder. Isso sabemos todos, nem que seja por termos lido *O nome da rosa*, deste outro companheiro de passeio aqui ao lado, Umberto Eco. Ou por termos conhecido o livro de Eco apenas através de outras tecnologias, cinema ou vídeo. Para proteger os livros únicos, penosamente copiados à mão, se faziam labirintos e torres, passagens secretas e alçapões. Por eles, se matava ou morria.

Mas muito antes do livro, já havia a palavra. No princípio era o Verbo, nos diz ao ouvido um dos companheiros anônimos. E com essa palavra, fez-se a luz. A linguagem adequada ao relato, como lembra Steven Pinker, professor de Harvard, especialista em Estudos do Cérebro e Ciências Cognitivas.[*] Mergulhado com sua equipe em delicados e exatos estudos de neurologia, num dos maiores centros tecnológicos contemporâneos, o Massachusetts

---

[*] Steven Pinker, *The Language Instinct*.: How the Mind Creates Language. Londres: Penguin, 1995.

Institute of Technology (MIT), Pinker chegou à conclusão de que a espécie humana tem o instinto da linguagem, é biologicamente programada para a linguagem narrativa, para ir tirando de si fios de histórias que contêm *o que* aconteceu *a quem, por quê, e depois, e como, e onde, e para quê, e enquanto isso...* Assim como uma aranha é programada para tirar de si fios da teia com que obterá os alimentos que lhe garantirão a vida e preservarão o futuro de sua espécie.

Dessa maneira, não é de espantar que muito antes de inventar qualquer forma de escrita ou de descobrir como podia fixar palavras e ideias num suporte que lhes permitisse alcançar quem não estava presente, o homem e a mulher tenham descoberto que podiam criar outros mundos com a palavra e tenham inventado a literatura. Coisa que, portanto, surgiu séculos e séculos antes do livro. E antes da leitura. A não ser que se considere que, a rigor, já era leitura aquela atitude de ouvir uma narrativa, em estado de fascínio, guardando na memória situações, personagens, refrões e trechos inteiros para repetir depois. Para si mesmo ou para os outros. Com ou sem novos acréscimos.

Nesse sentido, podemos dizer que a leitura, como a literatura, existiu antes do livro. As multidões anônimas que coletivamente aprenderam de cor e transmitiram oralmente a obra de Homero, o *Poema do Cid*, a *Canção de Rolando*, as lendas do rei Artur e seus cavaleiros, os contos de fadas e das *Mil e uma noites*, os poemas líricos medievais e tantas outras obras literárias, quando ainda não estavam fixadas pela escrita, eram multidões que não conheciam o livro, mas conheciam a leitura e a literatura.

Por isso, quando de vez em quando ouço dizer que as novas tecnologias ameaçam o livro, não chego a me preocupar. Novamente recorro a Umberto Eco[*] para lembrar que, a esse respeito,

---

[*] Umberto Eco, *Apocalípticos e integrados*. São Paulo: Perspectiva, 1998.

se não sou integrada, também não sou apocalíptica. Pode ser que o livro mude. Pode ser até que ele acabe, embora eu tenha minhas dúvidas. O suporte daquilo que se lê vem mudando através da história. Mas sobrevive a linguagem, com sua capacidade narrativa e condutora do pensamento. E sobrevive a leitura da literatura que essa linguagem cria.

Pessoalmente, creio que há hoje em dia um exagero de livros e de material impresso, um excesso. Não é possível haver leitura para tudo isso que se publica, como mera mercadoria descartável, destinada a um consumo imediato e efêmero. E não estou sozinha em sentir um certo mal-estar diante dessa constatação. George Steiner,* por exemplo, fala em um atual "dilúvio da escrita", que acaba sendo ensurdecedor e funcionando como uma subversão do significado, numa inflação verbal constante que termina por desvalorizar o ato da escrita, ao fazer com que se torne quase impossível ouvir aquilo que é válido e genuinamente novo.

Na natureza, quando um desequilíbrio ecológico permite a proliferação exagerada de uma espécie, em seguida alguma forma de catástrofe vem consertar a situação e restaurar a ordem. Da mesma forma, imagino que provavelmente vai mesmo se abater sobre os livros algum tipo de cataclisma, que eliminará grande parte deles, garantindo apenas a sobrevivência dos mais aptos — conforme a teoria cruel mas realista que Darwin formulou na biologia. Não quero me meter a fazer previsões, até mesmo porque elas nunca dão certo, e mesmo seus mais brilhantes formuladores terminam por parecer ingênuos — como vimos acontecer com tantos narradores, de George Orwell com seu *1984* a Arthur C. Clarke com *2001*. Mas até admito que pode ser que os apocalípticos tenham alguma razão e essa catástrofe para os livros seja mesmo o advento nas novas tecnologias.

---

* George Steiner, *Language and Silence*. Londres: Faber & Faber, 1997.

Sem dúvida, elas podem substituir com vantagem as obras de referência tradicionais, enciclopédias, dicionários, compêndios, manuais. E seguramente é muito mais fácil e rápido consultar num CD-ROM uma obra de autoajuda ou esotérica (até mesmo com a possibilidade de recorrer a um procedimento mágico e tirar a sorte para ler um trecho aleatoriamente) do que ler um livro. Navegar pela internet pode trazer uma oportunidade fantástica e única de pluralidade de informação, dificilmente igualada numa pesquisa tradicional em livros. Mas vale a pena lembrar que, nesse caso, algo também se sacrifica em nome da rapidez e extensão — perdem-se os critérios de seleção e não se sabe até que ponto as fontes são sérias e seguras. A própria anarquia que, por um lado, garante o caráter libertário da rede, por outro isenta as fontes de qualquer responsabilidade. Um artigo de Umberto Eco* chamava a atenção para o grau de penetração de grupos radicais na internet e o fato de que diversos sites apresentam informações insidiosas que, no fundo, são propaganda neonazista, racista e antissemita.

Não creio, porém, que as novas tecnologias possam vir a substituir a leitura ou o livro de literatura — romance, conto, ensaio, poesia. Eles têm mudado, mas continuam. Não é a primeira vez na história que se vive uma mudança desse vulto, pelo advento de novas tecnologias. Na Grécia, muitos séculos depois de Homero, no tempo de Sócrates, a cultura oral dominante foi sobrepujada pela tecnologia da escrita. E no Renascimento europeu, quando Gutenberg inventou a imprensa com tipos móveis, houve nova revolução. Em ambos os casos, houve reações acirradas dos contemporâneos. E as consequências e efeitos dessas revoluções tecnológicas foram duradouros e profundos. Evidentemente, o mesmo acontece agora.

* Umberto Eco, "Pluralidade de informações na internet esconde ameaças para os navegantes", *La Nación*, reproduzido em *O Globo*, 11 jan. 1997.

Acompanhando essas mudanças do livro, a leitura também veio mudando. Deixou de ser feita com os ouvidos e passou a ser com os olhos. Mas os historiadores nos contam que nem sempre foi assim. Antes do século VII muito poucos liam em silêncio. Em tempo de poucos livros, longos dias de trabalho e iluminação artificial precária, alguém era designado para ficar junto à vela ou à lamparina e ler em voz alta para os outros, que partilhavam a leitura. Sair lendo sozinho tudo o que lhe caísse nas mãos era um comportamento desviante e muitas vezes podia levar o leitor a um universo intelectual tão marginal, tão diferente dos outros, que com frequência desembocava num processo por heresia.*

Além disso, a leitura era intensiva. Poucos livros (a Bíblia, um almanaque, um livro de devoção, um clássico) eram lidos e relidos, repetidamente, guardando-se na memória um acervo de citações e alusões compartilhadas pelo grupo. Esse acervo se ampliou e se consolidou ao longo dos séculos, mas era território comum a todo o público leitor. Isso é algo que perdemos completamente em nossos dias — o que compartimos atualmente são ícones da cultura pop e da comunicação de massa. Mas basta lermos qualquer obra escrita entre o Renascimento e os anos do pós-guerra para nos darmos conta do repertório cultural comum dos leitores, que era subentendido pelo autor ao escrever, com a certeza de que podia aludir à mitologia, à Bíblia, aos clássicos, à história — e seus leitores saberiam do que ele falava. Hoje, cada vez mais, para que esses livros sejam lidos são necessárias notas ao pé de página, cada vez em maior número, interrompendo mais a leitura e ocupando mais espaço. Os glossários têm que explicar coisas cada vez mais elementares, a tal ponto que o prazer e a fluência da leitura ficam irremediavelmente comprometidos e o impacto estético do texto se perde — como demonstra Steiner.

---

* Ver a história de Menocchio contada por Carlo Ginzburg em *O queijo e os vermes* (São Paulo: Companhia das Letras, 1987).

Não era assim. Apenas na virada do século XVIII para o XIX é que a leitura passou a ser extensiva e individual, com a difusão de jornais e periódicos, mais baratos, lidos rapidamente, descartados após a leitura não repetida. Mais que isso, essa época viu aparecer a noção de "sucesso literário", que permitia depois resgatar os escritos de êxito popular e transformá-los em livros — como foi o caso de inúmeros romances, publicados inicialmente como folhetins. Só nesse momento é que a multiplicação do livro, associada à Revolução Industrial e à expansão da educação, pôde realmente começar a ser vista, nos países mais desenvolvidos, como uma democratização de oportunidades de leitura. Finalmente, o acesso ao livro começava a ser mais democrático.

Hoje, além do fato de que em nossos países esse acesso continua problemático para grande parte da população, convivemos também com outro aspecto da questão, característico das sociedades afluentes, da globalização e dos avanços tecnológicos. Ou seja, o problema principal não é mais o acesso, mas a proliferação do livro, como lembrei há pouco e como tão bem situa outro companheiro deste nosso passeio, o crítico Sven Birkerts, em um dos mais belos e pungentes cantos de amor ao livro publicados em nosso tempo, *The Gutenberg Elegies* [As elegias de Gutenberg].*

Com essa proliferação, a memória se atrofiou e a leitura se transformou. De vertical, feita em profundidade e desejando guardar o que era lido e projetá-lo para o futuro, passou a ser horizontal, buscando abranger a maior superfície possível, *agora, já*, no presente. O horizonte se alargou, incorporou-se um universo muito mais extenso. Ganhou-se perspectiva e senso de escala. Relativizaram-se valores e sentidos. Passou-se a ter maior tolerância com as diferenças, mais anseio de mudanças, mais aceitação do outro. Uma série de vantagens.

---

* Sven Birkerts, *The Gutenberg Elegies: The Fate of Reading in an Electronic Age*. Nova York: Fawcett Columbine, 1994.

Mas, por outro lado, viveu-se também uma grande perda — a da profundidade, da verticalidade. E, com isso, desapareceu também a busca de uma qualidade até então muito valorizada em todas as sociedades humanas e tradicionalmente associada à experiência e à leitura. Ou seja, deixou-se de ter como ideal a *sabedoria*, aquilo que Birkerts chama de "apoteose da consciência vertical". Sem isso, as experiências vão perdendo o sentido. Fica cada vez mais fácil informar-se, ter conhecimento. Mas, em meio a tamanha explosão de dados, muita coisa escapa, fica também cada vez mais difícil compreender — e não consigo deixar de borboletear um pouquinho neste momento e esvoaçar até a flor da etimologia, lembrando que *compreender* é *com-prender* [segurar junto, manter ligado], e que, para alguns estudiosos, a forma latina *legere* [ler] estava ligada ao grego arcaico *legein* [ligar, montar, dar uma forma significativa]. Ler é ligar diferenças, estabelecer relações. Sem ter essa noção presente, passa-se a viver a ilusão de que tudo o que é importante ou fundamental pode ser reduzido a um código binário para caber num computador. E se esquece de que a sabedoria não está em saber os fatos, mas em ver através deles, por trás deles, penetrar nas estruturas e padrões subjacentes a eles. Está em permitir que o tempo possa agir sobre o conhecimento, com seu poder de fermentar, fazer crescer e amadurecer.

E aí entramos numa zona de sombra, que me parece um aspecto muito grave dessa questão. O tempo. Aos poucos também se vai perdendo a noção da verticalidade do tempo. Apaga-se o tempo profundo, que vem do passado e vai para o futuro, aquele que dá ressonância à palavra, sentido aos fatos. Fica apenas o tempo fragmentado e lateral, sem duração, como num videoclipe, em que não há compromisso com o antes e o depois. Como se o tempo não fosse uma força tão inexorável quanto a gravidade e pudesse simplesmente ser abolido, transformado numa multiplicação infinita de estímulos concomitantes, sem memória e sem consequência. Sem significação.

Vários pensadores que se detiveram numa análise das novas tecnologias assinalam essa mudança. O historiador Daniel Boorstin, ex-diretor da Biblioteca do Congresso dos Estados Unidos, ao frisar que a mídia eletrônica pode atravessar o espaço mas não o tempo, a define com uma expressão muito exata: miopia cronológica. Ou seja, essa nova tecnologia só consegue ver o tempo que está bem perto. Como defesa contra essa falha de visão, ele recomenda a leitura, afirmando:

> A leitura da história da humanidade é a única chance que temos hoje de entender e reconhecer nosso passado — que inclui perversidades, tristezas e opressões como o Holocausto e a Inquisição — e transcender a maldade humana, sem ceder ao fanatismo religioso.*

Além disso, esse tempo presente da cultura eletrônica é pontual, fugaz, desaparece rapidamente. Não deriva de raízes nem frutifica no futuro. Não tem a ver com o que o romancista John Fowles tão bem definiu ao dizer: "É o que eu mais gosto em qualquer arte narrativa, do romance ao cinema, ou seja, o movimento que vai de um presente visto a um futuro escondido".**

Órfão de leitura e de sentido, o homem contemporâneo descobre então que algumas experiências prometem ir além desse tempo lateral e mergulhar em profundidade. Os mais sensíveis detectam que isso lhes faz falta, que precisam dessas experiências, e partem em busca delas. Assim, corre-se para a experiência psicanalítica, as diversas formas de experiência religiosa, mística ou mágica... E, intuem alguns, também para a experiência estética, sobretudo para o tão necessário encontro com a arte da palavra

---

* Daniel Boorstin, "Temos que manter as mentes abertas", *Jornal do Brasil,* Rio de Janeiro, 15 fev. 1997.
** John Fowles, *The Tree.* Nova York: The Ecco Press, 1979.

através da leitura. Nunca se leu tanto quanto hoje. Mas nunca se deixou de ler tanto quanto hoje...

Vive-se então um paradoxo: talvez a leitura realmente nunca tenha estado tão ameaçada como em nossos dias. Mas certamente nunca foi tão valorizada, nunca houve tanta consciência de que é importante ler, tantas campanhas de leitura, tantos congressos, seminários, encontros e projetos para o fomento da leitura. Nem tantos livros sendo produzidos ou tanta gente sendo capaz de ser leitora.

Nenhuma reflexão que tente entender a palavra escrita hoje em dia pode esquecer dois fatos inquestionáveis e fundamentais. O primeiro é que centenas de milhões de seres humanos estão agora, pela primeira vez, entrando no mundo da leitura e da escrita. O segundo é que, ao contrário da televisão e do vídeo (tecnologias visuais ao alcance de qualquer analfabeto, extensão da velha cultura oral), agora com os computadores e meios interativos há uma reabilitação da importância da palavra escrita. As novas tecnologias exigem alfabetização e capacidade de leitura. O que se pode discutir é que tipo de leitura pode ou deve continuar viva. Simplificando, poderíamos dizer que mais pessoas estão lendo mais, porém lendo menos literatura.

Acontece, porém, que as dificuldades de leitura séria de livros de literatura por parte do público contemporâneo são reais, e não apenas uma incapacidade momentânea de uma geração preguiçosa, como alguns leitores mais velhos e rabugentos parecem acreditar. Muito mais que isso, são a manifestação de uma tendência que veio para ficar.

Trata-se de um fenômeno que Birkerts analisa com brilhantismo. Com a cultura eletrônica, ocorreu em nossos dias uma ruptura violenta, trazendo um afastamento da literatura. Mesmo nos colégios e universidades, cada vez mais se lê menos as obras antes consideradas literatura — seja porque após os grandes protestos dos anos 1960 elas foram substituídas por obras que demagogicamente se apresentam como mais fáceis e mais próximas do leitor, seja porque o poder de penetração da cultura de massa é dominante. Ou porque os meios acadêmicos cada vez mais escolhem se isolar e falar para si mesmos, trocando o prazer da leitura das obras pela leitura de estudos críticos e teóricos sobre elas, mais adequados ao que talvez seja realmente o que esses meios desejam: exercer um controle sobre o caráter rebelde, selvagem e desordenado da criação artística.

O fato é que a experiência coletiva dos leitores nascidos a partir de final dos anos 1960 (aproximadamente) exclui uma imensa parte de nosso patrimônio cultural. Assim, mesmo que esse público deseje ler, e consiga entender o vocabulário, as alusões, a dicção e a sintaxe dos livros não contemporâneos, ele não entende o sistema de crenças, valores e aspirações culturais servido por esse vocabulário e essa sintaxe. Não tendo lido na infância e na adolescência, mas apenas se ocupado com música (nas casas, as estantes de livros foram substituídas por estantes de som e discos), televisão, vídeos e jogos eletrônicos, esse jovem adulto vê como um obstáculo intransponível a concentração necessária para uma leitura densa, fica pouco à vontade com trechos que mergulham no interior dos personagens e com desvios da ação direta e se sente agredido com qualquer tom irônico do autor, porque o interpreta como uma superioridade agressiva contra ele, sentindo uma certa angústia porque está perdendo algo que não é capaz de entender.

E já que em nossa sociedade toda a história coletiva subjetiva está impressa, aconteceu de ser por meio dos livros que ela veio passando de uma geração para outra, transmitindo as especulações acumuladas da espécie. Então, o que se vê não é apenas que temos agora uma geração de pais que nunca leu e não vai dar exemplo de leitura a seus filhos — e isso, como problema, já não é pequeno. Mas o que temos é toda uma primeira geração que acha a palavra impressa lenta e difícil, quase intransponível, sem a excitação trazida pelas novas tecnologias. Por isso, Birkerts pergunta: o que acontece ao sentido de cultura e de continuidade dessa gente? O que ocorre a seu sistema de valores? Afirma ele:

> As premissas e os subentendidos que agiam em nossa sociedade não funcionam mais, não são mais válidos. [...] A transição histórica para a cultura eletrônica foi repentina demais e nos lançou num terreno desconhecido. Perdemos pontos de referência moral e psicológica.

Mapeando essa situação, a partir de experiências com seus alunos, ele tenta pesar as perdas e ganhos da pós-modernidade para o indivíduo, em grandes generalizações.

Ganhos:
1. Um aumento da perspectiva global, admitindo a complexidade das inter-relações.
2. A expansão da capacidade dos neurônios, permitindo acomodar simultaneamente uma grande quantidade de estímulos.
3. Uma compreensão relativista das situações, permitindo erodir velhos preconceitos e tendendo à tolerância.
4. Uma disposição para experimentar novas situações.

Perdas:
1. Um sentido fragmentado do tempo, afetando a experiência da duração e da profundidade.
2. Uma redução na capacidade de concentração e uma impaciência geral com buscas prolongadas.
3. Um abalo da crença em narrativas (e nas grandes teorias baseadas em narrativas, como as de Cristo, Marx e Freud), que antes davam forma à experiência subjetiva.

4. Um divórcio do passado e do sentido da história como processo cumulativo e orgânico.
5. Um estranhamento de seu próprio lugar geográfico e de sua comunidade.
6. Uma ausência de qualquer visão forte de um futuro pessoal ou coletivo.
7. Um encolhimento da esfera individual autônoma.

Pessoalmente, embora me assuste o peso pessimista dessa análise, demasiado negativa para minha inabalável confiança no espírito humano, tenho que reconhecer que o diagnóstico de Birkerts é correto, em linhas gerais. Mas, como sou uma leitora incorrigível, e os livros que leio ficam comigo, me soprando coisas à mente e dialogando uns com os outros (e até mesmo porque sou suficientemente pós-moderna para adorar uma boa colagem lateral), trago outras visões à praça.

Em primeiro lugar, uma certa desconfiança que tenho, eu mesma: estamos deixando que os números dominem as palavras. Manias da ciência e do mercado, úteis em seus domínios, mas que não precisam mandar na gente em outros terrenos, como têm feito. Isso tem relação com o papel dominante, de autoridade incontestável, que a ciência passou a desempenhar depois do positivismo e que caracterizou o século xx. Evidentemente, com uma expansão incrível de seus domínios e aplicações utilíssimas de suas descobertas em todos os setores. Mas (para ironicamente citarmos alguns números) Steiner lembra que 90% de todos os cientistas na história humana estão vivos hoje. As publicações científicas dos últimos 25 anos, arrumadas lado a lado, iriam da Terra à Lua. E 89% dessa produção científica atual é publicada em inglês. Uma impressionante concentração — em inglês e nos Estados Unidos. Em vez de continuar com números, prefiro citar um fato que fala por si só: a Universidade de Berkeley tem no seu campus um estacionamento especial, reservado aos carros dos ganhadores de prêmio Nobel. Não por acaso, essa concentração se faz no país que é o paradigma do capitalismo contemporâneo. É onde há mais recursos para as pesquisas científicas e tecnológicas. E é também de onde se exportam os modelos de consumo que privilegiam os números como padrão de avaliação de tudo, espalhando a noção de que aquilo que não é numericamente mensurável não tem valor. Como a linguagem ou o texto. Além disso, difunde-se também a atitude do pensamento científico, tal como John Fowles, um dos meus romancistas favoritos, a descreve em um belíssimo ensaio que não canso de reler, chamado *The Tree* [A árvore]:

> A ciência é centralmente, quase metafisicamente, obcecada com verdades gerais, com classificações que se detêm na espécie, com leis funcionais valorizadas por sua universalidade, por estatísticas em que um Bach ou um Leonardo da Vinci não passam de um ponto, um buraquinho numa fita de computador. O cientista tem até que generalizar a si mesmo, subtraindo toda sua emoção pessoal de uma experiência e observação e da enunciação de seus resultados. Pode estudar indivíduos, mas apenas para ajudar a estabelecer leis e fatos aplicáveis de modo mais amplo. A ciência não tem tempo para pequenas exceções. Mas toda a natureza e toda a humanidade são feitas de pequenas exceções, de entidades que de alguma forma, por mais que isso seja cientificamente desprezível, não seguem a regra geral. A fé nesse tipo de exceção é fundamental para a arte, como a fé na utilidade da generalização é essencial para a ciência.

Em seguida, Fowles sugere três coisas. Primeiro, que conhecer profundamente a natureza é uma arte, além de uma ciência. Segundo, que a essência dessa arte está na nossa natureza pessoal e em sua relação com o resto da natureza. Terceiro, que esse tipo de conhecimento ou relação não é reproduzível por nenhum outro meio, nem pela ciência nem por qualquer arte.

Ou seja, o que me comove nessa apaixonada tese de Fowles e me faz trazê-lo até aqui neste nosso passeio é sua proposta de que cada um de nós aceite humildemente o fato de que faz parte da natureza e não deve pretender dominá-la, que cada um de nós tem um "eu" selvagem que é escondido mas é natural, e que é necessário haver um certo retiro e silêncio para estar em contato com ele. Para Fowles, a doença fundamental do nosso tempo é a alienação de acharmos que a natureza existe para que nos utilizemos dela, para que ela seja útil a nós e possa ser explorada economicamente. Com essa atitude, não apenas corrompemos a água e devastamos a floresta, mas corrompemos e devastamos a nós mesmos.

Se até com a natureza nos portamos assim, não é surpresa que uma criação cultural seja transformada em produto, que uma obra de arte seja encarada como mercadoria, apenas à luz das leis da economia. Ou seja, que a possibilidade de exploração econômica, a utilidade potencial de trazer lucro imediato medido em números, passe a ser a condição fundamental para determinar a publicação de livros e sua leitura.

Assim, há cada vez menos leitores querendo fazer uma leitura séria de livros que tragam alguma dificuldade (e vale a pena recomendar um livro maravilhoso de Steiner, *On difficulty, and Other Essays* [Sobre a dificuldade e outros ensaios], mostrando a riqueza que ela traz). Em termos de mercado, compreende-se que os editores cada vez mais relutem em publicar um livro que vá vender apenas poucos milhares de exemplares e possa ser considerado ilegível pelo grande público, incompatível com um consumo maciço. Mas, como lembra Birkerts, muito poucos livros de qualquer importância artística real vendem mais que isso.

Roland Barthes, numa entrevista há mais de um quarto de século, foi capaz de profeticamente alertar para essa situação, que ele chama de visão apocalíptica do fim do livro: o livro não desapareceria — longe disso —, mas triunfaria sob as suas formas mais abjetas: seria o livro da comunicação de massas, o livro do consumo, digamos o livro capitalista no sentido em que uma sociedade capitalista não mais deixaria nesse momento nenhum jogo possível para formas marginais, em que não haveria mais nenhuma trapaça possível. Então, nesse momento, seria a barbárie integral: a morte do livro corresponderia ao reinado exclusivo do livro legível e ao esmagamento total do livro ilegível.*

Reconhecemos o diagnóstico. Sabemos que já estamos vivendo agora essa multiplicação desordenada e incontrolável do livro, em que cada vez se reduz mais o tempo de vida de um título nas prateleiras de uma livraria e elas tendem a se portar como grandes bancas de revistas (mas sem periodicidade). E observamos que esse fenômeno se faz acompanhar de uma sobrevalorização dos números em detrimento da palavra.

Apenas um exemplo dessas distorções. Com raríssimas exceções, quando um jornalista vem atualmente entrevistar um escritor, só se interessa por perguntas que começam por quando ou quanto ou quantos. Não quer saber por que ou como ou para quê. Chega ao ponto de perguntar quantas páginas o livro tem, quanto tempo levou para ser escrito, quantos livros foi preciso ler para escrevê-lo. A qualidade da obra passa a ser medida por quantos exemplares dela foram vendidos, quantas semanas ficou na lista de mais vendidos.** Na imprensa, a crítica é substituída

---

* Roland Barthes, entrevista a Stephen Heath em *Signs of the Times*, 1971, incluída em *O grão da voz: Entrevistas, 1961-1980* (Trad. de Mario Laranjeira. São Paulo: Martins Fontes, 2004. pp. 204-5).
** No dia em que faço a revisão final e imprimo este texto, 2 de março de 1997, o *Jornal do Brasil* publica no "Informe JB" uma nota anunciando: "Chegam hoje ao Rio cinco telas de Monet — para a exposição que começa dia 12 no MNBA — que

por resenhas, preocupadas com o número de linhas de jornal a preencher ou o número de livros novos que se empilham sobre a mesa do resenhista — e o número de voltas do ponteiro do relógio que poderá ser dedicado a cada um. Ler o livro toma tempo. E a matéria jornalística vai receber um espaço tão reduzido que não vale a pena perder tempo algum com o livro.

Assim, a cobertura da mídia ao livro deixou de ser a leitura da obra e se limita a repetir releases, orelhas ou contracapas. Ou então, dirige sua atenção para a pessoa do autor, não naquilo que ele possa ter de único e diferente, mas naquilo que ele possa ter de igual a outros personagens que frequentam as páginas dos jornais e as telas da TV — políticos, modelos, atletas, astros pop... E, em vez de levar o público à leitura de um novo livro, a mídia se dedica a expor e explorar a figura pública do escritor, a aprisioná-lo, a tratá-lo como aquilo que Edgar Morin chamou de "celebridade", um ícone da cultura de massa. Não se fala nas ideias ou no estilo do livro, joga-se no lixo a palavra escrita, para se tratar apenas da vida familiar do autor, da decoração de sua casa, de seus planos de férias, de suas receitas culinárias favoritas, de seus animais de estimação etc. Ou, como se o importante na literatura fosse tema, faz-se uma ligeira reportagem sobre algum tema mais exótico da obra. Como se falar de baratas e besouros ajudasse alguém a se sensibilizar com *A metamorfose*, de Kafka, ou como se para apreciar *Cem anos de solidão* fosse preciso examinar os processos de conservação do gelo.

Aliás, não resisto agora e convido todos a pararmos um pouco sob a sombra desta grande árvore que é Doris Lessing e

---

têm, em média, quatro metros quadrados". No outro parágrafo, esclarece-se que elas vêm num contêiner refrigerado que pesa 912 quilos. Em nenhum momento se diz quais são os quadros, onde estão normalmente expostos ou em que eles se distinguem de outras telas de quatro metros quadrados.

descansarmos fruindo sua fina ironia a esse respeito, quando, no prefácio que escreveu (também em 1971, por coincidência) a uma nova edição de *The Golden Notebook* fala nestes tempos

> ... em que pessoas que se consideram educadas e até superiores e mais refinadas do que gente comum que não lê, chegam junto a um escritor e lhe dão os parabéns por terem tido uma boa resenha, mas não consideram necessário ler o livro em questão e nem ao menos percebem que o que está lhes interessando é só o sucesso...
> ... em que quando um livro toca em certo assunto, digamos astronomia, logo uma dúzia de faculdades, instituições, programas de televisão vêm convidar o autor para falar sobre astronomia. A última coisa que lhes ocorre é ler o livro. E considera-se que esse procedimento é bastante normal, sem nada de ridículo...
> ... em que um jovem resenhista ou crítico, que não leu de um determinado escritor nada além daquele livro que está diante de si, pode escrever de forma paternalista e condescendente (como se estivesse meio entediado com tudo, ou se considerasse que nota dar a um trabalho escolar) sobre o autor em questão, que pode ter escrito quinze livros, e estar escrevendo há vinte ou trinta anos... E ainda se acha em condições de dar a esse escritor sugestões e conselhos sobre o que deve escrever em seguida, e de que modo. E ninguém acha isso absurdo...

Etc. etc. etc. ...

Quero só dizer que, apesar de todos os problemas, acredito na sobrevivência da leitura e do livro — embora admita que ele possa até mudar de forma e de suporte —, porque acredito no poder criador do homem manifestado através da palavra. E na sua permanência através da escrita. E acredito num leitor que vai continuar lendo, um leitor que existe há séculos, sendo atraído para os livros por uma curiosidade irresistível, pela paixão do mistério e da comunhão.

Esse leitor com tantos rostos diferentes, de tantas culturas e tantos momentos diversos, quase sempre uma mulher, imersa num livro que não procura apenas utilizar para a conquista profissional ou o proveito material, mas que a carrega por misteriosos terrenos de liberdade, não vai deixar a leitura morrer.

Confio nessa leitora, nesse leitor faminto de histórias que lhe acenem com o sentido de estar no mundo, que de alguma forma reforcem as ideias de que a experiência da alteridade é possível, de que as relações entre as pessoas não precisam se basear apenas no capital, de que "nós, como espécie, estamos antenados na busca do significado" (Sven Birkerts), precisamos dele e o criamos quando não o encontramos.

Acredito nesse leitor que, como eu, adora ler e não está disposto a abrir mão dessa alegria e desse prazer por nada deste mundo. O leitor que vive falando em livros, descobrindo novas leituras, comentando com entusiasmo autores, romances e poemas, tendo que generosamente dividir com os outros seus achados. O leitor que sabe que pode sempre correr ao encontro da leitura como uma fonte secreta e inesgotável, que generosamente respeita sua liberdade individual e não lhe cobra nada. O leitor para quem os livros não se dividem em *na moda* e *fora de moda* ou fáceis e difíceis, mas simplesmente naqueles que o atraem ou não, capazes ou não de viver dentro de si.

Não posso acreditar que esse leitor vá desaparecer, pois seu desaparecimento, mais que um apocalipse, seria, como definiu Barthes, uma volta à barbárie. Gostaria, apenas, que muitas pessoas mais pudessem se juntar ao número desses leitores. Para que, generosamente, pudéssemos compartilhar com mais gente nossas dúvidas e perplexidades sobre o sentido da aventura humana.

O trânsito da memória: Literatura e transição para a democracia no Brasil*

Do ponto de vista de quem faz, quem cria, é sempre muito difícil tentar refletir de maneira crítica e analítica sobre sua arte, fenômeno que, por sua própria natureza, se processa em grande parte fora dos limites da consciência. Essa tentativa de reflexão se complica ainda mais quando se espera que seus resultados possam ser válidos coletivamente, ajudando a conhecer o que se passou com muita gente, somando os significados de experiências individuais. Escrever é um ato solitário, um momento individual de expressão, uma trajetória particular e única de quem escreve. Se o texto escrito encontra eco em muitos leitores ou num momento histórico próprio e consegue expressar o coletivo, essa é outra questão a ser estudada por críticos e especialistas em literatura. Mas a criação é pessoal, individual, e fica muito difícil para um criador tentar racionalizar e interpretar o sentido do que

---

* Palestra proferida no seminário O Trânsito da Memória, na Universidade de Maryland, em abril de 1988, dentro de um ciclo que examinava a transição para a democracia no Brasil.

foi criado e produzido em termos mais generalizantes. Daí que esta tarefa que é solicitada aqui se torna extremamente delicada e corre o risco de cair na mais retumbante pretensão e arrogância, coisa que deliberadamente tento evitar, chamando a atenção para o fato de que o que digo aqui é apenas uma versão, uma leitura pessoal — cheia de dúvidas, aliás — entre infinitas outras que se podem apresentar.

Ou seja, meu discurso aqui é na primeira pessoa, assumidamente. Do singular, embora em um ou outro momento acredite que eu possa falar timidamente no plural, me referindo a um *nós* específico, que tratarei de definir na ocasião. Mas não venho aprofundar análises. Venho apenas dar um testemunho, contar uma história — do ponto de vista de quem estava lá, viveu e viu. Um personagem que narra e fala também do que pensa, mas que não se arvora a dar respostas pelos outros. Como no verso de João Cabral, "falo apenas do que falo".

Começo então falando do que normalmente se chama de literatura infantil e é, em geral, onde me situam, já que muitos dos meus livros podem ser lidos *também* por crianças. Para mim, não importa. O que me interessa é o substantivo, não o adjetivo. A *literatura*. E como os colegas que escrevem para adultos e velhos exclusivamente (se é que isso existe) não costumam se preocupar com a idade dos leitores nem rotulam o que fazem de literatura madura ou senil, esta explicação, de tão evidente, deveria ser desnecessária.

A prática tem me mostrado que não é esse o caso. Portanto, insisto nesse aspecto, pois sem partir dessa premissa fica mais limitada a compreensão do que se passou no Brasil nesse setor e nessa época, com reflexos que vêm até hoje; fica mais difícil perceber esse traço nosso e, até onde se sabe, exclusivo do nosso processo cultural de resistência à ditadura. Então, que fique claro também mais isto: toda vez que eu usar a expressão "literatura infantil", faço-o apenas para usar um rótulo cômodo, de fácil decodificação. Mas não me refiro a setores de mercado, e sim a uma parte da literatura, a um gênero literário em cuja denominação ocorre um paradoxo linguístico. A saber: no termo "literatura infantil", o adjetivo não limita o sentido do substantivo, como ocorre normalmente na língua, mas, pelo contrário, o amplia, fazendo-o abranger um campo mais vasto. Por exemplo, "literatura brasileira" indica que, de toda a literatura, estamos nos referindo apenas àquela criada por brasileiros, com exclusão das outras — é uma característica que restringe o sentido do substantivo. No caso de "literatura infantil", porém, referimo-nos àquela que pode ser lida *também* por crianças, o que aumenta o campo semântico coberto pelo substantivo "literatura", que normalmente não inclui a noção que abarca obras ao alcance de leitores mais jovens. Não tem nada a ver com livros para crianças. Tem a ver com literatura, arte da palavra, beleza, ambiguidade, polissemia, qualidade de texto, aquilo que Roman Jakobson chamou de função poética da linguagem, toda uma outra família de noções e conceitos. E no Brasil do início dos anos 1960, quando eclodiu o Golpe de 64, nada disso fazia parte das preocupações de quem se metia a escrever livrinhos moralizantes, conformistas e pseudodidáticos para crianças.

Antes disso, na outra ditadura, a de Vargas, tínhamos assistido ao desenvolvimento de alguns elementos que ajudaram a plasmar a literatura infantil brasileira, mas que, em 1964, já estavam abandonados e deixados para trás, provisoriamente esquecidos. No período de 1930 a 1945, assistíramos à maturação da obra fundadora de Monteiro Lobato, já iniciada na década anterior, mas consolidando um mundo imaginário em que o real e o momento histórico contemporâneo estavam presentes, em que se passava do fantástico para a problemática social com a maior naturalidade, sem necessidade de mediação de elementos mágicos, fórmulas encantatórias ou artifícios de sonho, numa fusão perfeita, num processo de que só existia paralelo — e, mesmo assim, até certo ponto — na literatura inglesa dita infantil, da *Alice* de Carroll ao *Peter Pan* de Barrie. Mas, no caso brasileiro, com uma preocupação política, libertária e antiautoritária muito marcada. Não é de espantar, pois, que os dois maiores autores dessa literatura infantil brasileira da época, espíritos rebeldes, tenham tido alguns de seus livros proibidos nas escolas e tenham sido longamente encarcerados pela ditadura de Vargas: Monteiro Lobato e Graciliano Ramos.

Depois deles (e de alguns outros pioneiros como José Lins do Rego, Érico Verissimo, Cecília Meireles, Menotti del Picchia e Lúcia Miguel Pereira), que demonstraram que a qualidade artística era possível na literatura infantil brasileira e que, além disso, havia um evidente mercado leitor a ser trabalhado, a produção literária nessa área se encolheu, e restou apenas, órfão, esse mercado vislumbrado e fecundado pela ação pessoal de Lobato. Vale lembrar que ele fundou a primeira editora brasileira e inaugurou um sistema de distribuição do livro que atingia todo o país, com pontos de venda em farmácias e armazéns. E que, no Brasil de 1943, já tinha vendido mais de um milhão de exemplares de sua obra infantil.

Após a morte de Lobato, porém, tudo isso andou para trás, e o terreno fértil foi ocupado por uma série de pseudoautores, mais voltados para a educação, às vezes até bem-intencionados, mas em geral sem talento, derramando sobre as crianças uma enxurrada de livros moralizantes, conservadores e conformistas, salvo uma ou outra exceção.

É esse o panorama em 1964, quando o Golpe derruba o presidente Goulart.

Os setores intelectuais repudiam o Golpe como podem e, apesar da sucessão de prisões, demissões e cassações, o período que vai de 64 a 68 mostra sua vitalidade no cinema, no teatro, na música, nas artes plásticas. A literatura é mais lenta, não acompanha essa efervescência cultural, mas produz algumas obras isoladas muito significativas, entre as quais se destaca um romance da grandeza de *Quarup*, de Antonio Callado, belo símbolo da força que poderia haver na resistência criadora. Paralelamente, cada vez mais os artistas se engajam em protestos diretos, em denúncias, abaixo-assinados, manifestos, passeatas, aliando-se à universidade na vanguarda das manifestações públicas contra a ditadura. Em dezembro de 1968, quando há o golpe dentro do golpe e o endurecimento do regime, com a promulgação do Ato Institucional n. 5, não é de espantar que os artistas sejam duramente atingidos. Todo mundo foi. Deflagra-se com maior nitidez o processo do exílio. E há, no primeiro momento, um aparente refluxo na intensa ebulição criadora que acabara de produzir, com o tropicalismo, um dos mais interessantes momentos culturais de nossa história recente.

É nesse quadro que os estudiosos hoje assinalam o surgimento da literatura infantil brasileira contemporânea. De início, ainda muito dispersa, pipocando em obras esparsas aqui e ali, muitas delas saídas em 1969. Nomes como os de Ziraldo, Lygia Bojunga Nunes, Edy Lima, João Carlos Marinho estreiam nessa época. E, além disso, 1969 é o ano do lançamento da revista *Recreio*, destinada a dar o passo seguinte na estrada aberta por Lobato.

A professora Marisa Lajolo, da USP e da Unicamp, tem frequentemente assinalado o paradoxo que fez Lobato combater a Semana de Arte Moderna de 22 e, ao mesmo tempo, o transformou no grande modernizador do quadro literário brasileiro. Não tanto pela sua obra, de intensa brasilidade em linguagem oral e coloquial, mas, principalmente, por seu papel de animador cultural, pela fundação de editoras, pela intensa atividade de tradutor e editor que, poucos meses após a saída do original no exterior, estava publicando Hemingway, Faulkner, Bertrand Russell e

Howard Fast entre nós, colocando ao alcance do leitor brasileiro, muito rapidamente, o que ia acontecendo no mundo. Sobretudo, multiplicando o número de leitores, formando um mercado real para o livro no Brasil, coisa até então absolutamente inexistente. Nisso Lobato foi um Quixote fundador. Ninguém tem dúvidas. Mas Marisa Lajolo completa sua análise com a projeção presente da obra de Lobato. É fato reconhecido que, nas diversas sociedades, a literatura infantil só se distingue como gênero autônomo a partir do momento em que se combinam uma maturidade da literatura nacional e um processo de industrialização da sociedade capaz de criar uma segmentação de mercado. Marisa Lajolo assinala ainda que, contemporaneamente, esse crescimento de mercado se faz acompanhar de uma massificação, principalmente em termos de uma distribuição maciça para consumo maciço. No Brasil, os caminhos dessa massificação passaram pela banca de jornal (e nela, a revista *Recreio*) e pela escola.

Lançada em 1969, *Recreio* era uma revista semanal de texto (não quadrinhos), em quatro cores, só publicando originais inéditos. Entre os que começaram na revista, nesse primeiro momento, estávamos Ruth Rocha, Joel Rufino e eu. Numa segunda leva, uns dez anos depois, vieram Sylvia Orthof e Marina Colasanti. Pelos anos seguintes, ganhamos tudo quanto era prêmio que havia para ganhar (inclusive os reservados para literatura adulta, mesmo no exterior), viramos best-seller, assunto de tese universitária, fomos traduzidos em uma porção de línguas; enfim, cumprimos o percurso do chamado sucesso. Hoje em dia, por exemplo, Ruth Rocha já vendeu muito mais do que Lobato e em muito menos tempo — e não foi a única. Formamos um mercado leitor novo, de crianças que cresceram com o gosto pela leitura e hoje são jovens que leem e começam a modificar o perfil do leitor brasileiro, fato para o qual já há algumas editoras dando a devida atenção.

Mas o que importa é ver como isso aconteceu, por que e o que isso pode significar.

A revista foi dando certo. Em seis meses, já vendia 250 mil exemplares por semana. E os professores faziam pirataria: copiavam as histórias, mimeografavam, distribuíam em sala de aula. Mandavam os alunos comprarem o número seguinte. O público se acostumou a ler aquele tipo de história, diferente de tudo o que já se tinha visto antes, com humor, irreverência, poesia. E, em 1972, quando uma velha reivindicação de reforma educacional foi finalmente promulgada, os professores conseguiram que, no bojo da lei, apesar das inevitáveis distorções da ditadura, viesse uma recomendação para que os alunos lessem, nas aulas de português, obras literárias além dos livros de texto. Isso viria consolidar o mercado leitor e abrir a vez para os livros, além da revista — da qual, aliás, cada um de nós saía nessa época após sucessivos choques com os editores, já então mais atentos ao conteúdo ideológico dos textos. A possibilidade de editar em livros abriu as portas para obras de mais fôlego, novelas, e incorporou autores que vinham produzindo isoladamente, como os já citados e mais Fernanda Lopes de Almeida, Odette de Barros Mott e muitos mais que foram surgindo.

Em muitas dessas obras, configurando quase uma tendência dominante, teses universitárias como as de Glória Pondé e Eliana Yunes assinalaram a eclosão do que compararam ao realismo mágico da novela latino-americana, de García Márquez e Manuel Scorza, de Juan Rulfo a Julio Cortázar. Ou seja, a absoluta naturalidade com que o maravilhoso se manifesta dentro do cotidiano, desnudando-o criticamente, revelando seu absurdo, celebrando seu encantamento, acentuando seu irracionalismo. Tais procedimentos se fizeram ainda acompanhar de uma definitiva legitimização do tom de oralidade e coloquialismo, um registro linguístico muito mais solto e flexível do que o padrão da linguagem em vigor, conforme assinalou Regina Zilberman. E de um amplo uso de metáforas e símbolos, na criação de um texto ambíguo, polissêmico, carregado de alusões e significados ocultos, capaz de ser decifrado em várias camadas distintas, por leituras diversas, desde a da criança pequena que neles vive a aventura ou as peripécias do enredo, até a do crítico universitário exigente e erudito, descobrindo em toda parte procedimentos literários de metalinguagem e intertextualidade, até então insuspeitados no gênero.

Isso tornou os textos de literatura infantil brasileira dessa época muito carregados de sentidos. Em termos de conteúdo, tudo foi expresso e discutido, da "revolução" de 64 ao exílio, da luta armada à censura, do antiautoritarismo ao imaginário mais obviamente psicanalítico, dos novos padrões de comportamento às novas realidades familiares e sociais. Formalmente, estava-se sempre na vizinhança de outros textos igualmente densos de significado: o humor e a poesia. Num número especial da revista *Tempo Brasileiro*, fazendo o balanço dos anos 1970 com Heloísa Buarque de Holanda, já assinalamos isso, esse fato de que a década de 1970, obrigada a se expressar metaforicamente, canaliza grande parte de sua manifestação literária para gêneros que antes eram marginais — a saber, as letras das canções, a poesia de mimeógrafo e a literatura infantil. Essas observações hoje já são lugar-comum na análise do período. Interessa-me, no momento, outra coisa: alargar o foco e examinar o que se passava e se passou com a literatura não infantil.

Nos anos 1970, ela viveu um período bastante rico. O crítico Remy Gorga Filho chegou a falar numa geração de 1975 comparável à de 22, o que alguns consideravam um exagero delirante. Mas é inegável que aquele foi um momento de uma profusão de contistas nunca igualada em nossa literatura. E de uma prosa engajada, atuante e vigorosa, com vários e variados escritores de qualidade. Além de muitos autores que prosseguiam trajetórias vindas de décadas anteriores, de Autran Dourado a Antonio Callado, de

Clarice Lispector a Lygia Fagundes Telles, de Jorge Amado a Adonias Filho, de Osman Lins a José J. Veiga, na prosa, e Drummond, João Cabral e Ferreira Gullar, na poesia, muitos outros eclodiram e se consolidaram nesse instante. Cito alguns nomes apenas para situá-los um pouco e dar ideia do vigor literário desse momento, embora sabendo que as omissões são inevitáveis. Mas vale lembrar que os anos 1970 põem em foco a obra de Rubem Fonseca e Dalton Trevisan, por exemplo, de Ignácio de Loyola Brandão e Antônio Torres, de Ivan Ângelo e Márcio Souza, de Nélida Piñon e Darcy Ribeiro, de Raduan Nassar e Moacyr Scliar, de José Louzeiro e João Antônio, de Luiz Puntel e Deonísio da Silva, de Wander Piroli e Márcia Denser, de Juarez Barroso, Luiz Vilela, Roberto Drummond e, *last but not least*, de João Ubaldo Ribeiro. É impossível ignorar a força da prosa nessa década ou imaginar atualmente que obras com um ar bem década de 1980, embora muitas vezes vindas do final dos 1970, como as de Caio Fernando Abreu, Lya Luft, Adélia Prado, João Gilberto Noll, Sérgio Sant'Anna, Silviano Santiago, Eric Nepomuceno ou João Almino, com seu amplo espaço de liberdade, estejam soltas no tempo e no espaço.

No entanto, essa "geração de 75", para usar a expressão de Remy Gorga, ou esses autores que floresceram nos anos 1970, simbolizando a resistência e a militância político-intelectual, muitas vezes têm dado depoimentos recentes denunciando uma insuspeitada crise que vivem, confessando impasses e perplexidades nesse período de transição, vivendo as encruzilhadas de difícil opção nos caminhos da liberdade. Para muitos deles, a época anterior foi um caminho quase sem dúvidas — havia que dar um testemunho, trazer um protesto, expressar uma denúncia, estar ao lado do povo na sua luta. Questões formais, cuidados de linguagem, elaborações romanescas sofisticadas, percepção sutil de emoções individuais ou finas observações psicológicas eram um luxo que nem sempre podiam merecer atenção no calor dos acontecimentos, que exigiam uma tomada de posição firme e definida, clara, direta, acessível à leitura fácil de todos os leitores.

Aparentemente, a censura, que atingiu tão duramente o teatro, a música popular e a imprensa nos anos 1970, até que, em comparação, poupou a literatura de danos maiores, deixando uma margem mais ampla de atuação para a denúncia e as obras engajadas — salvo fatos ocasionais, como a apreensão de *Feliz ano novo*, de Rubem Fonseca, ou a proibição de *Zero*, de Ignácio de Loyola Brandão. Entretanto, os males da censura na cena cultural são tantos que ela se reveste de variadas e requintadas formas. Uma de suas ocorrências mais perniciosas, que marcou diversos setores da cultura brasileira, e não apenas (nem mesmo principalmente) a literatura, foi sua introjeção nos próprios criadores de cultura. Por esse fenômeno, muitas vezes eles incorporavam a seu pensamento os mecanismos censórios, sob a forma de intolerância monolítica contra qualquer divergência ou diferença. Essa insistência na uniformidade absoluta das ideias, essa busca da unidade de pensamento a qualquer preço, acompanhada da permanente cobrança de posições públicas disciplinadas e homogêneas por parte dos companheiros foi bastante debatida nos meios intelectuais brasileiros. No início da transição, esse processo esteve muito em foco por causa de um artigo inesquecível do cineasta Cacá Diegues, em que procurava dar um basta ao que chamou de "patrulhas ideológicas", expressão logo incorporada ao vocabulário da cultura nacional, junto a seus correlatos "patrulhar" e "patrulhamento".

No ambiente literário, especificamente, essa tendência acabou levando a um dos mais exemplares episódios dos equívocos da liberdade na transição, e que merece ser analisado. Após anos de perseguição e intervenção no Sindicato dos Escritores do Rio de Janeiro, estes conseguiram, a partir de 1977, derrubar os dirigentes impostos pela ditadura, retomar seu órgão de classe e levar a diretorias sucessivas o esforço militante e a dedicação de gente como Antônio Houaiss e Rubem Fonseca, Antonio Callado e Darcy Ribeiro. Em seguida, já na Nova República, foram sucedidos por José Louzeiro, um dos mais ativos batalhadores literários dos anos 1970, com sua prosa documental de tipo jornalístico. Aí veio a surpresa... O sindicato se juntou a um também combativo deputado do PMDB, Freitas Nobre, para apresentar um projeto corporativista de regulamentação da profissão, que foi um desastre, repudiado por toda a classe. O projeto pretendia definir como escritor apenas quem tivesse carteirinha do sindicato e pagasse suas mensalidades em dia, além de interferir na liberdade de negociação entre autor e editor e instituir a cobrança de direitos autorais em obras de domínio público, revertendo o dinheiro para os cofres do sindicato, naturalmente, a fim de ajudar a publicação de autores inéditos, além de muitos outros absurdos. No calor dos debates, a diretoria do sindicato se colocou contra todos os grandes escritores brasileiros, inclusive os mais recentes diretores do próprio sindicato, atacando-os de público, nominalmente, pela imprensa e pela televisão, chamando-os de vendidos aos editores e desonestos, a serviço das multinacionais etc. E não considerou suas sugestões na elaboração do projeto — que acabou caindo. Acho que esse episódio ilustra exemplarmente um dos riscos da transição: a incorporação dos mecanismos ditatoriais na própria ação de quem sempre combateu a ditadura.

Mas há ainda outro aspecto, bem mais sutil, que passou quase despercebido na ocasião, e muito característico da literatura, uma arte que lida permanentemente com conceitos e significados. Refiro-me à autocensura do lirismo e da busca formal ou experimental, acompanhada da supervalorização do jornalístico, do épico e do trágico. Como se, durante a ditadura, os autores sentissem uma dupla vergonha. De um lado, vergonha de se preocupar com a valorização estética ou a qualidade artística do texto — basta lembrar como *Reflexos do baile*, de Antonio Callado, foi criticado por sua sofisticação estilística, como se torceu o nariz para Nélida Piñon por sua rigorosa valorização da linguagem, como o próprio *Zero*, de Loyola, embora defendido por ser vetado, foi tantas vezes cobrado por sua renúncia à linearidade, frequentemente até em patrulhamento dos próprios escritores em debates públicos ou palestras com estudantes. Isso levou ao que Autran Dourado definiu como "o mito brasileiro do escritor ignorante", do autor que se orgulha publicamente de não conhecer a língua, de não elaborar seu texto com cuidado, e que se recusa a aprofundar reflexões incômodas ou, como ele diz, a "meditar e pensar".

Por outro lado, parece ter havido nesse momento também em certas áreas um outro tipo de vergonha: o constrangimento de sentir, de se emocionar, de ter uma vida afetiva, com desejos individuais, sonhos e pesadelos íntimos, não políticos nem sociais, numa espécie de "pornografia do sentimento" — para usar a expressão que Rubem Fonseca empregou numa entrevista ao *Pasquim*. A premência da ditadura era tal que mergulhar no indivíduo podia parecer obsceno — literalmente, fora de cena — e, nessas condições, ser considerado uma fuga, covardia, omissão, quando não cumplicidade com a repressão — externa, bem entendido. Com base nisso, a repressão interna campeava. E os escritores censuravam esse registro dentro de si mesmos pelos mais generosos motivos. Com essa censura, fechavam-se as comportas do emotivo, do delirante, do fantástico, do sutil, do simbólico, do onírico — qualidades que iam sendo rotuladas de femininas ou infantis e, salvo honrosas exceções (José J. Veiga, Murilo Rubião, Lya Luft, a obra tardia de Érico Verissimo), esquecidas na prosa dita séria, deixadas apenas para a literatura infantil e a poesia.

Essa ênfase no concreto documentável se acentuou ainda mais e ganhou tons épicos com a volta dos exilados, a Anistia e os livros de memórias e depoimentos. Falar do imaginado, do inventado, do fictício (fazer ficção, enfim) ficou inteiramente fora de moda no início da redemocratização. E isso, apesar da publicação, em 1984, de uma obra-prima como *Viva o povo brasileiro*, de João Ubaldo Ribeiro, e de outros romances do fôlego e da importância de *Maíra* e *O mulo*, de Darcy Ribeiro (logo esquecidos como manifestação bissexta de um político), de *A república dos sonhos* e *A doce canção de Caetana*, de Nélida Piñon (descartados como exercícios de erudição literária), de *A grande arte* e *Bufo & Spallanzani*, de Rubem Fonseca (grandes romances confundidos com meros best-sellers), de toda a obra de Lya Luft (confinada ao gueto da literatura feminina) e de *Balada da infância perdida*, de Antonio Torres, para só citar alguns.

Atualmente, vários desses autores mais sensíveis e honestos vêm detectando sinais dessas crises e impasses. Corajosamente, têm falado em público sobre eles. Algumas entrevistas recentes trazem declarações muito significativas sobre isso.

Por exemplo, Roberto Drummond fala, em fevereiro de 1988:

A gente tem que se acostumar com a liberdade. É difícil ser livre. [...] Era fácil antes escrever um livro para meter o pau no general. O difícil é jazer um general como Tolstói fazia: humano. É o que quero a partir de agora. [...] O nosso problema é ter coragem de dizer: já nos livramos da censura de direita, agora temos que nos livrar da censura de esquerda. E o censor de esquerda que eu tinha era eu mesmo. (A esquerda continua se censurando?) Continua, continua! Eu me isolei para derrotar meu ditador — que era eu mesmo. Eu não teria condições de fazer o meu novo livro se não tivesse havido redemocratização no Brasil, ainda que eu não fale de política no romance.

Ignácio de Loyola, em março de 1988:

O que me intoxicou foi fazer durante tantos anos um tipo de literatura de resistência. [...] A gente ficou nessa de "contra a ditadura, contra a censura, contra o autoritarismo". Fiquei intoxicado. É preciso agora pôr isso para fora, mas já não através do livro. Eu pus em livro o que tinha que pôr. [...] Quero dizer agora que não estou contente com o que fiz. E não sei ainda o que vou fazer. [...] Agora estou fazendo uma espécie de retiro. [...] É uma bomba de efeito retardado dos vinte anos de autoritarismo. Tudo veio se acumulando e não tinha como sair. Agora vem saindo, e pelos poros todos. Efeito retardado. Devia ter estourado, não estourou, e ficou me envenenando. Outro problema é que o autoritarismo não foi encerrado. O que governa o país hoje é apenas a continuação daquele autoritarismo, com uma pincelada. [...] Depois dos quarenta anos, vi que tinha que fazer a minha parte: escrever, falar, publicar artigos. Antes, eu achava que tinha que liderar uma revolução, acabar com a miséria do mundo. Vivia angustiado, porque esse era o papel da minha geração. [...] De repente, visualizei que eu não tinha que fazer nada daquilo. Tenho um papel de conscientização e uma responsabilidade, mas não tenho que carregar esse peso. Era uma prisão. Fiquei pensando, para ver se tinha atrelado a minha literatura a uma ideologia, o que seria triste. Não se pode atrelar. [...] O que move a literatura para frente é a indignação, a negação, o delírio e o amor pela própria literatura. [...] É a atitude crítica do autor.

Antonio Torres, em novembro de 1987:

Nesses anos todos, a nossa vida estava bipolarizada. De um lado, você tinha os opressores. De outro, os oprimidos, muito claramente, divididos. Ou se era militar, ou se era civil. Depois veio a tal de Nova República, com todas as esperanças, com toda a euforia que a gente viveu no Plano Cruzado. E aí, o que aconteceu? Hoje a gente sabe que toda essa passagem para a redemocratização do país não foi feita integralmente e há uma série de contrariedades [...], de desesperanças, de frustrações... Claro que hoje se respira mais liberdade, você tem menos medo de um enfrentamento direto com a censura, essas coisas. Mas [...] está muito conturbado. Para um escritor, leva muito tempo pegar a realidade, apreendê-la e transformá-la em arte. A gente ainda não teve muito pulso para pegar isso e transformar em criação literária. A nação está muito frustrada com tudo, com a falta de um projeto nacional, [...] cansada de a transição continuar ainda como uma transição, não chegar a uma efetiva redemocratização. O público está pouco receptivo às coisas brasileiras, por não estar acreditando em nenhum projeto brasileiro.

E mais, em janeiro de 1988, o mesmo Torres:

Nós saímos de uma ditadura militar braba, onde os inimigos eram identificados, e caímos numa ditadura econômica em que todos estamos ferrados. Nós vivemos em liberdade e sem censura. Mas não deixamos de ser oprimidos. [...] O Brasil entrou em dois tipos de crise. A econômica, que massacra todos nós, e a crise moral e de valores. Quem pensa, escreve e cria, capta essas coisas. Mas confesso que, na hora de escrever, todas essas coisas preocupam e são fontes de depressão, mas o problema maior para mim é o da literatura em si mesma. Quero saber se vou conseguir, nesse trabalho, me superar ou não como escritor. A literatura me preocupa mais que tudo.

João Almino:

Penso que começamos a fazer uma literatura muito distinta da dos [...] anos de repressão, [que] precisava conter, mesmo que disfarçadamente, mensagens, [que] nasceu e cresceu sob a influência do engajamento sartreano. Hoje que o contexto se impõe menos ao texto, é possível ter maior abertura temática.

O cineasta Carlos Diegues, em outubro de 1987:

Chegamos ao fim das utopias. De um lado, hoje nós temos uma esquerda melancólica; e do outro, o cinismo da direita. Cabe ao intelectual pensar, para não ser melancólico como a esquerda, nem cínico como a direita.

João Ubaldo Ribeiro, em novembro de 1987:

Não escrevi pensando em identidade nacional nem em coisa nenhuma. Eu escrevi, simplesmente. E o que resultou? Uma outra coisa. Não sei o que é. É só um romance.

Para muita gente, o melhor romance brasileiro dos últimos trinta anos e um dos melhores de toda nossa literatura. E seu autor fala por todos nós, de certo modo, quando, na mesma entrevista, afirma:

Temos de manter a esperança. Se não mantivermos, temos de morrer no dia seguinte. Tenho um desalento grave com o Brasil de hoje e com tudo o que acontece. Mas tenho de manter a esperança. Caso contrário, tenho que desistir. A espera de que alguma coisa aconteça é, talvez, um dado irracional da conduta humana, mas indispensável para que a vida se mantenha.

Esse desalento de que fala João Ubaldo é a tônica da atmosfera intelectual do país hoje. E só faz aumentar. Pessoalmente, por exemplo, por mais que eu saiba que temos hoje liberdades civis impensáveis durante a ditadura militar, partidos funcionando, imprensa sem censura, direito de greve, universidades abertas etc., e que isso é muito melhor do que antes, sinto igualmente que há algo muito pior: antigamente eu tinha certeza de que um dia a situação iria melhorar, e não demorava muito. Acho que, ingenuamente, acreditávamos na luz no fim do túnel. Depois descobrimos, como disse Millôr Fernandes, que aquela luz era só um motoqueiro maranhense na contramão, e a toda velocidade. Os acontecimentos mais recentes só reforçam essa sensação. A votação do sistema de governo na Constituinte foi a prova que faltava. Como assinalou o comentarista Villas-Bôas Corrêa em artigo no *Jornal do Brasil*, todas as pesquisas sérias feitas na Constituinte registraram uma inclinação parlamentarista entre 60% e 70%, ao mesmo tempo que é pública e evidente a vontade popular da nação por eleições diretas para presidente, o quanto antes. Pois em poucos dias os constituintes mudaram suas posições e, na hora da votação, cederam à formidável pressão corruptora da máquina governamental, que oferecia cargos, dinheiro, vantagens de todo tipo em troca dos votos. O resultado consagrou o presidencialismo e o mandato de cinco anos.

Talvez essa sensação de desalento seja o que está fazendo vários autores de literatura infantil escreverem cada vez mais para adultos, no momento. Claramente, é o meu caso. Estou lançando agora em maio meu terceiro livro para adultos, *Tropical sol da liberdade*, um romance sobre os anos da repressão vistos desde a transição, numa série de flashbacks, com todo esse desalento e a indignação de uma geração que sente que deu a metade mais importante de sua vida para combater a ditadura, pagando um preço em vidas, sangue, dor, liberdade, sonhos, para dar nisso que está aí.

Continuamos às voltas com os mesmos problemas do início dos anos 1960: campanhas por reformas de base, inflação incontrolável, ameaças de golpe militar, tutela econômica. Em nome dessas questões fomos para as ruas, para os cárceres e para o exílio, muitos desapareceram e foram mortos, nenhum dos responsáveis foi julgado ou, pelo menos, exposto à execração da opinião pública. Muitos deles, ou dos que foram seus cúmplices, estão no governo hoje — ainda ou novamente sem consulta ao eleitorado e em nome da democracia. E o país muitas vezes parece se esquecer disso. Quero, pelo menos, lembrar e trazer à discussão essas coisas, incluindo aí também uma análise dos valores éticos na cultura brasileira.

A criação literária exige um tempo de decantação, a passagem de estações, para amadurecer. Só daqui a alguns anos vamos saber os efeitos que este momento terá sobre ela. Como só daqui a alguns anos a nação vai saber se, afinal de contas, nossa geração de intelectuais, que tanto combateu a ditadura, foi capaz de viver democraticamente na democracia pela qual tanto lutou, formulando um projeto próprio de Brasil. Ou se só sabíamos ser do contra e continuamos a brigar dentro da mesma trincheira, desatentos à urgência social brasileira e incapazes de encerrar esta tão longa transição.

Entre vacas e gansos:
Escola, leitura e literatura[*]

Recentemente, estive numa capital latino-americana para lançar um de meus livros para jovens — *Uma vontade louca*. Falei durante uma hora sobre o livro para uma plateia de 120 professores, reunidos à noite, ao final de um dia de trabalho, tendo que pagar ingresso para entrar. Algo que lhes custava. Supõe-se que estavam interessados em livro, leitura e literatura. Discorri sobre a obra que estava lançando, expliquei como ela surgiu, falei sobre os temas que abordava, em especial sobre o encontro entre o pensamento científico e o imaginário, além de mencionar questões de diferenças de classe e a temática do primeiro amor. E, principalmente, o que me parece a questão fundamental do livro: a própria linguagem narrativa, o ato de escrever, visto desde o ângulo de um narrador adolescente. Li um capítulo da obra. Depois, abri para um debate com a plateia. A primeira pergunta, de

---

[*] Palestra proferida no v Simposio sobre Literatura Infantil y Lectura — Encuentro Iberoamericano para una Educación Lectora, em Madri, em novembro de 1998.

um professor que seguramente não tinha completado quarenta anos, foi a seguinte: quantos personagens tem esse livro?

Ninguém pareceu achar a pergunta fora de propósito. Saí dali arrasada. Se numa grande cidade como Montevidéu, cheia de excelentes livrarias, em um país com um bom sistema de bibliotecas, que se orgulha de ter resolvido seus problemas de analfabetismo há mais de meio século, é esse o tipo de questão, entre professores interessados, que imaginam que a literatura deve suscitar no espírito humano, evidentemente não há nenhuma esperança de que os jovens possam estar gostando de ler. A continuação do debate mostrou que estavam todos querendo aprender técnicas e truques para resolver um difícil problema atual: como podemos fazer com que as crianças leiam mais? Como se fosse uma receita de bolo ou fórmula química. Perguntei o que eles, professores, estavam lendo. Fosse por timidez ou por sinceridade, não veio do público nenhuma resposta que revelasse qualquer leitura medianamente fecunda, mesmo de revistas semanais de informação geral.

Conto outra experiência, que vivi há algum tempo em Mato Grosso, no interior do Brasil, quase fronteira com a Bolívia. A um curso organizado por uma prefeitura local, vieram várias professoras da área rural. Uma delas, de muito pouco estudo e formação pedagógica muito precária, viajara dois dias de canoa pelo rio, no meio da floresta, para conseguir chegar, e tinha igual viagem de regresso à sua espera. Dava aula numa escola de apenas uma sala, reunindo ao mesmo tempo cerca de quarenta crianças de sete a quinze anos. Só tinha dois livros na escola — e nas vidas de seus alunos. Mas como eles gostavam muito de ouvir histórias, o acervo de livros estava esgotado e seu repertório tinha se acabado, ela sugeriu que cada um pedisse a alguém em casa que lhe contasse uma história — e então a trouxesse para a sala de aula. Vários deles levaram mais de uma, ouvidas de avós, pais, tios. Cada dia se contava uma, depois todos comentavam, desenhavam, reescreviam. Foram juntando os textos e desenhos num caderno especial. Na verdade, em dois cadernos — um com histórias de assombração e "alma do outro mundo", outro com contos de bichos, índios e folclore da beira do rio. Agora, a escola tinha mais esses dois livros. A pergunta que essa professora me fez foi sobre a conveniência ou não de continuar desenvolvendo esse tipo de atividade e criando esse novo material de leitura, que, evidentemente, não era "literatura", mas era o único disponível. Para justificar sua atitude, mencionou que ainda dispunha de muito material, falou em várias das histórias que os meninos contaram e em outras mais que ela conhecia e lembrava, cheia de entusiasmo — uma verdadeira biblioteca de literatura oral.

Se pudéssemos comparar os alunos dos dois professores, colocando à sua disposição o mesmo acervo de livros, não há dúvidas sobre quais seriam os melhores leitores, quais considerariam a leitura como um bem precioso e capaz de despertar sua cobiça, quais seriam capazes de encontrar nos livros uma fonte inesgotável de atrativos. Em outras palavras: evidentemente, os alunos do primeiro professor devem ler obrigados, procurando fixar o máximo de elementos que lhes permitam depois fazer uma prova cheia de perguntas semipolicialescas, destinadas a descobrir se não prestaram atenção em algum detalhe. Seguramente não vivem a leitura como algo prazeroso e vital. Com toda certeza, tratarão de deixar de ler na primeira oportunidade. Os alunos da segunda professora, por outro lado, com toda certeza terão despertada sua vocação de leitores e carregarão pela vida afora a curiosidade pelo que os livros escondem e a tentação irresistível de ler o que lhes cair nas mãos.

Há pouco mais de um mês, na Líber, em Barcelona, participei de uma mesa-redonda em que se reuniam onze especialistas para debater o que os adultos (pais e professores) podem fazer para que as crianças leiam mais — mais uma vez se faziam as mesmas perguntas sobre técnicas possíveis para desenvolver o hábito da leitura, como se ler fosse semelhante a escovar os dentes e necessitasse virar hábito. Era tanta gente na mesa que, após as apresentações, mal sobrava tempo para se falar. Limitei-me a dois minutos. Simplesmente para propor que se invertesse a questão: o que é que as crianças podem fazer para que os adultos (pais e professores) leiam mais? Como elas podem lhes ensinar que o imperativo dos verbos *amar* ou *gostar* é puramente retórico?

Ninguém discutiu o assunto. Como não ouso acreditar que uma mesa tão preparada, uma plateia tão especializada, num lugar tão dedicado aos livros, não soubesse ler minha pergunta (que me parecia clara) e entender o que eu estava dizendo, só posso então concluir que fui eu que não soube me expressar com clareza. Ou então, que acharam que se tratava de uma piada. Fico feliz por agora ter esta oportunidade, no mesmo país, para tentar me explicar melhor.

Em termos bem simples, estou convencida de que o que leva uma criança a ler, antes de mais nada, é o exemplo. Da mesma forma que ela aprende a escovar os dentes, comer com garfo e faca, vestir-se, calçar sapatos e tantas outras atividades cotidianas. Desde pequena, vê os adultos fazendo assim. Então, também quer fazer. Não é natural, é cultural. Entre os povos que comem diretamente com as mãos, não adianta dar garfo e colher aos meninos, se eles nunca viram ninguém utilizá-los. Isso é tão evidente que nem é o caso de insistir. Se nenhum adulto em volta da criança costuma ler, dificilmente vai se formar um leitor.

Isso poderia ser quase aterrador, quando se constata que as famílias não estão mesmo lendo, não há mais nem espaços nas casas para livros. Estariam todos condenados a um *apartheid literário*? Existe, porém, uma segunda chance: a escola. O momento e espaço da salvação da literatura, da possível descoberta e formação do futuro leitor. Então, multiplicam-se as iniciativas de apoio à produção editorial para essa área, as campanhas de fomento à leitura, os projetos de fazer livros infantis chegarem às escolas. Nunca se fez tanto nessa área. Todos nós somos militantes disso e conhecemos o quadro, também não é preciso insistir. No entanto, todos nós aqui reunidos, que vivemos esse processo de maneira séria e responsável, estamos nos dando conta de que os resultados não correspondem ao esforço feito e que, se é verdade que cada vez há menos analfabetos e existem mais crianças lendo, por outro lado também é inegável que algo sucede na virada da adolescência: na maioria das vezes o jovem leitor perde seu tônus, quer se conservar no mesmo nível de leitura dita "fácil" (ou *light*, para usar o termo do mercado), perde o gosto pela leitura e abandona os livros. Como se leitura e facilidade fossem uma dupla indissociável. Como se vencer um certo mistério e decifrar um segredo não fizessem parte intrínseca do prazer de quem lê literatura. Esse é um problema que vem me preocupando cada vez mais, sobre o qual tenho refletido bastante, e tenho certeza de que o mesmo deve ocorrer com vocês.

Parece-me que, nesse processo, ocorreu algo que me faz lembrar um episódio do mundo esportivo que ficou muito conhecido, como anedota, e é rigorosamente verdadeiro. Nos anos 1960, a época de ouro do futebol no Brasil, tivemos dois jogadores assombrosos e incomparáveis, nunca superados. Um era Pelé, o atleta perfeito, insuperável, preparado, inteligente, um gênio da bola. Outro era Garrincha, um duende de pernas tortas, que disputava as partidas como se fosse um menino brincando, driblava como ninguém, fazia os torcedores darem gargalhadas e era conhecido como "a alegria do povo". Antes de um dos jogos decisivos na Copa do Chile em 1962, contra a Rússia, Pelé estava machucado e não ia jogar, o técnico reuniu a equipe no vestiário e explicou toda a tática que deveriam empregar: "Quando o adversário vier por aqui, vocês jogam a bola por ali, quando eles fizerem isso, vocês fazem aquilo..." e assim por diante. Todos ouviram atentos e, ao final, Garrincha fez apenas uma pergunta: "Alguém já combinou isso com os russos?".

Talvez seja isso que esteja faltando nos programas de leitura. Dizemos que ler é bom, é útil, é importante, incentivamos os meninos a ler. Mas esquecemos de combinar com os russos — ou seja, com os professores. E eles não jogam como se esperava que eles jogassem. Não leem, não vivem com os livros uma relação boa, útil, importante. Sem isso, não dão exemplo e não conseguem verdadeiramente passar uma paixão pelos livros — e, sem paixão, ninguém lê de verdade.

Sempre há exceções, claro, professores maravilhosos e inventivos, apaixonados, que transmitem o fogo sagrado à geração seguinte. Tive professores assim, a quem agradeço e rendo homenagem, pois sua contribuição na minha formação de leitora e de pessoa é inestimável. Mas eles também foram formados de modo diferente. Não sei o que está havendo com a formação dos professores hoje, mas com toda certeza eles em geral não tiveram seu entusiasmo pela literatura despertado e, sem isso, não estão preparados para transmitir aos jovens o que eles mesmos não têm. Não acredito que ninguém ensine outra pessoa a ler literatura. Pelo contrário, estou convencida, isso sim, de que o que uma pessoa passa para outra é a revelação de um segredo — o amor pela literatura. Mais uma contaminação do que um ensino.

Mas muitas vezes tenho a impressão de que os mestres recém-formados chegam a uma escola como se estivessem indo para uma granja e não sabem o que fazer com os livros diante de todos aqueles animaizinhos humanos que os olham com olhares brilhantes e esperançosos. Assim, os professores se alternam. Às vezes tratam os alunos como gansos: agarram-nos pelo pescoço, os imobilizam e enfiam quantidades de comida pela goela abaixo, tendo o cuidado de não alimentá-los realmente, porque não é isso o que interessa, já que cumpre apenas promover as futuras gorduras especiais e preciosas, que valem no mercado. Em outros momentos, os tratam como vacas: sentam-se a seu lado, os acariciam, tocam suas intimidades, mas apenas para ordenhá-los, extrair deles o que possa ser útil à produção do sistema e garantir mais lucro e permanência do negócio, ao comprovar que, afinal, a granja funciona e consegue transformar capim em leite.

Entre o excesso de informação inútil e a avaliação utilitária, a escola costuma se debater sem sair do lugar (sempre com as honrosas exceções de praxe, claro), apesar dos imensos esforços que faz. Apesar de todo o apoio que vem tendo, da quantidade de ótimos livros infantojuvenis que existem hoje, do extraordinário desenvolvimento editorial do setor, da diminuição do analfabetismo a níveis inéditos na história, da multiplicação de programas de animação à leitura ou de fomento ao livro. Até se atinge a meta de fazer com que as crianças leiam mais do que nas gerações anteriores, mas isso não significa que os adolescentes e jovens continuem lendo.

Não se consegue realmente despertar os jovens para a leitura por meio do exemplo ou, uma vez despertados, mantê-los ligados por meio da curiosidade. Exemplo e curiosidade — para mim esses são os dois pés sobre os quais deveria caminhar a descoberta da leitura. Mas, de alguma forma, a curiosidade juvenil não desperta, o que é estranhíssimo. Por incrível que pareça, não há vontade de abrir a caixa de Pandora, de olhar dentro do quarto de Barba Azul, de decifrar a mensagem secreta, de encontrar o mapa do tesouro. Para saber um pouquinho desses segredos, através das gerações os homens não têm hesitado em correr riscos e chegaram até a enfrentar a ira de Deus, sendo expulsos do Paraíso porque não resistiram à tentação de provar o fruto do conhecimento. Agora, a curiosidade está adormecida. Talvez, simplesmente, o que esteja ocorrendo é que os jovens leitores não sabem que existe a caixa, o quarto, a mensagem, o mapa, o fruto proibido. Tanta gente lhes diz "abra, olhe, prove!". Mas como não veem ninguém fazendo isso, já que ninguém lhes fala com paixão de leituras já feitas, acham apenas que tudo é obrigação escolar e não sentem a menor curiosidade por fazer a mínima exploração. Imagine-se, porém, um professor diferente. Alguém que um dia entra em sala, abre um livro e lê:

> Se querem mesmo ouvir o que aconteceu, a primeira coisa que vão querer saber é onde eu nasci, como passei a porcaria da minha infância, o que meus pais faziam antes que eu nascesse, e toda essa lenga-lenga tipo David Copperfield.

Continua, lendo um trecho em que o narrador diz que não está com a mínima vontade de falar nisso e acrescenta:

> Em primeiro lugar, esse negócio me chateia e, além disso, meus pais teriam um troço se eu contasse qualquer coisa íntima sobre eles. São um bocado sensíveis a esse tipo de coisa, principalmente meu pai. Não é que eles sejam ruins — não é isso que estou dizendo — mas são sensíveis pra burro. E, afinal de contas, não vou contar toda a droga da minha autobiografia nem nada. Só vou contar esse negócio de doido que me aconteceu no último Natal, pouco antes de sofrer um esgotamento e de me mandarem para aqui, onde estou me recuperando. Foi só isso o que contei ao D.B. e ele é meu irmão e tudo. Ele está em Hollywood.*

Resista quem puder. O professor que ler um trecho como esse para seus alunos está entregando a eles um mapa do tesouro. A curiosidade pela leitura. Para isso, basta apenas que seja leitor. Porque, então, poderá falar com paixão sobre o que está escrito,

---

* J. D. Salinger, *O apanhador no campo de centeio*. 15. ed. Trad. de Álvaro Alencar, Antônio Rocha, Jório Dauster. Rio de Janeiro: Editora do Autor, s/d, p. 7.

mesmo que não chegue a falar a seus alunos sobre essa poderosa imagem, cinematográfica e vertiginosa, de um vasto campo de centeio onde brincam muitos meninos, à beira de um precipício. Talvez lhes fale sobre outra poderosa imagem, com que se abre o livro *Far From the Madding Crowd*, de Thomas Hardy: num belo pasto inglês, junto a um precipício à beira do mar, um imenso rebanho de ovelhas está pastando. De repente, uma delas se assusta, sai correndo e pula lá embaixo. Todas pulam atrás, apesar dos latidos dos cachorros, da correria do pastor. Em minutos, a família que é dona da mansão e de todas aquelas terras perde sua riqueza. Quem não há de querer saber o que vem depois? Ainda mais se perceber a tensão sexual que existe entre a bela filha da família e um dos empregados, que sempre foi desprezado por sua posição subalterna, mas tem muitos carneiros que não se jogaram ao mar.

Duas imagens em paisagens semelhantes, de perigo escondido em beleza idílica, com sentidos tão diferentes... Qualquer um de nós, que ama a literatura, é capaz de ficar horas falando de cenas e imagens, frases e personagens, situações e ideias de alguns de seus livros preferidos. Seguramente, isso dará vontade de ler a alguém que nos esteja ouvindo, como nós ficamos loucos para ver um livro que desperte nossa curiosidade.

Mas imaginar que quem não lê pode fazer ler é tão absurdo quanto pensar que alguém que não sabe nadar pode se converter em instrutor de natação. Porém, é isso que estamos fazendo. Lembrando outra imagem, de outro livro: somos como o rei que manda um general levantar voo por seus próprios meios e depois reclama porque ele não cumpre a ordem. A culpa é dele?

Parece-me, pois, que talvez seja hora de mudar um pouco o foco de nossa preocupação. Os programas de fomento quantitativo da leitura estão chegando a um impasse, parecem estar próximos de seu teto — afinal de contas, meramente estatístico. Cada vez se edita mais, certo? Os números crescem e se multiplicam. Mas o que se edita? O que se lê? O que se dá para as crianças e jovens lerem? Temos discutido já bastante essa questão, e sempre insisto que o importante não é multiplicar uma leitura de consumo, mas, sim, garantir o encontro com a literatura. Não vou repetir isso.

Hoje o que me interessa aqui é dar ênfase a outro aspecto: quando entramos no terreno da qualidade, fica impossível não discutir o professor. Que critério pode ter um professor para lidar com essa situação ou para escolher livros? Que preparo recebe? Que estímulo lhe dão?

Não vou ficar repetindo e fundamentando o que já tenho dito em várias outras ocasiões, coisas que todos aqui sabem muito bem e com as quais estamos de acordo. Resumo apenas, para tentarmos algumas sugestões práticas, a partir dessas premissas. Livro não é sinônimo de literatura, existe muito livro que é puro lixo. É um desperdício absoluto aprender a ler apenas para ler manuais de instruções e guias de autoajuda. Todo cidadão tem o direito de acesso à literatura e de descobrir como partilhar de uma herança humana comum. Prazer de ler não significa apenas achar uma história divertida ou seguir as peripécias de um enredo empolgante e fácil — além dos prazeres sensoriais que compartimos com outras espécies, existe um prazer puramente humano, o de pensar, decifrar, argumentar, raciocinar, contestar, enfim: unir e confrontar ideias diversas. E a literatura é uma das melhores maneiras de nos encaminhar a esse território de requintados prazeres. Uma democracia não é digna desse nome se não conseguir proporcionar a todos o acesso à leitura de literatura.

No entanto, sabemos que essa democracia sempre deixou a desejar — principalmente em países como os nossos, em que a lembrança de longas ditaduras recentes ainda está próxima. Ler literatura sempre foi o privilégio de uns poucos, entre os quais podia haver de vez em quando alguns elementos que não eram necessariamente da elite social, mas que haviam descoberto a leitura apenas graças a um elemento de sorte em sua biografia — geralmente o contato pessoal com um leitor marcante ou uma boa biblioteca. Assim, a formação do professor, a quem hoje cabe facilitar o encontro entre o jovem e a literatura, normalmente se fez sem que ele ou ela, pessoalmente, tenha tido esse encontro.

No caso dos livros para crianças bem pequenas, com pouco texto, ainda é possível que um bom professor consiga folheá-los, saber do que trata, tomar gosto por alguns e falar com entusiasmo às crianças sobre os seus favoritos. Para o caso dos livros maiores, não há jeito. É impossível, de uma só vez, ser jogado dentro de um mundo feito de estantes e mais estantes cheias e ter que decidir o que é bom ou vale a pena. O professor fica inteiramente entregue a mensagens publicitárias ou a um trabalho de divulgação escolar que ele não tem como avaliar criticamente, e vira presa fácil nas mãos das editoras mais eficientes mercadologicamente. Nem sempre isso é sinônimo da oportunidade de um encontro com a literatura — para nos limitarmos a um delicado eufemismo.

Cada vez mais, quando me aflige essa situação, creio que temos de descobrir meios de facilitar a imersão do professor em leitura boa. Para si mesmo. De coisas que lhe deem prazer e o atraiam, que despertem sua paixão de ler. Antes de mais nada: as escolas que formam professores, nos diversos níveis, têm que incluir literatura.

Tive uma experiência há algum tempo, numa universidade a que fui chamada para fazer uma conferência pra uns trezentos professores, sobre a importância da leitura. Resolvi fazer algo diverso. Em vez de conferência, selecionei textos de minha predileção e, durante cerca de uma hora, apenas li — poemas, contos, trechos de romances, de autores clássicos e modernos que considero fascinantes. Depois, vieram os debates. Para minha absoluta surpresa, a imensa maioria dos professores jamais lera nada daquilo, e muitas vezes nem ouvira falar naqueles autores e livros. Ou ouviram mas não tinham lido, não sabiam do que se tratava e se consideravam barrados do paraíso por uma muralha intransponível. Ficaram emocionados, fascinados, com a sensação de estarem ganhando um presente — portas que se abriam.

Creio que temos de buscar as experiências positivas, bem concretas, nessa área e reforçá-las. É esse tipo de coisa que gostaria de ver discutida aqui. Algo como a experiência inglesa de leitura silenciosa contínua, em que num certo horário numa escola todos leem, sem qualquer cobrança — da diretora ao porteiro. Ou clubes de leitura para professores. Salas de leitura para professores, nas escolas, com uma estante cheia de livros bons, interessantes, para adultos. Concursos para professores leitores de literatura, com prêmios atraentes (como viagens etc.).

Talvez, com isso, apareçam cada vez mais alguns que leiam algo de qualidade como, por exemplo, o trecho de Salinger, em *O apanhador no campo de centeio*:

> [...] fico imaginando uma porção de garotinhos brincando de alguma coisa num baita campo de centeio e tudo. Milhares de garotinhos, e ninguém por perto — quer dizer, ninguém grande — a não ser eu. E eu fico na beirada de um precipício maluco. Sabe o que eu tenho de fazer? Tenho que agarrar todo mundo que vai cair no abismo. Quer dizer, se um deles começar a correr sem olhar [a]onde está indo, eu tenho que aparecer de algum canto e agarrar o garoto. Só isso que eu ia fazer o dia todo. Ia ser só o apanhador no campo de centeio e tudo. Sei que é maluquice, mas é a única coisa que eu queria fazer. Sei que é maluquice.*

---

* Ibid., p. 168.

Só assim, descobrindo os livros pelos quais terão paixão, os autores que falarão por sua alma, é que os professores irão sentir apóstolos da literatura, capazes de transmitir aos outros sua boa nova. Nem todos se converterão em leitores, também para isso existem vocações — muitos são os chamados, mas poucos, os escolhidos. Mas todo cidadão tem o direito de descobrir o que é ler literatura, para que se lê, qual o sentido que isso pode ter em sua vida. E, então, decidir se quer ou não. E todo professor (mesmo que ensine ciência ou história) tem o dever de estar em condições de dar ao aluno a oportunidade de fazer essa descoberta. E talvez possam, juntos, discutir sobre alguns dos livros e autores que os fascinam. Talvez possam até conversar sobre alguém como Guimarães Rosa, que tão bem entendeu essa relação ao escrever: "Mestre não é quem sempre ensina. Mas quem, de repente, aprende".

Outro chamado selvagem[*]

A proposta de discussão que nos traz aqui fala no maravilhoso e no fantástico, e ainda no selvagem como origem desses conceitos associados à América Latina. Talvez até tendo como origem as primeiras descrições de escrivães e viajantes que acompanharam os navegadores e conquistadores. Também tem a ver com rótulos que nos atribuíram no exterior, por ocasião do boom literário hispano-americano, quem sabe para melhor nos trancar na jaula do exótico — tipo realismo mágico, realismo fantástico etc. Como se houvesse alguma realidade verdadeira que não incluísse a magia e a fantasia, não incorporasse o delírio e a imaginação.

Acho bom discutir essas coisas. Mas no Brasil geralmente nossos escritores não são enquadrados nessa categoria de realismo mágico. A rigor, não somos nem enquadrados na literatura latino-americana. Basta pegar qualquer dessas antologias, cole-

---

[*] Palestra proferida no ciclo O Maravilhoso, o Mágico e o Selvagem, no Centro Cultural Banco do Brasil (CCBB), no Rio de Janeiro, em junho de 2000.

tâneas ou livros de estudos eruditos publicados em universidades norte-americanas e europeias sobre a literatura na América Latina para descobrir que na maioria das vezes o Brasil não está incluído. E, quando está, é sempre com Machado de Assis, Jorge Amado e Clarice Lispector — enquanto Paulo Coelho não adentra o gramado —, talvez porque os eruditos considerem que os outros autores não fazemos parte da literatura, ainda estamos no estágio selvagem. Ou será que vamos ter que imaginar que as grandes editoras e universidades não sabem que o Brasil é um país latino-americano? Ou será que é porque em seus departamentos de América Latina não há ninguém capaz de ler português?

Seja como for, vivemos confinados ao gueto da nossa língua e marcados pela exclusão. Então, não é comum que brindem nossos livros com a valorização de mercado trazida pelos adjetivos *mágico, fantástico, maravilhoso*, nem mesmo *selvagem*. O que, evidentemente, não significa que não o sejamos, tanto quanto os outros latino-americanos.

Mas não é isso que está em discussão. Do ponto de vista estritamente literário, é um fato que entre nós a corrente que mistura real e maravilhoso não foi tão característica quanto nos países irmãos. Claro que podemos lembrar que as *Memórias póstumas de Brás Cubas* são narradas por um defunto (e lá no século xix!); que um conto de Clarice Lispector em que as baratas se multiplicam tem a ver com um conto de Julio Cortázar em que os coelhos se multiplicam; que, afinal de contas, *Incidente em Antares*, de Erico Verissimo, é claramente uma obra que se filia a essa corrente, na qual também, sem qualquer esforço, se poderia enquadrar *Dona Flor e seus dois maridos*, de Jorge Amado; e que ninguém tem dúvidas das afinidades que com ela têm os contos de Murilo Rubião ou os livros de José J. Veiga. Os exemplos poderiam se multiplicar. Não é isso o que está em jogo. E deixo essas análises para comentaristas mais qualificados.

Parto do fato. Nossa literatura, em geral, não se caracteriza por essa atitude — por mais que haja exceções. Em compensação, *somos* os selvagens. Assim somos vistos e muitas vezes assim nos vemos. E não apenas porque foi nesse papel que entramos em cena com a carta de Pero Vaz de Caminha. Mas ficamos nele. Desde que aparecemos como personagens em Montaigne até as grandes obras literárias brasileiras de nosso século, englobando *Macunaíma* e *Maíra*, *Quarup* e *Utopia selvagem*. Para não falar em todo o indianismo do século XIX. Exaltando o bom selvagem rousseauniano — que éramos nós... Ou nossos avós, porque àquela altura já não éramos tão bons assim, escapávamos da inocência de nosso lugar e nos corrompíamos com a assimilação à sociedade civilizada. Apesar de eventuais saudosismos canibalistas, como em *Viva o povo brasileiro*, de João Ubaldo Ribeiro, ou com *Meu querido canibal*, o recentíssimo livro de Antonio Torres. E, sobretudo, com a antropofagia erigida em princípio norteador e atitude cultural desejável, segundo a proposta modernista de Oswald de Andrade: vamos devorar culturalmente esses gringos, deglutir tudo o que eles têm pra nos dar como alimento.

Mas talvez eu tenha sido chamada a vir aqui discutir essa questão porque também escrevo para crianças e a literatura infantil tem sido, eventualmente, associada ao realismo mágico.

Ainda há uma semana li um artigo sobre a minha obra escrito para a revista *Bookbird*, que é publicada pelo Internacional Board on Books for Young People (IBBY) com o apoio da Universidade Estadual Morgan, de Baltimore, nos Estados Unidos. Trata-se de uma análise crítica feita por Maria Nikolajeva, uma professora de Literatura Comparada da Universidade de Estocolmo. Uma perspectiva exterior tem de nós uma visão completamente diferente daquela a que nos acostumamos. E esse artigo, claramente, começa filiando Lygia Bojunga e a mim a "uma mesma tradição literária, geralmente referida como realismo mágico: uma mistura sutil de sátira social e elementos sobrenaturais".

Depois de vários elogios e de classificar minha obra de subversiva, como um exemplo de associação entre criação e liberdade, a autora afirma que é pela linguagem que eu faço minhas fantasias serem plausíveis e acrescenta que

> não se trata de fantasias no sentido convencional do termo. Como Gabriel García Márquez, Jorge Luís Borges e outros autores latino-americanos que recorrem ao realismo mágico, Machado amplia nosso sentido normal de tempo e espaço, do cotidiano e do misterioso.

E passa a examinar exemplos disso nos meus livros. Jamais nos ocorreria fazer essa associação, que ela repete mais adiante, comparando *Cem anos de solidão* e *Bisa Bia, Bisa Bel*, vendo o meu livro como uma versão feminina e infantil de uma mesma exploração mágica e poderosa dos vínculos entre as gerações. Mas o realismo fantástico, para nós, tem outro endereço e idioma.

Entusiasmos à parte, porém, já encontrei uma visão semelhante, a respeito de nossa literatura infantil, em outros críticos, tanto nacionais como estrangeiros.* Geralmente sustentam que, no Brasil de final dos anos 1960 e do decorrer da década de 1970, durante o governo militar, a literatura para adultos estava totalmente voltada para a denúncia, a reportagem e o testemunho, sem deixar lugar para o onírico, o delirante ou a exploração de uma linguagem poética. Segundo essa hipótese, teria sido nos livros para crianças, na poesia de mimeógrafo e nas letras de músicas — gêneros mais aptos a abrigar uma expressão densamente simbólica e metafórica — que se manifestou a interpenetração de real e maravilhoso que nessa mesma época estava caracterizando

---

* Entre outros, lembro as brasileiras Heloísa Buarque de Holanda e Glória Pondé e o cubano Joel Franz Rosell.

o chamado realismo mágico ou fantástico na literatura de adultos dos países hispano-americanos. Aliás, vale lembrar que nesses países de língua espanhola (com exceção da Argentina, alguns anos depois, com autores como María Elena Walsh, Graciela Montes, Ema Wolf, Laura Devetach, Gustavo Roldan e outros) os livros para crianças normalmente não chegavam a constituir o que se poderia chamar de literatura, estando ainda muito ligados ao didatismo autoritário, à pedagogia conservadora e moralista, e não apresentando qualquer ambiguidade ou inovação de linguagem que revelasse um mínimo de qualidade literária.

Talvez a diferença esteja no fato de que, muito antes, lá pelos anos 1920, nós tivemos Monteiro Lobato, em cuja obra a passagem do real ao maravilhoso tinha a naturalidade de quem respira. Para ele nunca foram necessários os recursos do sonho, da varinha de condão, do anel ou lâmpada mágica, do tapete voador... Tinha um processo muito mais eficiente: o faz de conta! Pronto! Já estava! E nunca abusou desse recurso. Sabia perfeitamente dosar a economia interna de seu relato, numa coerência narrativa que só pode ser explicada por alguma expressão semelhante a "qualidade literária".

Leitores de Lobato, habitantes infantis do Sítio do Picapau Amarelo, quando nós da minha geração passamos a escrever para crianças nem precisávamos ter dúvidas sobre a incorporação dessa atitude. Foi simplesmente herdada. Ora, uma cultura se faz sempre de invenções e acréscimos a partir de um patrimônio recebido. Tínhamos um ponto de partida denso e consistente, de sustança, só comparável em termos de criação individual e nível artístico ao que tinham os povos que falam inglês, em cuja tradição figuravam autores como Mark Twain, Robert Louis Stevenson, Lewis Carroll e James Barrie.

Explica-se, então, que, embora nossas obras não costumem ser agraciadas com adjetivos como *maravilhoso*, *mágico* ou *fantástico*, tenhamos alguma coisa a ver com isso.

E *selvagem*? Queria examinar isso mais de perto, porque me parece ser um adjetivo de outra família semântica, referindo-se menos ao intangível da imaginação e da cultura e mais ao supertangível da natureza. Sem conseguir disfarçar uma certa ideia muito perigosa de evolucionismo social. Como se, ao se situarem mais perto da natureza, ainda faltasse aos selvagens percorrer uma boa distância no caminho que leva à civilização. Assim, nessa visão protofascista, seríamos atrasados, uns selvagens... Teríamos ainda muita estrada pela frente, antes de podermos ser recebidos entre os povos superiores cuja cultura é admirada pelo mundo afora.

Renato Janine Ribeiro faz uma observação agudíssima e fecunda sobre a identidade brasileira.* Estuda os símbolos nacionais e verifica que nos definimos pela natureza e não pela cultura. O país tem nome de árvore. A bandeira, sabemos todos, remete ao verde das matas, ao ouro das minas, ao azul do céu — e inclui a constelação do Cruzeiro do Sul e mais uma porção de estrelas. E Marilena Chaui conclui, ao fazer essa análise, que nossa classe dominante nega a história e tenta identificar seu domínio com a natureza.** O Hino Nacional fala em margens plácidas, sol, céu da pátria, gigante pela própria natureza, diz que nossos lindos verdes campos têm mais flores do que a terra mais garrida, que nossos bosques têm mais vida etc. Em nossa moeda estão representados animais: onça, arara, beija-flor, garça, garoupa... Se perguntamos a um brasileiro por que gosta ou se orgulha do Brasil (ou

---

* Primeiro, ouvi o filósofo desenvolver essas ideias numa palestra na Universidade de Barcelona, em 1998. Mais tarde, quando eu já tinha redigido este texto, encontrei-as desenvolvidas em seu livro *A sociedade contra o social* (São Paulo: Companhia das Letras, 2000).
** Marilena Chaui, "Raízes teológicas do populismo no Brasil: teocracia dos dominantes, messianismo dos dominados". In: Evelina Dagnino (Org.). *Anos 90: Política e sociedade no Brasil*. São Paulo: Brasiliense, 1994.

a um carioca por que gosta do Rio), a maioria das respostas vai falar na natureza, não vai citar heróis, vultos históricos ou artistas. Fazemos a promoção do nosso turismo exibindo um mundo ensolarado de praias, matas, cachoeiras e mulheres bonitas — de preferência, quase em estado de natureza, como as índias que encantaram Caminha ao mostrar suas vergonhas. Mesmo as eventuais respostas que contenham elementos culturais estarão provavelmente ligadas ao corpo, falando em futebol e carnaval.

Ou seja, a imagem que fazemos do país e de nós mesmos está profundamente vinculada à natureza, não à cultura. À emoção, não à razão. E qualquer leitor cotidiano de jornais sabe como é difícil encontrar análises em que a racionalidade se faça presente. Aliás, até que há racionalidade em algumas análises de colunistas. Mas na redação das notícias e manchetes, ela falta por completo. Temos sempre torcedores apaixonados, jamais observadores isentos capazes de dar ao público relatos objetivos.

"Brasileiro é assim, e eu sou brasileiro", disse Guga, emocionado, na final do torneio de tênis que o deixou como o segundo no ranking mundial. Não se referia à disciplina, à perseverança e ao trabalho árduo que o levaram até aquele ponto — inegáveis, e ninguém sabe disso tão bem quanto ele. Referia-se à emoção que quase o fez perder. Todos nós nos reconhecemos nele, nesse aspecto. Falou por todos. Orgulhoso do descontrole emocional selvagem, não do esforço racional para se construir.

Uns selvagens... Orgulhamo-nos disso. Lembro da primeira vez em que tive essa consciência. Eu morava na Inglaterra, estava doente e fui a um hospital. Com dor, fiquei na sala de espera numa cadeira metálica desconfortável, aguardando a vez. A calefação estava forte, eu estava com febre e a pressão muito baixa, me sentia mal. Fui saber com a atendente se ainda ia demorar muito, para eu sair um pouco para o ar livre. Ela me deu uma resposta ríspida e eu, tensíssima e com medo, comecei a chorar. Ela consultou minha ficha, olhou para mim com um ar muito superior e comentou, nem sei para quem: "Como é que essas pessoas podem ser tão selvagens?". Quando dei por mim, já tinha partido para a cena de selvageria explícita, respondendo: "Sou selvagem com muita honra, ouviu? Deus me livre de ser uma mosca-morta que nunca pergunta nada nem reclama. E fique sabendo de uma coisa: podem levar duas horas para me atender, mas então eu vou ficar duas horas aqui chorando, cada vez mais alto". Coincidência ou não, ela levantou correndo, foi lá dentro e fui atendida imediatamente. Ainda aos soluços. E toda gabola de minha reação, como diria a Emília do Lobato.

Voltei para casa pensando nisso. Nunca tinham me chamado de selvagem, assim, com essa clareza. *So wild*, foi o que a mulher disse. Tão selvagem... Se chorar, reclamar e brigar são selvageria, claro que eu sou selvagem — descobri. Como um bicho. Um animal selvagem. Mas nunca tinha me visto assim. Ligada à natureza, sim. Com emoções, sim. Capaz de ouvir os chamados selvagens de que falou Jack London. Mas não *selvagem* no sentido que se costuma dar à palavra, agressiva como uma fera selvagem.

Pensando melhor, com meu lado não selvagem, me ocorreu que talvez o termo não tivesse essa conotação, fosse mais uma coisa ligada à *vida selvagem*, a *wildlife*. Algo a ser preservado, porque está em via de extinção. E faz falta ao mundo, é parte do equilíbrio em que todos vivemos no planeta. Como uma *wild forest*, dizem eles, "floresta selvagem", que chamamos de *floresta virgem*. Tem muito mais a ver com pureza do que com agressão. Com preservação intacta do que com violência. Aliás, toda vez que o adjetivo *wild* se aplica às plantas ou a pequenos animais (como micos, passarinhos, caxinguelês), não traduzimos por *selvagem*, e sim por *silvestre*. A raiz é a mesma, mas tem a ver com a *silva*, não com a *selva*, e a *lei da selva* ou da *jungle* que estabelece a vitória do mais forte. É como se, na maneira pela qual a língua portuguesa se refere a essa natureza, estivéssemos introduzindo uma categoria de delicadeza e fragilidade, geralmente associadas à cultura e civilização.

E agora, ao fazer minha reflexão sobre esses termos todos e os conceitos aos quais eles se referem, me lembrei de um maravilhoso ensaio de um poeta da Califórnia, Gary Snyder, ganhador do prêmio Pulitzer e um interessantíssimo pensador. O livro dele se chama *The Practice of the Wild* e qualquer tradução dessa expressão seria redutora em português. Não é "A prática da selvageria", nem "da natureza", nem "do silvestre". Na verdade, refere-se à vivência do humano sem perder a consciência e a sensação de que somos parte do mundo natural. Entender que a natureza não é uma reserva que se visita, mas o ambiente em que estamos em casa. E que esse estado exige uma ética rigorosa, em tudo oposta à ideia suscitada pelo adjetivo *selvagem*, já que parte do preceito básico que rege a vida, ou seja: não se admite tirar a vida desnecessariamente.

Em outras palavras: é inaceitável qualquer forma de agressão ou violência que não seja comandada pela necessidade de sobrevivência. Selvagem de verdade, em estado de natureza, é assim. Mata para comer, ataca para lutar pela fêmea ou defender seu território ao qual sua sobrevivência está ligada, mas respeita com generosidade os bens comuns — da água, da terra, do sol, da sombra. Um animal dito selvagem é incapaz de ameaçar a vida para se apossar de objetos, defender suas opiniões, acumular mercadorias. Tal comportamento é privilégio exclusivo dos seres humanos, que se acham muito superiores a ele. Diante dessa constatação, fica impossível não ecoar a perplexidade de George Steiner ao se perguntar como é que uma espécie capaz de produzir a arte e civilização que conhecemos é também capaz de engendrar as guerras, ou como a mesma cultura que nos deu Bach e Beethoven, Kant e Goethe foi capaz de originar a barbárie do Holocausto.

Nesse sentido, sim, talvez nós, os selvagens, mais próximos da natureza, ainda tenhamos uma contribuição a dar ao resto da humanidade — na medida em que não nos deixarmos enredar nos padrões ilusórios de um progresso que aponta o acúmulo de bens como o grande alvo a ser atingido. Talvez possamos contribuir com uma atitude de celebração da vida e de alegria, mais perto do sentido lúdico que tem uma criança e menos utilitário e consumista. Talvez ainda, numa sociedade miscigenada como a nossa, possamos oferecer ao mundo o modelo cultural de um equilíbrio entre o pluralismo cosmopolita e a profunda vivência local, com tudo o que esse modelo deve apresentar em termos de aceitação do outro, tolerância com as diferenças, respeito às divergências.

Realisticamente, e sem visões mágicas, confesso que não vejo muito que isso esteja acontecendo. Pelo contrário, com a deterioração ética e o esgarçamento do convívio interpessoal que estamos vivendo atualmente, nos últimos tempos tenho me perguntado cada vez mais se não estaremos perdendo essa oportunidade para sempre. E o mundo conosco. Mas ainda não perdi as esperanças, porque considero que em muitos aspectos somos capazes, sim, de viver como se estivéssemos num estado de celebração permanente, uma "reencarnação perpétua de um certo sentido sacramental do mundo", como diz Gary Snyder a respeito de certos dançarinos. E porque, mesmo que tenhamos consciência de que na realidade não somos dessa maneira, é assim que nos vemos simbolicamente. Olhando para nós mesmos, ou nos mirando nos espelhos de nossas artes (literatura, música, cinema, artes plásticas...), percebo em nossos anseios uma vontade de nos vermos assim: integradores, alegres, brincalhões, amigos, solidários, emotivos, improvisadores. De nos sonharmos civilizados nesse sentido, bem selvagem. Ou silvestre. Da silva. Como tanto José da Silva. Brasileirinhos da Silva — é esse o nosso retrato que imaginamos.

Texturas: O Tao da teia — sobre textos e têxteis

Para Ruth Rocha e Marisa Lajolo,
mestras de entrelinhas,
irmãs nas linhas de escrever e de bordar

Há alguns anos — e posso precisar a data em 1992, não apenas porque registrei o fato no meu diário, mas porque sei que estava convalescendo, num processo de tratamento de uma doença grave que dividiu minha vida em antes e depois —, eu estava numa manhã de julho em casa em Manguinhos, sozinha com Luísa, minha filha, então com nove anos. Era um dia frio, nublado e com muito vento. Estávamos na beira do mar, mas era impossível ir à praia. Diante do computador, eu trabalhava. Mas à Luísa, restava o jardim. De repente, ela me chamou com voz vibrante para ver alguma coisa. Aquele tom de voz inconfundível, de maravilhamento, com que nossos filhos tantas vezes nos presenteiam. Parei o que estava fazendo e fui até o quintal encontrá-la.

Num dos canteiros, entre uma longa folha lanceolada de um lírio rajado e um galho fino e espinhento de uma buganvília, esticava-se um único fio, tênue, transparente, quase invisível. Por ele andava uma aranha.

Luísa me explicou:

— Mãe, eu vi a hora em que ela começou. Pensei que ela estava caindo, porque aranha não voa. Mas ela estava presa no fio e pulou até bem longe, como se estivesse voando, pendurada...

Nesse momento, não caía mais. Subia pelo fio. Até certo ponto, apenas. De repente parou e se jogou de novo no espaço, agora para cima, mais uma vez deixando um fio no seu rastro, mas numa direção completamente diferente. Até alcançar outra folha. Depois voltou novamente pelo fio e retomou o processo. Percorria uma certa distância, mudava de direção, lançava-se no vazio secretando das entranhas o fiapo que a sustentava, fixava-o em algum ponto de apoio, retomava parcialmente o caminho percorrido... Seguia com firmeza um plano matemático rigoroso, como quem não tem dúvida alguma sobre o que está fazendo.

Luísa e eu ficamos assistindo, maravilhadas. De início, manifestávamos nossa admiração com alguns comentários exclamativos. Mas logo nos sentamos no chão e apenas ficamos lado a lado em silêncio, como quem reza ou medita. Durante quase uma hora. Até termos diante dos olhos a geometria exata e rigorosa de uma teia de aranha completa.

Saímos dali encantadas, de mãos dadas. Luísa cantarolou um trecho de "Oriente", de Gilberto Gil, canção que não era da sua geração mas ela conhecia, por fazer parte do repertório do pai, músico:

... a aranha vive do que tece
Vê se não esquece...

Mas em geral não precisávamos falar. Acabávamos de compartir uma experiência intensa, muito maior do que qualquer palavra. Íamos falar do quê? Apenas exercer nossa necessidade de controle sobre a natureza, nomeando e atribuindo significados? De minha parte, eu não tinha vontade de dizer nada. Embora imaginasse que Luísa fosse perguntar algo. E soubesse que então eu teria que responder, talvez falar em instinto e introduzir alguma tentativa científica de explicação para o inexplicável.

No entanto, minha filha foi mais sábia que eu. Não pediu explicações. Não estragou o momento com isso. Viveu-o intensamente como uma participação, um fazer parte. Um contato com algo vago e indefinível, irredutível a palavras. Algo simples e raro: a vivência de uma sensação de pertencer a uma totalidade, uma percepção próxima daquilo que os orientais chamam de Tao. Algo indefinível e que não pode ser posto em palavras. No máximo, alude-se ao Tao em pequenos poemas dos livros filosóficos, como o *Tao Te Ching*. Um deles, o do capítulo 6, pode ilustrar vagamente de que se trata:

O Tao
É o sopro que nunca morre.
É a Mãe de Toda Criação.
É a raiz e o chão de toda alma
— a fonte do Céu e da Terra, minando.
Fonte sem fim, rio sem fim
Rio sem forma, rio sem água
Fluindo invisível de um lugar a outro...
nunca termina
e nunca falha.

De alguma forma, Luísa e eu sabíamos que, diante do inefável, não precisávamos dizer nada. Deitamos na rede com um cobertor e ficamos algum tempo aconchegadas em silêncio.

Talvez por causa dessa experiência, o livro que eu estava escrevendo nessa ocasião (um romance chamado *Aos quatro ventos*) tenha incorporado também a busca de uma estrutura que não existe, mesmo, em torno da qual se organiza a criação. Ou, mais provável, talvez eu estivesse tão atenta à manifestação do projeto da teia justamente porque estava preocupada com essa questão no livro. Isso eu não sei. Quando estou escrevendo alguma obra de ficção mais complexa, sempre fico assim, me sentindo muito ligada a tudo que está se criando na natureza em volta de mim. Além disso, a noção de que existe uma estrutura subjacente, um projeto inconsciente segundo o qual se ordena a criação, é uma velha obsessão de quem escreve. Nem chega a haver novidade alguma em associar essa força regente a elementos de tecelagem e tapeçaria. Para citar apenas o exemplo mais evidente, fiquemos com Henry James em seu conto "O desenho do tapete".*

Por outro lado, também é bem possível que nesse momento tenha começado a nascer minha história "Fio a fio", que depois acabou saindo em livro com o título de *Ponto a ponto*.

Mas evidentemente, como todo texto, ele foi feito de vários fios. Alguns eu posso retraçar, outros não.

O primeiro deles talvez seja bem antigo em minha vida. Mais de vinte anos antes, em 1970 e 1971, eu estava fazendo meu curso de pós-graduação e discutindo minha tese com Roland Barthes, meu orientador. Lembro perfeitamente de termos conversado muito sobre a linguagem pouco acadêmica que eu insistia em usar no meu trabalho, completamente fora do jargão profissional que sempre se espera numa tese. Com seu rigor crítico característico, Barthes observou o uso de metáforas culinárias em meu trabalho (eu falava em camadas de significado como mil-folhas, ou em um texto feito de níveis distintos em torno de um eixo inexistente, como uma cebola). Mencionou que isso era muito interessante, porque várias das palavras que se usam para designar o texto e a escrita derivam de outro conjunto de atividades tradicionalmente femininas, a fiação e a tecelagem — que haviam chamado sua

---

* *A morte do leão: Histórias de artistas e escritores*. São Paulo: Companhia das Letras, 1993.

atenção nos últimos tempos, por ele ter se ocupado especialmente da moda como sistema de significação. Deu como exemplo a própria palavra *texto* (variante de *tecido*). Comentei com ele que, realmente, em português, ao tratarmos da narrativa, falamos em *trama*, em *enredo*, em *fio da meada*... Dizemos que "quem conta um conto aumenta um ponto". E temos as palavras *novelo* e *novela*.

Enfim, essas ideias de relacionar a escrita e o tecer, fiar e bordar já vinham girando havia muito tempo em meu espírito, e não havia nada demais nisso. Eu apenas estava tendo consciência de algo já perfeitamente assimilado e registrado por nossa linguagem de todos os dias, criação anônima e coletiva da nossa cultura pelos séculos afora. Mais que isso, uma noção recorrente na tradição literária.

Já em 1885, por exemplo, Robert Louis Stevenson publicava um brilhante artigo de crítica literária intitulado "Web, Texture and the Juggling of Oranges" [Teia, textura e malabarismo com laranjas],* em que discute a necessidade imperativa de que a arte literária obedeça a um padrão, uma estrutura que amarre em nós bem firmes as frases sucessivas, como "um ponto dado com elegância", ainda que o texto também deva transmitir sempre a impressão deliciosa de que apenas brinca de jogar laranjas para o alto, "dançando com graça inimitável".

Em outra ocasião, em 1988, surgiu outro fio. Estive em Copenhague para fazer uma palestra e participar de outras atividades de divulgação do lançamento de *De olho nas penas*, um de meus primeiros livros traduzidos para uma língua estrangeira (por coincidência, um texto que também celebra as qualidades tecelãs da aranha Ananse). No escritório da editora, meu amigo e

---

* Trecho de "On Some Technical Elements of Style in Literature" [Sobre alguns elementos técnicos do estilo em literatura], inicialmente publicado em *The Contemporary Review* (abr. 1885), depois incluído em *The Works of Robert Louis Stevenson* (Nova York: Scribner, 1898, v. 22).

editor Vagn Plenge me mostrou sobre sua mesa de trabalho um livro que desejava traduzir e editar. Era uma coletânea de poemas de Ernesto Cardenal, ilustrados com aplicações têxteis e bordados de artesanato popular, obra coletiva das índias de uma região da Nicarágua — trabalho que eu já conhecia por meio de uma outra coleção, também reunida em livro, que meu pai trouxera de Manágua, pouco antes. Belíssimos e fascinantes.

Fiquei com vontade de me achegar um pouco a esse universo. Meter minha colher naquele caldeirão. Segurar um pedacinho da toalha e bordar também um pouco, ouvindo conversa e contando história.

Essa ideia me tentava cada vez mais. A noção de que eu queria fazer um livro sobre fiar, tecer e bordar, que fosse ao mesmo tempo um trabalho individual meu, mas que se inserisse numa linhagem, linhas entrelaçadas sobre linho. Algo que trouxesse contribuições passadas e variadas, que somasse experiências diversas, que reunisse muitas histórias sobre teares e bastidores, sobre rocas e fusos, que tecesse fios diferentes — e que, na certa, embora não fugindo de meus riscos pessoais, como qualquer boa criadora, ou seja, apesar de seguir meu próprio risco do bordado (e agradeço a Autran Dourado pela bela imagem), fosse também capaz de incorporar ao livro uma comunidade anônima e esquecida, integrar a ele um trabalho coletivo predominantemente feminino e quase arcaico em sua antiguidade. Em minhas diversas viagens, da mesma forma que sempre trouxe histórias, comecei também a colecionar bordados e tecelagens produzidos em culturas distintas.

Acho que o fio seguinte apareceu em Brasília, creio que em 1994. Fui fazer uma palestra e conheci Sávia Dumont, que me mostrou um livro que tinha feito com a família, de modo artesanal, ilustrado com fotos de seus bordados coletivos. Achei que era um encontro promissor. Conversamos, ela me falou muito na mãe, que me pareceu uma mulher admirável. Voltei para casa achando que talvez tivesse encontrado meus ilustradores. Mas segura de que estava encontrando minha protagonista, na personagem que fui imaginando a partir daquele modelo, uma mulher brasileira humilde, do interior, dona de casa e mãe de família, que ao tecer e bordar vai criando a si mesma, fazendo sua própria história, criando seu próprio sentido. Alguém que me fazia lembrar muito a minha avó Ritinha, criada na roça, à margem do rio São Mateus, analfabeta mas a mais fecunda biblioteca de minha vida com seu riquíssimo repertório de histórias populares que me marcaram para sempre. E, além disso, exímia bordadeira, mestra de linhas e agulhas, de rendas e bilros, de bastidores e *navettes*, artista do crochê e do frivolitê...

Algum tempo depois, na Feira de Bolonha, reencontrei a Sávia, tornamos a falar na possibilidade do livro, apresentei-a a outra criadora quase artesanal de beleza, a editora Donatella Berlendis, outro fio nesta história.

Resolvemos partir para a obra concreta. Em tempo recorde o texto estava em mãos de Donatella, porque a essa altura já estava escrito, só precisava de uns retoques. Como havia tanto tempo eu queria, incluía histórias de outras tecelãs e bordadeiras, da Grécia antiga ao interior de Minas, passando pela Europa medieval. Ou seja, ia das três Parcas à "Velha a fiar", passando por Penélope (esperta tecelã que eu já revisitara como personagem aludido em meu romance *Alice e Ulisses*), por Ariadne e seu novelo que ajuda a sair de labirintos, pela bruxa da Bela Adormecida e por outras mais.

Infelizmente, por um lado, a editora e as bordadeiras não conseguiram chegar a um acordo quanto às condições de publicação e não foi possível fazer o livro como pensávamos. Mas felizmente, por outro lado, isso me permitiu voltar à minha ideia inicial e recuperar o projeto tal como ele me fascinava desde o início, me acenando com a possibilidade de ilustrar um eventual livro que daí resultasse, com fotos de bordados de diferentes culturas e origens diversas, dando maior ênfase ao artesanato latino-americano, mas incluindo também bordados europeus.

Outro momento, outro lugar, outro fio.

No primeiro semestre de 1999, fui convidada a dar dois cursos sobre cultura brasileira na Universidade de Berkeley, nos Estados Unidos. Procurei examinar algumas questões que me parecem essenciais em nossa identidade, eixos em torno dos quais gira nossa sociedade.

Por um lado, focalizei o patriarcado e suas transformações, a forma como se exerce a autoridade e se manifesta a obediência ou desobediência, a maneira pela qual nosso imaginário literário apresenta o papel da família e a situação da mulher.

Por outro lado, tratei de me debruçar com os alunos sobre o paradoxo de sermos uma sociedade tão excludente em termos socioeconômicos e, ao mesmo tempo, criarmos uma cultura tão includente, capaz de manter nossa unidade nacional e identidade — das artes "antropofágicas" à língua brasileira tão maleável, do sincretismo religioso à miscigenação racial. Com todas as ressalvas que se possa fazer à nossa "democracia" racial na prática, evidentemente. Mas, ao mesmo tempo, entendendo que quando se fala de expressão artística estamos lidando com a construção do imaginário coletivo e que, além de *nos vermos* como um país mestiço, *gostamos de nos imaginar* como uma sociedade que aceita a mestiçagem e não segrega as raças.

Enfim, a menção a essa experiência na universidade norte-americana foi só para dizer que, como o curso abrangia diversas manifestações culturais (cinema, televisão, artes plásticas, música, culinária, literatura) e como não acho que literatura infantil seja menor que literatura não infantil, incluí também sua discussão nos cursos, ao focalizar obras que trouxeram à baila esses temas que queríamos debater. Assim, para falar de mulher e patriarcado, falei também em *A bolsa amarela*, de Lygia Bojunga

Nunes, em *Procurando firme*, de Ruth Rocha, em *Bisa Bia, Bisa Bel*, de Ana Maria Machado, em *Mudanças no galinheiro mudam as coisas por inteiro*, de Sylvia Orthof, nos contos de Marina Colasanti. E de repente me vi discutindo tecelãs e bordadeiras, por causa de "A moça tecelã", da Marina, e de meu *Ponto a ponto*.

Dessa vez, olhando os textos meio de fora, com olhos de quem faz crítica e dá aulas, acabei relacionando lendas, mitos, histórias infantis e confronto com autoritarismo, já que um dos eixos que nos guiava era justamente o exame do patriarcado e da submissão, da obediência e da rebeldia — sobretudo femininas.

Daí, foi um passo natural ir buscar na mitologia grega a lenda de Aracne.* Um mito fascinante, de uma tecelã que confia tanto em sua habilidade que se sente capaz de desafiar a divindade para um concurso de tecelagem no qual não apenas tece melhor do que Atena, mas tem a suprema ousadia de usar sua tapeçaria para ilustrar os crimes cometidos pelos deuses contra mulheres. Em consequência desse ato, é castigada e transformada em aranha.

Talvez só nesse momento eu tenha finalmente saído daquela contemplação extasiada com Luísa diante da aranha construindo sua teia e tenha conseguido aprofundar um pouco as reflexões sobre escrita e fiação, mulher e texto. Senti que o tema me chamava, e aproveitei que estava numa universidade com excelente biblioteca. Nos dias frios de inverno, com vento e neblina, fui cada vez mais me enrolando e aquecendo no tecido daqueles textos.

Tinha que partir de algum ponto. E eu sabia qual seria. Ia dar um ponto com outro fio. Também partindo de 1992, o ano de minha experiência com o Tao da teia. No meio do meu tratamento, eu tinha ido a Nova York. Lá, estive num lugar chamado Regenesis. Aparentemente, apenas uma loja numa sala no andar

---

* Publicado inicialmente na revista *Nova Escola* e depois incluído na antologia *O tesouro das virtudes para crianças* (Rio de Janeiro: Nova Fronteira, 1999).

alto de um prédio, especializada em próteses e roupas especiais para mulheres que fizeram mastectomia, criada e administrada por mulheres que tiveram a mesma experiência.* Na verdade, é também um centro de apoio. Na saída, após completar a ficha com minhas medidas, a vendedora me disse:

— Estou vendo que é a primeira vez que você vem aqui. Temos gente que vem há mais de vinte anos...

Eu sabia perfeitamente o que ela estava dizendo: tem gente que sobrevive. Dei um sorrisinho.

Então ela me estendeu um livro e disse:

— É um presente que damos às clientes de primeira vez.

Era um livro escrito por uma mulher que teve câncer de mama e fez uma mastectomia. O título era *Spinning Straw into Gold* [Tecendo palha para que vire ouro]. Não lembro a autora, porque pouco depois o passei adiante, a uma amiga que precisava, uma grande escritora argentina que viveu a mesma experiência. Mas eu sabia a quê a expressão se referia. A um conto de fadas, ou conto popular, coligido pelos Irmãos Grimm, chamado "Rumpelstiltskin".

A imagem era poderosa. Será que eu conseguiria o que parecia impossível? Tecer aqueles fios ásperos, duros e tão, tão frágeis, até que se convertessem num tesouro precioso?

A metáfora ficou comigo. Então, agora, quando resolvi olhar mais de perto essa questão de textos e têxteis, decidi começar pelo exame desse conto.

A primeira coisa que descobri é absolutamente fascinante. Havia uma versão literária francesa dessa história, escrita em 1798 por uma mulher, Mademoiselle L'Héritier, com o nome de "Ric-

---

* Espero que nenhuma leitora jamais precise, mas dou o endereço, para o caso de eventualmente poder ser útil a alguém. Nunca poderei retribuir plenamente o que a rede invisível de solidariedade de amigos, conhecidos e desconhecidos fez por mim durante todo o processo de enfrentamento do câncer. Regenesis: 18 East, Rua 53.

din-Ricdon". Dez anos depois, em 1808, uma versão oral do conto foi recolhida por Jacob Grimm em Hessia e incluída no manuscrito de Ölenberg de 1810, com o nome de "Rumpenstünzchen". Quando os Irmãos Grimm publicaram o primeiro volume de seus contos em 1812, já o publicaram de forma um pouco diferente, combinando-o com mais duas versões — uma oral e outra literária. E quando, finalmente, em 1857, se estabeleceu a versão definitiva de "Rumpelstiltskin" que hoje conhecemos, já estávamos diante da elaboração de um amálgama de contos orais e literários (inclusive a história de Mademoiselle L'Héritier, a quem os Irmãos Grimm dão crédito em uma nota). A comparação entre as duas versões dos Grimm — a de 1808 e a de 1857 — nos revela algumas coisas muito significativas acontecidas nesse meio século. Com o texto e os têxteis, e com as mulheres narradoras tecelãs.

A versão recolhida em 1808 e publicada em 1810, e que passaremos a mencionar por seu título "Rumpenstünzchen", é a seguinte:*

> Era uma vez uma moça a quem foi entregue um fardo de linho cru para fiar, mas ela só conseguia fazer fios de ouro a partir dele, por mais que tentasse produzir linho. Ela ficou muito triste. Sentou-se no terraço e começou a fiar, durante três dias, mas por mais que tentasse só obtinha fios de ouro. Então apareceu um homenzinho e disse: "Vou ajudar a acabar com seus problemas. O seu jovem príncipe vai chegar, casar com você, e levá-la embora daqui. Mas você tem que me prometer que seu primeiro filho vai ser meu".
>
> A moça lhe prometeu tudo. Pouco depois, um belo príncipe passou por ali, levou-a com ele e fez dela sua noiva. Um ano mais tarde, ela deu à luz um belo menino. Então o homenzinho

---

* A partir da edição crítica de Heinz Rölleke, incluindo as versões mais antigas e abandonadas: *Die älteste Märchensammlung der Brüder Grimm*. Cologny-Genève: Fondation Martin Bodmer, 1975.

apareceu ao lado de sua cama e exigiu o bebê. Ela lhe ofereceu tudo o que quisesse, no lugar da criança, mas ele não aceitou nada. Deu-lhe um prazo de três dias e, se no final, ela não adivinhasse o nome dele, teria que lhe entregar o filho. A princesa pensou durante muito tempo. Pensou durante dois dias, mas mesmo assim não conseguia descobrir o nome. No terceiro, mandou que uma de suas criadas fiéis percorresse a floresta de onde tinha vindo o homenzinho. De noite, a criada viu o homenzinho montado no cabo de uma concha de cozinha, em volta de uma grande fogueira, gritando: "Ah, se a princesa soubesse que eu me chamo Rumpenstünzchen...".

A criada correu para contar a novidade à princesa, que ficou muito feliz. À meia-noite, o homenzinho veio e disse: "Se você não sabe meu nome, vou levar a criança".

Ela ficou adivinhando vários nomes, até que finalmente disse: "Será que por acaso seu nome é Rumpenstünzchen?".

Quando o homenzinho ouviu isso, ficou horrorizado e disse: "O diabo deve ter te dito"; e saiu voando pela janela montado no cabo de concha da cozinha.

A história que conhecemos hoje é um pouco diferente. Pouca coisa, mas muito significativa. Recordemos. A versão que ficou como definitiva, de 1857, de "Rumpelstiltskin" começa quando um camponês se vangloria de que sua filha é capaz de tecer palha e transformá-la em ouro. Sabendo disso, o rei a leva para trancá-la num salão, a fim de que teça para ele. Se for verdade, casa com ela. Mas, se não for, manda matá-la. A moça se desespera, porque o pai estava mentindo. O homenzinho aparece etc., como na outra versão. Depois que a criança nasce, a moça (então, rainha) manda um mensageiro (homem) percorrer o reino para tentar descobrir o nome. Após um processo semelhante ao da outra versão, ela decifra o enigma. Enganado, o homenzinho se rasga em dois e entra pela terra adentro.

A principal mudança que ocorreu entre as duas versões é que se abandonou a perspectiva feminina, de uma mulher camponesa e tecelã — transformação crucial numa época em que tecer e fiar já não tinham as mesmas funções sociais e econômicas. Na primeira versão, a moça se desespera porque só consegue fazer ouro. Na segunda, porque não consegue. Na primeira, ela sabe que só vale alguma coisa se conseguir tecer e fabricar seu próprio tecido — e a ajuda do homenzinho lhe garante que, mesmo sem conseguir, pode se casar com um príncipe. Na segunda, os tempos são outros: saber tecer já não vale mais nada, ela precisa fazer o impossível para seguir as regras que os homens (o pai e o rei) inventaram. Mesmo que para isso tenha que se submeter às condições impostas por outro homem — o que a "ajuda". Não que a moça da primeira versão não soubesse que ouro era valioso. Mas, realisticamente, sabia que suas chances de viver bem estavam ligadas ao que conseguisse criar com seu trabalho — e não a um milagre ou magia.

Era um momento em que a tecelagem ainda assegurava algum poder à mulher. Aos olhos de uma tecelã, fiar e tecer são atividades de transformação da natureza em cultura, de criação — ou, como afirma Jack Zipes em sua brilhante análise desse conto,* são ligadas à regeneração e à narração (tanto assim que, permito-me acrescentar, depois de começar o conto tendo que fiar para viver, ela acaba a história tendo que encontrar a palavra exata para sobreviver emocionalmente, sem que lhe arranquem para sempre sua cria).

Para os gregos, o fuso e a roca eram uma imagem do cosmos que continha o fuso de Platão, rodeado por um círculo de fogo e água. Água do Letos, o rio do esquecimento. Situados fora do espaço, no mundo ideal, excluídos da realidade. Uma máquina partenogenética, um mecanismo que faz nascer e renascer, pois a

---

* Jack Zipes, *Fairy Tale as Myth*. Lexington: University of Kentucky Press, 1994.

mulher segurava na mão esquerda o chumaço que ia desaparecer e na direita o fio que ia surgindo. Os destinos das almas que iam renascer eram trazidos e preparados pelo fuso e pela roca — que não davam existência às almas, mas as preparavam para existir.

Citando os estudos de Treusch-Dieter sobre a fiação, a tecelagem e a mulher, Jack Zipes lembra que essa atividade pode ser considerada o paradigma da produtividade feminina. Recorda ainda que é um fato histórico que fiar e tecer estiveram em mãos de mulheres até o aparecimento do tear mecânico (em 1764, mas só se difundiu na primeira metade do século XIX, o tempo entre as duas versões que estamos examinando). Aliás, uma máquina a quem foi dado o nome, feminino, de Jenny.

De qualquer modo, Treusch-Dieter assinala que tecer e fiar acabaram também servindo para determinar três aspectos básicos da produtividade feminina tradicional:

> 1. É um fazer contínuo, em permanente rotação. O que se produz logo desaparece e se transforma em outra coisa.
> 2. Parece não ter nenhuma importância no tempo, nenhuma relevância histórica, é um "agora contínuo", sem nenhuma noção de presente, nenhuma raiz no passado, nenhuma construção de futuro.
> 3. Aparentemente, é um fenômeno natural. Tudo parece se mover sozinho, sem exigir muita assistência da pessoa ocupada. Como se o produto gerasse a si mesmo.

O mito misterioso dos gregos acabou assim se transformando num símbolo, porque a sociedade dependia demais da fiação e tecelagem como atividades femininas. Elas não constituíram apenas o modo de produção básico da casa ou da corte, mas também forneceram os primeiros produtos para os antigos mercados de troca de mercadorias. Ou seja, ainda segundo Treusch-Dieter:

Isso significava que, para as mulheres, a demanda de um excedente da produção foi posta sobre seus ombros na fase mais remota do desenvolvimento da civilização. Os produtos feitos de fios são fáceis de obter e duram muito. Como se fossem criados de propósito para serem trocados, comerciados. Já que produzir a matéria-prima para a fiação era uma questão humana e uma ocupação, não havia limites para a criação de ovelhas ou o plantio de linho. Como resultado, essa matéria-prima (lã ou linho cru) passou a ser a encarnação da riqueza natural, o símbolo absoluto do "material de vida". E passou a ser uma fonte inesgotável de trabalho para a mulher.

Mais que isso: permitiu a domesticação feminina, o confinamento da mulher no espaço doméstico. Ao mesmo tempo, possibilitou também que o aproveitamento desse excedente de produção levasse a formas primitivas de acumulação de riqueza que geralmente se acompanhavam pelo aumento das casas (ou pela construção de novos espaços), dentro das quais a fiação e a tecelagem se faziam, longe das vistas, permitindo que os homens que comerciavam ocultassem essa evidência e pudessem negar sua dependência da produtividade feminina.

Por outro lado, esse processo reforçou também as comunidades de mulheres que passavam o dia reunidas, tecendo juntas, separadas dos homens, contando histórias, propondo adivinhas,* brincando com a linguagem, narrando e explorando as palavras, com poder sobre sua própria produtividade e autonomia de criação.

---

* Muitas delas, tradicionalmente, consistindo em descobrir o nome de alguém. Do tipo: "Como se chama o homem que ao escalar uma montanha levou um tombo? R: Caio Rolando da Rocha". Nesse contexto, propor a adivinha de um nome era corriqueiro, e "Rumpelstiltskin" se insere numa linhagem antiga de brincadeiras verbais.

A carga simbólica de tudo isso era poderosa, associando útero e tecelagem, cordão umbilical e fio da vida, trama e coletividade na produção de excedentes econômicos. E também não podemos esquecer um aspecto importantíssimo do que criavam. Os produtos finais eram roupas — justamente uma das marcas mais antigas e visíveis da civilização, distinguindo os homens dos outros animais. Juntamente com a linguagem narrativa. Na verdade, hoje em dia, depois dos estudos da arqueóloga Elizabeth Wayland Barber* a partir do cotejo de línguas indo-europeias e de análise de figurinhas primitivas de cerâmica, já se comprovou que formas rudimentares de fiação e tecelagem de fibras existem desde a Pré-história, no período Paleolítico, e são contemporâneas das pinturas rupestres de Lascaux. Mas vão florescer é nos tempos históricos, juntamente com a escrita.

Esses espaços de fiação e tecelagem, predominantemente femininos, onde muitas vezes os homens vinham também se reunir no fim do dia para ouvir histórias, constituíam, portanto, um recinto que associava a criação de têxteis e de textos, os dois signos mais evidentes da condição humana frente aos animais. Marcas de cultura e civilização.

Num livrinho delicioso sobre roupas, memória e dor, intitulado *O casaco de Marx*,** Peter Stallybrass afirma que "pensar sobre a roupa, sobre roupas, significa pensar sobre a memória, mas também sobre poder e posse". Ao estudar a Inglaterra renascentista, o autor a classifica como "uma sociedade da roupa [...] Não apenas porque sua base industrial era a roupa e, em particular, a manufatura da lã, mas também porque a roupa era moeda corrente, muito mais que o ouro ou a moeda". Acentua como os têxteis eram incluí-

---

* Elizabeth Wayland Barber, *Women's Work, the First 20,000 Years: Women, Cloth and Society in Early Times*. Nova York: W.W. Norton & Company, 1994.
** Peter Stallybrass, *O casaco de Marx*. Belo Horizonte: Autêntica, 1999.

dos nos testamentos, mostra como um simples colete do conde de Leicester custou mais do que a casa de Shakespeare em Stratford, demonstra como os tecidos e as vestimentas estavam entre os objetos mais frequentemente penhorados, por serem tão valiosos. Ampliando sua análise, Stallybrass examina como esse processo se desenvolvia de forma paralela também entre outras sociedades. Várias delas cobravam impostos em forma de têxteis. Em Florença, no século XV, os dotes das noivas eram dados em tecidos e roupas (o enxoval, cuja sobrevivência entre nós ainda é bastante forte, ainda que hoje em dia consiga disfarçar o aspecto de dote ou pagamento do pai ao noivo). E na América, lembra Stallybrass, "quando os incas incorporavam novas áreas a seu reino, concediam-se aos novos cidadãos roupas para vestir", que eram altamente valorizadas.

Esse presente não era desinteressado, mas representava, segundo John Murra,

> uma reiteração coerciva e, portanto, simbólica, das obrigações dos camponeses para com o Estado, bem como de seu novo status. Em troca desse suposto presente, os camponeses eram obrigados, por lei, a tecer roupas para a Coroa e para as necessidades da Igreja. Para surpresa dos invasores europeus, enquanto apenas alguns poucos armazéns do Estado continham comida, armas e ferramentas, havia um grande número que armazenava lã e algodão, roupas e vestimentas.*

E, como acentua Stallybrass, em todas as sociedades

> a generificação das roupas e das atitudes para com elas tem sido materialmente inscritas através de relações sociais: fora do mercado

---

* John Murra, "Cloth and its Function in the Inka State", citado por Stallybrass, op. cit.

capitalista, onde o tecedor masculino e o alfaiate masculino tornaram-se, crescentemente, a norma, as mulheres é que eram, tanto material quanto ideologicamente, associadas com a confecção, o conserto e a limpeza das roupas. É difícil recapturar plenamente a densidade e a complexa transformação dessa relação entre as mulheres das diferentes classes e a roupa. Mas durante a maior parte do período inicial da Europa moderna e das Américas, a vida social das mulheres esteve profundamente conectada à vida social da roupa.

Não é de admirar que a linguagem reflita toda essa riqueza de relações nas palavras ligadas a essa área de produção. É só parar para pensar e os caminhos que se abrem são inúmeros e variados. Por exemplo, basta considerarmos uma premissa: essa atividade é que constituía o verdadeiro *fazer*, aquilo que caracteriza o *Homo faber*, transformador da natureza e criador da cultura. Não é surpreendente, pois, que um dos nomes para designar pano ou tecido em inglês seja *fabric* — palavra que em português foi dar *fábrica*, que em inglês é chamada de *factory*. Para nós, *feitoria*, palavra mais associada ao começo da colonização brasileira e a *feitor*, aquele que controlava o trabalho escravo e os *feitos* alheios. Mas, em compensação, chamamos tecido de *fazenda*, palavra que também evoca os núcleos de poder e produção rural das grandes propriedades sobre as quais se estruturou nossa sociedade colonial. Mais ainda, o cargo que em outros países é chamado de secretário do Tesouro ou ministro das Finanças, entre nós é ministro da Fazenda. Assim, de boca cheia e com letra maiúscula, a gente até esquece que é a mesma coisa que o ministro do Pano ou do Tecido, ou, explicando melhor, da soma (o plural latino do neutro acabava em *a*) de tudo aquilo que se foi *fazendo* com o trabalho para criar um tesouro, e que muito antigamente era, sobretudo, riqueza gerada pela manufatura de tecidos.

No entanto, nem só os tecidos eram o resultado direto do trabalho feminino com os fios. Também os bordados, as rendas, o crochê, o tricô, o frivolitê, o macramé e tantos outros termos que herdamos do francês para designar finos lavores... Trabalhosíssimos e preciosos. Basta lembrar a imensa linhagem econômica das palavras da família de *renda: render, rendimento* e outras... Podíamos ainda recordar que *lavor* (bordado, elaboração de fios) tem a ver com *trabalho* e é primo de *lavrar* e *lavoura*, de *lavra* e *laboratório*, diferentes instâncias em que o trabalho transforma a natureza e gera riqueza. Ou lembrar que a essência, o *estofo* de que somos feitos, é irmão de *étoffe*, em francês (palavra que designa *tecido*).

Mas também a língua nos mostra que, se toda essa atividade era tão valorizada durante tantos séculos, assim que surgiu a máquina que substituiu a prática artesanal da fiação as mulheres que se dedicavam a essa atividade foram desvalorizadas e sua imagem tão positiva foi rapidamente destruída. Em inglês, a palavra que designa solteirona é *spinster*, originalmente *fiandeira*. A mesma ideia, de mulher que trabalhou muito fiando e não casou, é designada em francês como *vieille filie*, mas para alguns estudiosos (como Zipes) esse termo não tem a ver com *filha*, mas vem de uma corruptela de *filer*, "fiar", como ocorreu em alemão com a expressão equivalente, *eine alte Spinne*.

Não vamos ficar aqui multiplicando exemplos. Só dei esses pontinhos porque eram irresistíveis, e o risco do bordado é meu. Autonomia de quem faz. Mas voltemos às bordadeiras, tecelãs, fiandeiras... e narradoras. Para não perder o fio da meada. Desenrolo o novelo da minha história, novamente.

Tenho em minha memória pessoal uma permanente tensão entre os livros e os trabalhos de agulha. Em pequena, gostava de ler e lia bem (e muito). Aprendi a bordar e gostava. Fiz crochê e tricô, alguma coisa de costura. Mas não fazia bem, estava muito longe da perfeição. E várias vezes era criticada — como se criticavam as crianças, ou seja, com veemência e sem paciência — porque meus "trabalhos manuais" eram matados, mal rematados, de avesso feio. Precisei de muito tempo para reconciliar esses opostos e não deixar que as acusações de falta de capricho (o que talvez fosse mais justo debitar à pouca experiência e ainda escassa intimidade com a agulha) impedissem meu prazer de bordar. Já escrevi ficcionalmente sobre essa tensão, em *Bisa Bia, Bisa Bel*. E também precisei de tempo para concluir que eu não era a única vítima desse alto padrão de exigência, pois várias amigas relatavam ter enfrentado rigores semelhantes. Mas, de qualquer modo, era evidente que a culpa de o bordado não ser perfeito não era dos livros. Não havia motivos reais para que a cultura dominante tentasse apresentar o estudo e os trabalhos de agulhas como incompatíveis, a leitura como um obstáculo à feminilidade. A não ser o mecanismo para manter a mulher ignorante — e, portanto, obediente, reclusa, sem iniciativa própria, confinada ao âmbito doméstico.

Muito mais tarde, fui percebendo que essa dicotomia não era só minha, nem apenas de minha geração. Em *Dom Casmurro*, de Machado de Assis, Capitu resolve aprender a fazer renda com dona Glória — quando não consegue que lhe ensinem latim, que tanto desejava saber, mas que lhe negam porque não é coisa de meninas. Algumas décadas depois, do outro lado do Atlântico, a romancista inglesa Virginia Woolf reclamava porque não lhe permitiram estudar grego clássico, conhecimento que era privilégio dos homens, garantindo-lhes assim o monopólio da leitura dos clássicos, raramente traduzidos para o vernáculo. Também já escrevi sobre isso em outro romance, *A audácia dessa mulher*.

Um olhar histórico nos mostra coisas interessantes. No Renascimento, quando a Europa redescobria a Antiguidade clássica e toda a sabedoria da arte e da filosofia greco-romana, as mulheres teciam como nunca. A riqueza assim gerada permitiu que as nações do Norte equipassem navios para explorar o Novo Mundo e concorrer com os descobrimentos marítimos ibéricos. As Companhias das Índias, Ocidentais e Orientais, holandesas, se constituíram basicamente com o fruto da manufatura e do comércio têxtil. E foram elas que financiaram as invasões holandesas no Brasil e todo o governo de Maurício de Nassau... No principal polo de fabricação de tecidos na Europa, ou seja, justamente em Flandres, o humanista Erasmo de Rotterdam (afinal de contas, um sábio) comentava:

> O fuso e a roca são, na verdade, as ferramentas de toda mulher, e são muito apropriados para que se evite a ociosidade... Mesmo as pessoas de posses e de alto nascimento treinam as filhas para que teçam tapeçarias ou tecidos de seda. Mas seria bem melhor se as ensinassem a estudar, porque o estudo ocupa a alma inteira.*

Quando, no século seguinte, na França, algumas delas começam a estudar e ler, a discutir filosofia e arte em seus salões e até mesmo, pasmem!, a escrever — como fizeram tantas maravilhosas autoras de contos de fadas, muitas vezes depois apropriados em antologias masculinas, ou como fizeram Madame de Staël, Madame de La Fayette, a Marquesa de Sevigné e tantas outras —, elas não apenas foram ridicularizadas (como nas comédias de Molière), mas também eram abertamente criticadas por iluministas considerados progressistas e revolucionários, pais do pensamento democrático.

Jean-Jacques Rousseau, por exemplo, considerava as mulheres com pretensões letradas uma ameaça àquilo que definia como o domínio "natural" dos homens. Criticando os salões,

---

* Em *Christiani matrimoni institutio*.

chamando-os de "prisões" em que os homens se sujeitavam às regras das mulheres, Rousseau caricaturou as mulheres que estudavam, chegando ao ponto de dizer em sua *Carta a D'Alembert* (1759) que quando a dona da casa quer aparecer em público "seu lar parece um corpo sem vida que logo se corrompe". Em seu livro *Emílio* (1762), rejeitou com veemência a possibilidade de que as mulheres usassem a linguagem em público para defender seus pontos de vista, acusando-as de usurpar a autoridade e querer exercer o controle por meio da fala, em vez de empregar o que chamava de sua "linguagem natural" dos deveres familiares. E completava, afirmando que os trabalhos de agulha é que são verdadeiramente naturais para a mulher: "A costura, o bordado, as rendas, isso tudo vem por si mesmo. Fazer tapeçaria pode não ser tão do gosto de uma jovem, porque o mobiliário é tão distante de suas pessoas..." (mas é o natural para a mulher).

Em outras palavras, a circulação da matéria têxtil criada por mulheres era incentivada, mas a circulação do texto e da palavra da mulher encontrava todos os obstáculos.

Poucos anos depois, na hora da Revolução Francesa, Olympe de Gouges percebe com clareza a importância da palavra pública feminina, ao proclamar: "Se a mulher tem o direito de subir ao cadafalso, ela também tem o direito de subir à tribuna!".

Mas ainda não foi dessa vez, embora as mulheres francesas da época tenham ficado na história com a imagem de testemunhas sanguinárias, quando a Revolução que derrubou os privilégios da aristocracia acabou implantando o período conhecido como Terror. As cidadãs que se reuniam para assistir às execuções pela guilhotina, pedindo mais sangue e clamando por mais vidas, novamente ecoavam as Parcas fiandeiras da antiga Grécia, agora cortando os fios das vidas humanas. Ficaram conhecidas como *tricoteuses*, porque riam, conversavam e faziam tricô enquanto as cabeças rolavam. Mas os textos históricos revelam que, muito mais do que essa caricatura, as *tricoteuses* na verdade participaram do período ligeiramente anterior, o da Convenção, quando iam interpelar os oradores, interrompê-los e tentar tomar parte nos debates que se travavam, a tal ponto que sua "sede de assembleias" foi condenada pelo poder público, que as proibiu de continuar frequentando os clubes onde se discutia política. Mas, enquanto pleiteavam novos direitos da palavra, ocupavam as mãos fazendo tricô. Não sei se por isso Rousseau as consideraria mais femininas do que as que liam, escreviam e discutiam.

De qualquer modo, a ideia de que livros demais estragam a feminilidade não é privilégio de Rousseau, nem dos franceses, nem ficou para trás com o século XVIII. Mas, aos poucos, as modificações econômicas da sociedade foram fazendo com que essa opinião dominante começasse a encontrar fortes reações.

Com a Revolução Industrial, as mulheres se libertaram do tear. Podem ter passado momentos duros, com a desvalorização de sua atividade tradicional e com a perda de um trabalho que rendia — algo semelhante à situação de desemprego, ainda que sem vínculos formais. Mas trataram de reagir.

Foram, pouco a pouco, prosseguindo na consolidação do espaço para se fazerem ouvir, indo progressivamente da conversação para a correspondência, das cartas para a literatura (como leitoras e autoras) e dos livros para a imprensa. Porém, ainda por muito tempo, continuaram (em muitos casos, ainda continuam) sendo cortadas da oratória e da retórica — ou seja, da tribuna, da cátedra, do púlpito, do palanque. De todas as formas de discurso público em que a função de apelo veemente pudesse provocar admiração, atrair seguidores, influir no convencimento de mentes, na constituição de modelos e na modificação maciça de comportamentos.* Mesmo como espectadoras e plateia, elas só eram francamente aceitas nas igrejas.

---

* Ver Michelle Perrot, *Mulheres públicas*. São Paulo: Ed. da Unesp, 1998.

Flora Tristan teve que se disfarçar de homem na Inglaterra para entrar na Câmara dos Comuns,* onde queria fazer uma pesquisa. George Sand fez o mesmo para satisfazer sua curiosidade e entrar na Câmara dos Deputados em Paris. Já no começo do século XX, a operária austríaca Adelheid Popp conta que só conseguiu ser aceita em uma reunião do partido socialista porque o irmão a levou.** E, quando fez seus primeiros discursos — significativamente, para tecelões —, estes ficaram convencidos de que ela era um homem vestido de mulher, porque "só um homem pode falar assim".

Num livro sobre as roupas e a experiência humana,*** publicado pela editora do Instituto Smithsonian em Washington, provavelmente o mais fascinante museu de antropologia do mundo, Jane Schneider tem um estudo muito interessante, intitulado "A barganha de Rumpelstiltskin". Assinala que mercantilistas e manufatureiros do século XVII ao XIX encorajaram conscientemente o desenvolvimento da fiação e tecelagem do linho na Europa com o objetivo de estabelecer mercados locais, promover empregos femininos e masculinos e incentivar os casamentos para haver um aumento da população — e do número de consumidores. Mas a intensificação da produção do linho foi esgotando o solo e, em fins do século XVIII, isso se somou à concorrência do algodão, mais barato. Claro, graças às colônias europeias na América e aos baixíssimos custos da mão de obra escrava, podemos lembrar — é a parte que nos toca nessa história.

De qualquer modo, na primeira metade do século XIX, a crise

---

* Flora Tristan, *Promenade dans Londres*. Paris: H. L. Delloye; Londres: W. Jeffs, 1840.
** Adelheid Popp, *Die Jugendgeschichte einer Arbeiterin von ihr selbst Erzählt* [A história da juventude de uma trabalhadora a partir de seu próprio relato], Munique, 1909.
*** Jane Schneider, *Cloth and the Human Experience*. Washington D.C.: Smithsonian Institution Press, 1989.

se instalava nos centros camponeses europeus de produção do linho. Schneider assinala que os comerciantes que pressionavam por maior produtividade e preços mais competitivos eram vistos pelos camponeses e pelas tecelãs como gente de fora e algo demoníaca, associada a forças externas sinistras. Como a visão que passa a ter Rumpelstiltskin na segunda versão do conto. A chegada da mecanização têxtil foi o golpe de misericórdia.

É esse o processo que captamos na comparação das duas versões do conto popular, a que nos referíamos. Um ponto de vista narrativo predominantemente feminino e bastante realista na valorização do trabalho manual é substituído por outro ângulo que apresenta a mulher como alguém incapaz de criar a única riqueza desejada, que é o ouro. No primeiro, o elemento que desencadeava a história era o obstáculo que a moça estava encontrando para realizar seu trabalho direito. No segundo, tudo acontece porque o pai dela faz propaganda enganosa e a tarefa então se torna impossível, colocando-a à mercê das pressões masculinas que representam o mercado.

No entanto, a heroína do conto quer trabalhar, constituir família, defender o filho. Para isso tem que descobrir a palavra exata, que a fará dona de sua história. Como tantas vezes, a mulher fiando, tecendo e bordando faz do trabalho sua narrativa. Desde os tempos mais antigos — com Helena de Troia, que bordava uma tapeçaria para fazer a mortalha do sogro, registrando a própria guerra a que assistia, segundo nos conta Homero. Ou, ainda na Antiguidade clássica, como relata Ovídio nas *Metamorfoses*, podemos lembrar as filhas de Mínias, devotas de Minerva, que se recusam a participar dos cultos orgiásticos e decidem continuar a tecer durante os festivais de Baco, contando histórias para se entreter e aliviar o trabalho pesado. Dessa forma, ao mesmo tempo que evitam a dissipação, utilizam a aliança entre tecelagem e narrativa como uma forma de resistência, em defesa de seu espaço próprio e de sua liberdade de culto e opinião.

Em seu prefácio às *Metamorfoses*, Italo Calvino relembra esse episódio, associa tecer e narrar e, finalmente, comenta: "É certo que a arte de contar histórias, tão cara aos corações das tecelãs, está ligada ao culto de Atena-Minerva".* A deusa da sabedoria, nunca é demais recordar.

Ainda na mitologia grega, outro comovente exemplo da atividade têxtil feminina como substituta do texto está na história de Filomena, raptada e violada por seu cunhado Tereus, que, em seguida, inventa que ela morreu, tranca-a numa torre e lhe corta a língua para impedir que ela testemunhe contra ele. Mesmo prisioneira, a moça consegue tecer a narrativa de sua história e faz com que a tapeçaria chegue às mãos de sua irmã — boa leitora, que imediatamente decodifica a mensagem e entende o que aconteceu, podendo assim encontrar a irmã e buscar justiça.

E sempre vale a pena lembrar que existe mais de uma leitura para a eterna atividade de Penélope, fiando de dia e desmanchando de noite, para adiar a escolha de um novo marido. A associação entre texto e têxtil no trabalho dela não é novidade. Até mesmo um belo poema de Ezra Pound faz essa comparação e afirma que a sua verdadeira Penélope como escritor foi Flaubert ("His true Penelope was Flaubert"), que era até capaz de tecer os fios de cabelo de Circe e configura o modelo absoluto de romancista e narrador, ao qual um autor sempre retorna como marido fiel.

Tradicionalmente, Penélope tem sido vista como um modelo de fidelidade conjugal, esperando Ulisses por dezoito anos sem admitir substituí-lo. Entretanto, mesmo sem que se aceite a hipótese defendida por Samuel Butler e encampada por especialistas como Robert Graves,** de que sob o nome de Homero na verdade se esconde uma autora, mulher, é muito interessante mudar de ân-

---

* Italo Calvino, "Ovid and the Universal Contiguity". In: *The Uses of Literature*. San Diego: Harcourt Brace, 1986.
** Robert Graves, *The Greek Myths*. Londres: Penguin, 1955.

gulo e examinar a leitura contemporânea feita pela crítica Carolyn Heibrun, da Universidade Columbia, em um ensaio premiado.*

Nesse estudo, a autora examina a situação dessa tecelã tão famosa, que ficou mais célebre por desmanchar o que fazia do que propriamente pelo tecido que criava. A primeira coisa que chama a atenção é que Penélope, na *Odisseia*, vive "uma situação única para uma mulher de sua cultura: ela tem uma escolha". Ou seja, se ela resolvesse casar com um dos inúmeros pretendentes, essa opção teria sido socialmente aceitável, diante do fato de que o marido partira para a guerra havia quase vinte anos e não tinha voltado, e ela tinha um filho que ainda não acabara totalmente de criar. Se ela escolhe não casar, a decisão é moralmente significativa. Mas não significa necessariamente que estivesse escolhendo se guardar para Ulisses, dado como morto. Ela podia apenas estar desejando manter sua autonomia — optando por uma fidelidade, sim, mas a si mesma.

Tal como Ulisses, Penélope também se caracterizava por "independência de mente e espírito", e estava tendo que enfrentar sérios problemas com uma centena de "intrusos insolentes que frequentam sua casa e devoram sua despensa, tinha que administrar criados desleais, tinha que controlar um filho vigoroso e nada solidário em meio às incertezas do fim da adolescência", como acentua o comentarista da *Odisseia* W. B. Stanford. Um adolescente, aliás, que vivia dizendo a ela para ir lá para dentro, cuidar do seu tear, e deixar a conversa no salão para os homens, chegando a afirmar:

> ... *pois falar é aos homens*
> *que compete, a mim sobretudo: sou eu quem manda nesta casa.***

E ela se recolhe, para tecer. Como assinala Carolyn Heilbrun,

---

* "What Was Penelope Unweaving?". In: *Hamlet's Mother and Other Women*, Londres: The Women's Press, 1990.
** Homero, *Odisseia*. Trad. de Frederico Lourenço. São Paulo: Penguin-Companhia das Letras, 2011. pp. 358-9.

Penélope fica tão recolhida que nem mesmo é vista entre os Cantos IV e XVI. Durante esse tempo, entre o fim da guerra de Troia e o momento em que os pretendentes descobrem que ela os enganava, desmanchando de noite o que tecia de dia, o que acontece é que ela está experimentando criar sua própria história no tear, de cada vez tecendo uma coisa diferente, ensaiando, fazendo várias versões, re-tecendo, reescrevendo, porque é uma história que nunca tinha sido escrita antes. A história de uma mulher que tem uma escolha.

Aliás, a mulher de Ulisses se destaca de todas as outras heroínas da época justamente porque pode optar, desde sua juventude — época com a qual ela sonha, com saudade da irmã, enquanto espera e tece. É que nesse passado ocorrera um episódio curioso. Quando o pai de Penélope, Icário, a deu em casamento a Ulisses, ele hesitava, porque não queria se separar da filha. Assim, quando a moça partiu para Ítaca, o pai a seguiu numa carruagem, implorando que ela voltasse. Ulisses, numa atitude inédita e inteiramente inesperada para os costumes da época, disse a Penélope que ela era livre para escolher: podia seguir com ele ou voltar com o pai. A decisão ficou inteiramente nas mãos da mulher. Ela vai com ele porque quer, não porque seu pai a deu ao marido.

Esse é o aspecto que Carolyn Heilbrun enfatiza: Penélope é a primeira mulher na história da literatura que está numa posição de livre escolha quanto à história que quer para sua vida. Nenhuma narrativa anterior lhe serve de guia, apresentando outra mulher na mesma situação. Por isso ela precisava testar, desmanchar, experimentar hipóteses diferentes. E fica tão afiada nisso, que, quando Ulisses volta, a narrativa sofre uma reviravolta em termos estruturais. Ela é que assume o controle da história — é ela quem imagina uma maneira de testá-lo, é ela quem sugere a competição com o arco para que ele se revele, é ela quem tem tanta certeza da identidade do recém-chegado que determina o momento apropriado para a escolha do novo marido.

Sua história não aparece iluminada em primeiro plano, mas está nos bastidores — ela a delineou reiteradamente no tear, para uso próprio, em substituição às tantas histórias que teve que ouvir a vida toda. De Ulisses, hábil com as palavras, as desculpas, as versões. Dos inúmeros viajantes que tantas vezes apareceram em sua casa contando mirabolantes histórias sobre ele. De tantos impostores que em todos aqueles anos se apresentaram como sendo seu marido.

A todas essas narrativas Penélope teve que resistir, acostumando-se a testar-lhes as entrelinhas, até se tornar excelente leitora de todos esses relatos e ficar especialista em desmascarar ficções alheias, sendo capaz de contrapor a elas uma ficção em que passa a ser mestra — sua própria história, que ela repete sem parar e nunca termina, tecendo e desmanchando o tecido que prepara. Até chegar o instante de apresentá-la. O momento privilegiado que Homero nos conta, quando Ulisses volta, e eles se reencontram. Aí, na cama, eles começam a contar suas histórias e ele faz questão de ouvir a dela, antes de contar a sua. Como diz Carolyn Heilbrun:

> Mas a história de Penélope é nova, uma história sobre uma escolha de mulher, sua ansiedade e seu terror, e precisa ser ouvida pelo homem que, apesar de todas as tentações, voltou para ela e para as decisões que ele podia confiar que ela tomaria. E ele, que tinha viajado tão longe, visto tantas coisas maravilhosas, foi o primeiro a ouvir a história nova, da mulher que ficou em casa mas viajou a um lugar novo de experiência e criou uma narrativa nova. Da mulher que, finalmente, tinha condições de parar de desmanchar o que fazia e inventar uma nova história.

Na Bíblia, outra obra fundadora da nossa civilização, ao definir o que é uma mulher forte e virtuosa o autor dos Provérbios reconhece nela as qualidades fundamentais de uma tecelã capaz de criar patrimônio a partir de seu trabalho e, com isso, garantir a prosperidade e conquistar a sabedoria de seu texto original, composto com palavras próprias:

> Quem encontrará a mulher de valor? Vale muito mais do que pérolas. Nela confia seu marido, e a ele não faltam riquezas. Traz-lhe a felicidade, não a desgraça, todos os dias de sua vida. Adquire a lã e o linho, e trabalha com mãos hábeis. É como a nave mercante, que importa de longe o grão. Noite ainda, se levanta, para alimentar os criados. E dá ordens às criadas. Examina um terreno e o compra, com o que ganha com as mãos planta uma vinha. [...] Sabe que os negócios vão bem, e de noite sua lâmpada não se apaga. Lança a mão ao fuso, e os dedos pegam a roca. Estende a mão ao pobre, e ajuda o indigente. Se neva, não teme pela casa, porque todos os criados vestem roupas forradas. Teve roupas para o seu uso, e veste-se de linho e púrpura. [...] Tece panos para vender, e negocia cinturões. [...] Abre a boca com sabedoria, e sua língua ensina com bondade.*

Tais qualidades de tecelã, negociante, administradora são também amplamente associadas e valorizadas em textos igualmente antigos, mas não literários — as tablitas de cerâmica dos assírios e babilônios, escritas em caracteres cuneiformes, que guardam o registro das vendas, das caravanas e da economia do tempo de Hamurabi (ou seja, cerca de 1820 a.C.), bem como da correspondência trocada entre as mulheres que cuidavam da tecelagem e administravam fornecedores e encomendas, e os maridos que partiam em caravanas e se ocupavam das vendas.** Muitas dessas cartas eram escritas por

---

* Pr 31, 10-26.
** Documentos coletados e publicados por Stephanie Dailey e também Klaas R. Yeenhof, citados pela arqueóloga Elizabeth Wayland Barber em *Women's Works*, op. cit.

mulheres e são um precioso documento sobre a vida cotidiana e doméstica da época, registrando a história miúda do dia a dia.

Outras vezes, como na Idade Média, essas vozes femininas não vinham escritas, mas ficavam na memória sob a forma de canções. O autor francês Chrétien de Troyes, ao contar as aventuras do Cavaleiro do Leão, nos faz ouvir um lamento das tecelãs de seda, escravizadas ao trabalho nas oficinas de teares da região de Champagne ou de Artois. Dolorosamente, na primeira pessoa do plural, elas cantam para o cavaleiro e protestam coletivamente, com veemência. Assim começa seu lamento:

Sempre a seda teceremos
Jamais dela bem vestidas.
Pobres e quase despidas,
Fome e sede só teremos;
Nunca o tanto ganharemos
Para melhores comidas. *

Dando um salto no tempo, mais modernamente, no século XIX, tornamos a ter um exemplo dessa aliança entre tecer e contar histórias (eventualmente queixosas ou francamente reivindicativas) com as mulheres que fizeram *quilts* narrativos em toda a tradição colonial norte-americana.

Um *quilt* é muito mais que uma simples colcha de retalhos, pois nesse tipo de cobertor os pedacinhos de tecidos são costurados como num mosaico de pano, mas nada é feito ao acaso. Pelo contrário, todas as emendas seguem padrões predefinidos. Numa cultura que em geral não costuma ser muito integradora,

---

* Tradução livre do original em francês arcaico: "Toz jors dras de soie tistrons/ Ne ja n'nan serons miauz vestües./ Toz jorz serons povres et nües/ Et toz jorz fain et soif avrons;/ Ja tant gaeignier ne savrons,/ Que miausz en aiiens a mangier".

caracterizando-se muito mais pela afirmação das diferenças que a compõem, o *patchwork quilt* é uma exceção, como o jazz. Talvez porque, como o jazz, também seja uma criação coletiva, neste caso de mulheres, que se reuniam para costurar juntas, cada uma seu pedacinho, seguindo o plano predeterminado.

Nessa reunião, a experiência europeia de bordados de agulha se somou à tradição indígena de arte têxtil com motivos geométricos (sobretudo dos índios Navajo e outros povos do Meio-Oeste) e à contribuição africana trazida pelas técnicas de aplicação de tecidos do Oriente Médio ou pelas raízes tradicionais da tapeçaria de cores e formas fortes de alguns povos da África, sobretudo da nação fon, de Daomé.

No século XIX, esses *quilts* começaram a ser narrativos — quase como histórias em quadrinhos. E libertários. Há vários casos de escravas que compraram liberdade com a venda de *quilts* em que contavam a sua experiência da escravidão. Um dos mais famosos, o de Harriet Powers, alterna, em quadrados de cores contrastantes, como num tabuleiro de xadrez, cenas cotidianas da escravidão com sonhos de liberdade. Como se não bastasse, ela ainda deixou uma descrição detalhada de todo o simbolismo criado em sua iconografia, explicando cada cena à compradora de seu trabalho, hoje um material valiosíssimo para pesquisa.

O impacto desse tipo de obra foi tão forte que já em 1848 outros grupos de mulheres começaram a fazer *quilts* também sobre outros anseios. Um deles, de 1850, mostra nos quadrados, entre outras, as seguintes cenas, todas feitas em tecidos aplicados: uma mulher dirigindo uma charrete com uma faixa pedindo "Direitos da Mulher", o marido em casa de avental, e até mesmo uma mulher falando em público diante de uma plateia atenta.*

---

* Para maiores detalhes, ver Gladys-Marie Fry, *Stitched from the Soul: Slave Quilts from the Antebellum South* (Nova York: Dutton Studio Books, 1990) e Eva Undar

Aliadas da narrativa, a fiação e a tecelagem tinham sentido para as mulheres que as criavam. Ao serem contrapostas ao livro e ao estudo, foram sendo rejeitadas. Na Inglaterra vitoriana, o local e a época da Revolução Industrial, cada vez mais as mulheres, transformadas em operárias têxteis, passaram a dirigir sua luta não apenas para melhores condições de trabalho (lutavam por um limite de apenas seis dias de trabalho semanais e apenas dez horas diárias), mas também por melhores condições de educação. Estudando, escapavam ao tear. Mesmo que ainda fossem trabalhar no âmbito doméstico, podiam ser preceptoras/ governantas — o que era sinônimo de professora particular dos filhos de famílias abastadas, morando no emprego, fazendo as refeições com a família e viajando com ela. Em 1851, havia 25 mil preceptoras na Inglaterra.

Nos Estados Unidos, o caminho que se abriu para escapar ao tear graças aos estudos prontamente tomou outro rumo, com a engenhosíssima invenção da máquina de escrever. Novidade tecnológica que, em pouco tempo, se constituiu numa alternativa concreta de trabalho remunerado para um número cada vez maior de mulheres. Aproveitando o fato de que no final do século XIX havia naquele país mais mulheres alfabetizadas do que homens recebendo o diploma do *college*, elas se dispuseram rapidamente a suprir a nova demanda de mão de obra criada pela máquina de escrever. Alguns dados são bem eloquentes.* Em 1870, 98% dos escreventes norte-americanos eram homens. Em 1920, mais da metade da categoria já era composta por mulheres. A nova inven-

---

Grudin, *Sticking Memories: African-American Story Quilts* (Williamstown, MA: William's College Museum of Art, 1990), e ainda Whitney Chadwick, *Women, Art and Society* (Londres: Thames and Hudson, 1996). Os *quilts* podem ser vistos no Museu de Belas-Artes de Boston ou no Instituto Smithsonian.
* Várias dessas informações preciosas foram pinçadas de um artigo de Robert J. Samuelson, reproduzido na revista *Exame* (ago. 1995).

ção deu a elas uma nova opção, além do magistério. Esses empregos podem ter se tornado opressivos mais tarde, mas no momento em que surgiram foram libertadores — até mesmo porque eram tão indispensáveis ao desenvolvimento e tão exigentes quanto ao nível de qualificação da mão de obra que podiam remunerar bem. Basta comparar: em 1890, um trabalhador industrial nos Estados Unidos recebia entre 1,5 e 8 dólares semanais, enquanto o salário de uma datilógrafa se situava entre 6 e 15 dólares por semana.

Também no Brasil, desde o período entre as duas grandes guerras mundiais, a proliferação dos cursos de datilografia atestava a ocupação do setor pela mão de obra feminina, capaz de nele buscar um sustento um tanto mais concreto do que aquele tradicional "dinheirinho para os seus alfinetes" a que se referiam, com condescendência, os patriarcas das famílias.

Enfim, as mulheres que teciam ou bordavam foram tomando a palavra e contando sua história, textual ou textilmente.* Em memória de minha avó, que contava histórias enquanto fazia crochê e que deu em mim os primeiros pontos de meu texto, prolongados nos fios tecidos por minha mãe e minhas tias, eu quis homenagear em meu livro *Ponto a ponto* todos esses fiapos de voz feminina que vão com firmeza tecendo a si mesmas. Mulheres brasileiras que de alguma forma vão tomando a palavra para contar também o avesso da história — com frequência, muito revelador daquilo que se passa do lado direito do bordado, como em todo lavor caprichoso.

Todas elas são, de alguma forma, herdeiras das mulheres rendeiras de que falam as canções folclóricas tradicionais e que

---

* Numa visita ao Museu Freud, na casa em que ele morou em Londres, foi comovente descobrir um tear montado no escritório de sua filha Anna, entre o divã e os livros. Os fios da narrativa que cura se teciam nesse ambiente, no alvorecer da presença feminina na psicanálise.

tanto chamaram a atenção dos viajantes que nos séculos XVIII e XIX estiveram no Brasil e deixaram seus relatos de viagem (como Auguste de Saint-Hilaire, por exemplo, que a elas dedica vários parágrafos). Ou de figuras fundadoras da nossa cultura, carregadas de simbolismo, como Ana Terra, que aprendeu com a mãe Henriqueta e ensinou a filha Bibiana a "ficar horas pedalando na roca, em cima do estrado, fiando, suspirando e cantando cantigas tristes de sua mocidade",* deixando para sempre o som de sua roca a assombrar as mulheres da família nas noites de vento.

De qualquer modo, tudo isso ocorria apenas e sempre no âmbito doméstico e quase clandestino, já que a Coroa fez questão de mandar destruir os teares e proibir a tecelagem na colônia em 1785, depois que o governador da capitania de Minas Gerais escreveu uma carta criticando:

> [...] a independência que os povos de Minas se tinham posto do gênero da Europa, estabelecendo a maior parte dos particulares, nas suas próprias fazendas, fábricas e teares com que se vestiam a si e a sua família e escravatura, fazendo panos e estopas, e diferentes outras drogas de linho e algodão e ainda de lã.**

Em outras palavras, a autoridade colonial compreendia que tecer era se aproximar da independência. Algo quase tão perigoso como ler livros e se reunir para discuti-los, como farão alguns anos depois, ali mesmo em Minas, os chamados inconfidentes.

Entre os exemplos brasileiros de associação entre trabalhos de agulha, palavra escrita e expressão libertária, um é particularmente comovente. Diferente da maioria dos citados, não se trata

---

* Erico Verissimo, *O tempo e o vento*. São Paulo: Companhia das Letras, 2004.
** Citado por Francisco Alencar et al., *História da sociedade brasileira*. Rio de Janeiro: Ao Livro Técnico, 1996.

de um exemplo nascido de mãos femininas. Mas a exclusão a que ele se associa é tão absoluta que se torna eloquente até mesmo a escolha desse caminho de expressão tradicionalmente associado à mulher. Vinda dos labirintos da loucura, a obra do artista Arthur Bispo do Rosário reúne séries de mantos e tecidos obsessivamente recobertos de palavras bordadas. De maneira inequívoca, seu trabalho atesta ao mesmo tempo o imenso poder da palavra e do bordado no inconsciente, de onde brotam para tentar ordenar e classificar um caos excludente.

Textos e têxteis são também examinados em um livro muito interessante que trata de um importante autor brasileiro. Eliane Vasconcellos dá a seu estudo sobre a mulher na obra de Lima Barreto o título de *Entre a agulha e a caneta*.* É um resumo do elenco de personagens femininas do autor fluminense, num universo em que os trabalhos de costura, o bordado, o crochê e o tricô ainda dominavam completamente a cena, encarnando à perfeição o ideal de "prendas domésticas" quando mal se começava a tolerar a profissão de professora como uma alternativa aos trabalhos de agulha nas camadas mais abastadas da população.

Mas, como mostrou Maria Helena Vicente Werneck na sua dissertação *Mestre entre agulhas e amores*, já desde o século XIX o livro começava a ter seu lugar, escondido entre os novelos da cestinha de costura. Várias personagens femininas de Machado de Assis liam, de Capitu a Sofia, e também diversas heroínas de Lima Barreto (como Olga, Eduarda e Efigênia). No entanto, essa atividade não chegava ainda a obter respeito intelectual, era encarada mais como uma distração, considerada algo no mesmo nível dos bordados. Uma atividade de ociosas, para matar o tempo.

Nesse quadro, como lembra Luis Filipe Ribeiro em *Mulheres*

---

* Eliane Vasconcellos, *Entre a agulha e a caneta: A mulher na obra de Lima Barreto.* Rio de Janeiro: Lacerda, 1999.

de papel,* a Aurélia de José de Alencar, em *Senhora*, fiel à etimologia de seu nome, vale ouro e é uma absoluta exceção, pois nela "não havia nem sombra do ridículo pedantismo de certas moças que, tendo colhido em leituras superficiais algumas noções vagas, se metem a tagarelar de tudo". Ela, pelo contrário, ousa atuar, assumir o controle do capital e um certo poder. É também diferente de outras trabalhadoras da costura e do bordado, como as da família de Fernando, onde "as três senhoras supriam o resto com seus trabalhos de agulha e engomado, no que ajudavam as duas pretas do serviço doméstico". Aurélia, não. Deixa para trás as atividades têxteis. Faz seu texto, toma a palavra, elabora contratos. Age como uma cidadã. Por isso está destinada necessariamente, no universo do romance, a pagar o preço da infelicidade.

Todas elas, porém, personagens de ficção ou mulheres reais, desde as mais remotas épocas, de mãe para filha e de avó para neta, vieram nos bastidores tecendo seus fios, emendando carreiras, dando pontos e fazendo nós numa espécie de grande texto coletivo: o tecido da história composto pelas linhas entremeadas das histórias.

Apesar de vivermos hoje numa cultura da palavra escrita, a padroeira de textos e têxteis bem podia ser uma contadora oral, como tantos homens e mulheres pelos séculos afora, cuja palavra conseguiu nos chegar. Alguém como Ananse, a aranha narradora que aparece na tradição dos mais diversos povos africanos e a quem, em *De olho nas penas*, eu já dei a palavra para que se apresentasse:

> Há muito tempo atrás, quando os deuses ainda eram os únicos donos de tudo, até das histórias, eu resolvi ir buscar todas elas para contar ao povo. Foi muito difícil. Levei dias e noites, sem parar, tecendo

---

* Luis Filipe Ribeiro, *Mulheres de papel: Um estudo do imaginário em José de Alencar e Machado de Assis*. Niterói: UFF, 1996.

fios para fazer uma escada até o céu. Depois, quando cheguei lá, tive que passar por uma porção de provas de esperteza, porque eles não queriam me dar as histórias, que viviam guardadas numa grande cabaça. [...]

    Consegui vencer e ganhei a cabaça com todas as histórias do mundo. Na volta, enquanto eu descia a escada, a cabaça caiu e quebrou, e muitas histórias se espalharam por aí, mas quando eu conto, vou desenrolando o fio da história de dentro de mim, e por isso sai melhor do que quando os outros contam. Por isso, todo mundo pode contar, mas toda aldeia tem alguém como eu, algum Ananse que também conta melhor essas histórias. E quem ouve também sai contando, e fazendo novas, e trazendo de volta um pouco diferente, sempre com fios novos, e eu vou ouvindo e tecendo, até ficar uma teia bem completa e bem forte. Só com uma teia assim, toda bonita e resistente, é que dá para aguentar todo o peso de um povo, de uma aldeia, de uma nação, de uma terra.*

    Herdeiras de Ananse, de alguma forma essas mulheres criadoras de textos e têxteis fazem uma síntese entre Aracne e Ariadne, formando o embrião de uma nova personagem. Talvez a possamos chamar de Ariacne — aquela que tece com perfeição os fios que irão um dia orientar sua própria saída do labirinto, desafiando o patriarca e derrotando o tirano. E criar um novo tecido.
    Uma trama, talvez. Uma linhagem, certamente.

---

* Ana Maria Machado, *De olho nas penas*. Rio de Janeiro: Salamandra, 1981.

Do bom e do melhor. E muito[*]

Em sua recente passagem pelo Brasil, o historiador francês Roger Chartier destacou numa entrevista a importância do trabalho que o Programa Nacional de Incentivo à Leitura (Proler) vem fazendo pela promoção da leitura e pela pesquisa dessa atividade em nosso país. Também nas últimas semanas, tivemos um pronunciamento do presidente da República pela televisão, em horário nobre, afirmando que a produção e distribuição de milhões de livros de literatura são mais importantes do que milhões de quilômetros de estradas e milhares de pontes. E, demonstrando que não se tratava de retórica ou de palavras vazias, o discurso presidencial assinalava o lançamento do programa Literatura em Minha Casa, que entregou às escolas públicas mais de 60 milhões de exemplares de obras literárias para serem levados diretamente às famílias brasileiras, distribuídos em seis diferentes coleções de cinco títulos cada. Se imaginarmos uma média de quatro pessoas

---

[*] Palestra apresentada no Seminário do Salão FNLIJ do Livro Infantil e Juvenil no Museu de Arte Moderna do Rio de Janeiro, em 2001.

por família, cada coleção desse programa estará atingindo quase 50 milhões de brasileiros. Um projeto que envolveu todo o nosso setor editorial em quantidade e ritmo exigentíssimos, e que trabalhou com uma seleção consciente e democrática, feita por especialistas de todo o país que tiveram que dar suas avaliações de cada livro por escrito, escolhendo textos de dezenas de escritores (embora fossem trinta títulos diferentes, muitos eram antologias). O rigor na busca de qualidade não significou elitização, mas se fez acompanhar de quantidades nunca vistas em nenhum outro lugar do mundo. E vai ser repetido novamente nos próximos meses.

O amadurecimento da produção editorial brasileira, a crescente profissionalização do setor e o fenômeno das bienais e salões de livros que se multiplicam pelos quatro cantos do país como grandes atrações populares são apenas alguns sinais mais evidentes de que a barreira que por toda a nossa história tem separado os brasileiros da leitura não se apresenta mais da mesma forma compacta e intransponível. Começa a se trincar aqui e ali, embora esteja longe de cair. O eterno lamento de que "hoje em dia ninguém lê" continua sendo repetido pelos desatentos, mas mascara o fato de que nunca tantas pessoas leram tanto no Brasil. Apenas não leem o que os bem-pensantes acham que deveriam estar lendo. Por isso tem tanta gente querendo discutir o teor dessas leituras.

Os números relativos à leitura infantil e juvenil (entre sete e oito vezes maiores do que os de leitura adulta, se excetuarmos livros técnicos e didáticos) atestam a formação de um público novo. A expansão, embora ainda tímida, do sistema de bibliotecas pelos municípios do interior pode até não ser trombeteada pelo ministro da Cultura, mas é visível. Francisco Weffort, há poucos meses, declarou à imprensa: "Precisamos de 3500 novas bibliotecas e fizemos setecentas. É o que dá, e já é bom". Em seis anos e meio de governo, eram mais de cem por ano. Mais ou menos uma a cada três dias. Quantos países no mundo podem exibir essa média? Se valesse o Efeito Ricupero (aquela história de esconder o que é negativo e faturar o que é bom), talvez estivessem celebrando duas festas do livro por semana.

Quando se soma a isso a inegável atuação do governo na aquisição e distribuição escolar de livros não didáticos, em muitos e diferentes projetos em vários níveis e em várias regiões, fica claro que há uma atenção inédita dos meios oficiais para a questão do acesso à palavra impressa. Ainda mais porque em vários estados o modelo é seguido com entusiasmo. Goiás beneficiou em menos de um ano 540 mil alunos com 679 541 livros — isso antes de fazer nova rodada de seus Cantinhos de Leitura em novembro, de cujos números ainda não disponho. No Rio Grande do Sul, a Universidade de Passo Fundo, um exemplo de continuidade e integração com a comunidade, celebrou a vigésima versão de sua Jornada de Literatura reunindo milhares de pessoas em sete circos para ouvir escritores e debater livros. Para não ficar atrás, em todo mês de julho a cidade de Campinas arma também sua lona paulista e acolhe outros tantos participantes no Congresso de Leitura (Cole).

É claro que tudo isso ainda é pouco. Sobretudo quando incluímos nesse quadro a produção voltada para o mercado adulto. Se temos números muito altos de títulos novos publicados a cada ano, as tiragens médias são baixíssimas. O tempo de exposição de um livro nas prateleiras das livrarias é curtíssimo, logo ele tem que dar a vaga para outro, mais novo. As páginas dedicadas a livros na imprensa são ridiculamente inexpressivas se comparadas ao espaço disponível para televisão, música, shows e cinema. Os índices de leitura per capita no país são mínimos se cotejados com os de nações letradas. É óbvio que falta uma política global e consistente para o livro, apesar da multiplicação de incontáveis experiências bem-sucedidas de estímulo à leitura. Para se ter uma ideia, apenas no âmbito de crianças e jovens, a Fundação Nacional do Livro Infantil e Juvenil, que há sete anos patrocina um concurso premiando com coleções de livros os melhores projetos de fomento à leitura no setor, já cadastrou mais de seiscentas iniciativas, muito diversas entre si, em funcionamento pelo Brasil adentro. Mas, apesar de todas as dificuldades, cada vez mais pessoas no país começam a perceber que o livro pode ter algo a ver com suas vidas. E isso muda o foco da discussão. Continua a ser fundamental garantir a todos os cidadãos o direito de acesso ao livro. Só que, paralelamente, cada vez mais se percebe que há gente preocupada com as perguntas que vêm em seguida. Que livro? Qualquer um? Dá no mesmo? Ou há alguns que talvez nem valham as árvores derrubadas para a fabricação do papel de que são feitos? Como saber? Como distinguir um do outro?

Quem acha que não basta ler apenas manuais de instruções, obras de autoajuda e livros de receita, muitas vezes fica perdido diante do imenso volume do que se publica hoje. A democratização do ensino, mesmo com toda a queda de qualidade da educação, abriu as portas para números até então inimagináveis de novos leitores. Muitos deles percebem que o livro pode ser uma ferramenta essencial para seu aprimoramento profissional. Outros intuem que alguns livros podem ser ainda mais que isso, responder a questões profundas que nem chegam a ser formuladas com clareza em algum canto difuso de sua mente. Essa sede literária um tanto informe, mas ávida de novas perspectivas, corre muitas vezes para os chamados livros esotéricos ou de autoajuda, como quem vai a uma academia de ginástica da alma — fazer um pouco de exercício e ficar mais apto para enfrentar o dia a dia.

Muitos desses novos consumidores de livros podem facilmente descobrir sua vocação de leitores de literatura. Já estão familiarizados com letras de música, narrativas das telenovelas, estão a um passo de um mergulho na poesia, no romance e no conto. Leem reportagens na imprensa e obras de orientação espiritual, podem perfeitamente ler um ensaio. Mas nem sempre esse encontro ocorre. E, quando acontece, muitas vezes nesse momento o leitor tromba de frente com o livro que está na lista dos mais vendidos ou aquele que foi escrito por uma celebridade e atrai porque é escandaloso ou faz parte da cultura do espetáculo. Para muitos especialistas, trata-se de um total desperdício de tempo e esforço do leitor. Uma leitura que, em vez de alimentar, funciona como chiclete do espírito.

Há quem defenda que é preciso passar do que seria uma "baixa literatura" para uma "alta literatura". Há os que sustentam a opinião contrária, achando que essa visão é elitista e que não tem sentido essa hierarquia. Existem ainda os que acham que há, sim, alguns livros capazes de propiciar uma experiência de leitura mais rica, mas nem sempre são exatamente aqueles que estão postos nos altares literários e considerados imprescindíveis — o chamado cânone. Ou seja, é fundamental, sim, ler literatura. Mas o que é literatura, afinal?

Muita gente já tentou responder a essa pergunta. De Aristóteles a Sartre. Num delicioso livro recente,* Marisa Lajolo dá seus palpites polêmicos sobre o assunto. Professora universitária, a autora consegue escapar da linguagem pedante e da atitude superior que caracterizam os meios acadêmicos. Critica o cânone tradicional, sem cair nas armadilhas do "politicamente correto". Exemplificando fartamente, mostra como os entusiasmos literários mudam com o tempo — mas como se mantêm sólidas permanências. Brincando, brincando, vai aos poucos demonstrando como a marca essencial da literatura está mesmo no uso surpreendente da linguagem — e para isso não hesita em recorrer a um poema sobre óptica escrito pelo político e guerrilheiro Carlos Marighela, quando ainda era um estudante na Bahia, em resposta a uma questão em uma prova de física. Mas também não faz concessões demagógicas: em seguida,

---

* Marisa Lajolo, *Literatura: leitores e leitura*. São Paulo: Moderna, 2001.

saca um exemplo medieval do cancioneiro português, lado a lado com Camões e uma letra de Caetano Veloso. De texto em texto, vai desenvolvendo seu raciocínio e defendendo seu ponto de vista, que pode ser provocador, mas não deixa de ser lógico e sensato.

Não há verdades maiores e absolutas nesse campo, faz questão de frisar Marisa Lajolo. Mas há alguns elementos que não se pode desprezar nas várias respostas para a pergunta. O tal emprego inusitado da linguagem. A relação da obra com seu contexto — e como a prática literária confirma ou rompe com a teoria. A maneira como os diversos textos respondem uns aos outros, num diálogo ininterrupto que os teóricos chamam de intertextualidade. O modo sutil como os autores conseguem mostrar que as coisas têm nome, sim, mas os nomes não são as coisas. As relações entre uma obra e a experiência que o escritor tem da sua realidade histórica e social.

Além de levar em conta todos esses elementos, a cidadania literária ainda precisa ser proclamada pelos canais competentes. Não basta um texto ser escrito, tem que ser publicado e lido, avalizado pelo mundo editorial, pela crítica, pelas instituições especializadas. Esse é justamente um dos lembretes incômodos que Marisa Lajolo traz à cena. Pode-se discordar dessas instâncias burguesas, brancas, masculinas, alfabetizadas, muitas vezes ligadas aos países hegemônicos. Mas em última análise são elas que validam o que é literatura. Quem não concordar com as escolhas tem que saber defender seu ponto de vista — conhecendo a linguagem e a tradição literária para poder argumentar, como a autora faz com grande brilho.

Ao que tudo indica, não há muito como escapar de uma observação feita por Roger Chartier. Alguns livros se prestam mais que outros a reapropriações múltiplas e duradouras por parte dos leitores: muito mais gente diferente pode descobrir neles coisas muito diversas e passar a levá-las consigo. Ou o mesmo leitor pode descobrir neles coisas distintas a cada releitura. Outros livros não permitem isso. E essa diferença não depende do que as instituições possam querer decretar. Por mais que se estude, admite Chartier, ainda não se conseguiu determinar os fatos que constituem o mistério da arte. A gente só percebe o efeito.

Se autores clássicos eram aqueles lidos em classe, nas escolas, e se hoje há mais livros e mais alunos no sistema de ensino, é natural que surjam essas dúvidas sobre o que é literatura e que livros devem ser oferecidos aos leitores em potencial. Ainda mais quando o imediatismo dominante encaminha as leituras para a meta do que pode cair no vestibular. Aparece um novo tipo de questão: que sentido tem para um leitor de hoje ler Machado de Assis ou José de Alencar? Por que os organizadores dos currículos e das provas não escolhem logo Paulo Coelho? Ou por que os professores não mandam ler o livro de piadas do Casseta & Planeta ou do Obrigado Esparro?

A esse raciocínio excludente, Marisa Lajolo contrapõe a aguda observação de que a literatura forma uma rede, se abrindo sempre para novos textos, num repertório em constante expansão. E lembra que, hoje, com a internet, finalmente está chegando a muito mais gente a noção de como se mover com facilidade nesse tipo de ambiente. Então não é preciso mais achar que as leituras têm que ser fechadas e de um só tipo. Pode-se ler uma coisa e outra. E esperar que elas dialoguem entre si.

Aos responsáveis por seleções de leituras escolares, porém, ainda se propõe uma nova indagação. Se a humanidade construiu esse fabuloso patrimônio literário em tantos séculos de história, será que cada um dos cidadãos contemporâneos não tem direito à sua parcela nessa herança? Se a escola não apresentar aos estudantes o legado da tradição literária que lhes pertence, esse direito não estará sendo negado às novas gerações? Desse ponto de vista, nada contra as leituras do best-seller do momento, ou do livro descartável, mas claramente não caberia à escola indicá-los, pois eles já seriam descobertos na mídia e na moda ou pela indicação de um colega. O papel do ensino seria então orientar as novas gerações para fazerem suas próprias descobertas nos bosques literários, apresentando-lhes um repertório variado de bons textos, de épocas diversas. Mas isso já pressupõe professores bem formados, que leiam e possam fazer suas próprias escolhas, sem recorrer a fórmulas e receitas. O que é uma outra história. Que fica para uma outra vez.

Muito prazer: Notas para uma Erótica da narrativa*

O que eu venho aqui discutir com vocês desta vez ainda está em fase de elaboração, tão vago e desconexo que eu chamaria apenas de notas soltas. Ou preliminares, palavra que me atrai mais, por sua ambiguidade também em referência ao jogo erótico — tema que estou me propondo examinar. Ando acariciando essa ideia há muito tempo e ainda não sei até onde ela pode me levar, mas confesso que me seduz e não quero resistir a essa sedução.

Como vocês sabem, eu venho escrevendo para crianças há mais de trinta anos. Durante esse tempo, tive por dezoito anos uma livraria infantil. Provavelmente por isso, costumam me fazer algumas perguntas que em geral não são formuladas para autores que também são reconhecidos como escritores criativos mas não estão associados à infância.

Uma delas tem a ver com as variantes em torno da injustiça social no Brasil, coisas semelhantes a "como você se sente escre-

---

* Palestra proferida em encontro com a Escola Lacaniana de Vitória, em julho de 2001.

vendo para crianças num país que tem tantos miseráveis?". Pergunta que, obviamente, traz implícita a noção de que arte e literatura são um luxo supérfluo, só se poderia perder tempo com isso quando a questão social estivesse plenamente resolvida. Mas apenas quando se destinam a um público menor de idade, claro, já que não é frequente que esse questionamento seja feito em relação a obras do mundo adulto — de clássicos como Machado de Assis ou Clarice Lispector a contemporâneos em atividade como Rubem Fonseca ou Lya Luft. Não que a falta de questionamento se deva ao fato de que essas obras podem ser vistas também como porta-vozes de problemas dos excluídos, em muitos de seus aspectos (incluindo temáticas ou pontos de vista dos injustiçados), o que é uma característica muito forte em nossa literatura. Aliás, isso também ocorre, e muito, na literatura infantil.

Refiro-me a outra coisa, porém: ninguém cobra desses autores o fato de escreverem — sua vocação, sua profissão, seja lá como se queira chamar nossa atividade. Mas, no caso dos que escrevem para crianças, essas questões (e outras afins, sobre preço dos livros, dificuldades de acesso a bibliotecas etc.) são obsessivamente recorrentes. Tanto em entrevistas à imprensa como em debates com especialistas, estamos sempre sendo instados a assumir uma posição frente a esses problemas, em vez de discutir o que escrevemos — ao contrário do tratamento dado a nossos colegas que não escrevem para crianças. O fenômeno é ainda mais intrigante se levamos em conta que os números de vendas e tiragens do mercado editorial infantil são muito maiores do que os do mercado adulto, e anualmente no Brasil se vendem entre sete e oito vezes mais obras de literatura infantil do que de adulta. Ou seja, a implícita acusação de elitismo revelada pela pergunta tem sete a oito vezes menos razão de ser aplicada aos autores para crianças. A sensação que dá é que se quer desviar o foco das atenções da arte e da literatura para o ensino ou a assistência social (tradicionalmente vistos como campos femininos e menores), ou até (quem sabe?) para a política e economia, embora raras vezes os que fazem essas perguntas estejam preparados para levar adiante a discussão em maior profundidade nesses terrenos, quando por eles enveredamos em nossas respostas — não por má-fé, mas por uma questão de puro desconhecimento de como funciona o setor. De modo geral, os mecanismos de culpar o outro se mostram de modo muito evidente nesse momento. E o outro, além do eterno bode expiatório do governo, evidentemente somos nós, os que ousamos perder tempo e esforço em escrever para crianças num país de miseráveis, em vez de fazer discurso, passeata, abaixo-assinado, nos candidatarmos à Câmara ou pegarmos em armas para fazer a revolução — não sei bem que outras alternativas explicitariam os entrevistadores se pudessem.

Por vezes essa atitude inquisitorial descamba para algo tão agressivo que vai além do preconceito, da ignorância, da leviandade para se instalar claramente no território da falta de afeto, da agressividade, do desprezo à criança real, dando a impressão de que é pecado social escrever para crianças no Brasil e que o ideal é negar à nossa infância tudo o que não seja a revolta por sua dura realidade. Nada disso é consciente, por certo, e não quero aqui bancar a charlatã e avançar com diagnósticos levianos na área do desejo inconsciente de infanticídio, tão bem estudado por mestres competentes. Mas me parece que tal atitude pode estar ligada, isso sim, a uma tentativa de impor a hipertrofia do princípio de realidade e atrofiar o desejo do prazer. Por isso começo esta nossa conversa falando desse aspecto, uma observação que nasce de minha experiência cotidiana e me dá vontade de reagir, procurando nos instigar aqui a uma reflexão interdisciplinar, coletiva e mais atenta, como a que temos possibilidade de desenvolver neste fórum.

Outra pergunta frequente que nos fazem, ligada a essa linha, porém mais específica, trata de fórmulas e receitas. "O que posso fazer para conseguir que uma criança leia? Como se desenvolve o hábito de leitura nas crianças?" Vamos passar por cima de algumas discussões riquíssimas mas fora do foco de agora e que por isso não desenvolvo (menciono apenas que leitura não deve ser hábito, deve ser gosto ou paixão, e que ninguém ensina ninguém a gostar seguindo uma fórmula dada por outros). Prefiro tentar chegar a uma resposta que tenho dado e que talvez seja o meu ponto de partida para o que quero hoje trazer ao debate.

Muitas vezes, nesses casos, alguém quer saber o que deve fazer porque certa criança "não gosta de ler". Ninguém tem respostas prontas, e as de um não servem para os outros. Mas em geral tento dizer que a leitura, como tudo mais na vida social, se desenvolve pelo exemplo e pela curiosidade, e a criança cercada de livros e de gente que lê vai provavelmente descobrir a sua leitura. Mas isso não basta. Ao que me dizem, há sempre um Joãozinho ou uma Mariazinha em particular, que vive entre livros e leitores e não gosta de ler — uma espécie de comprovação viva de que livro não é atraente nem prazeroso, mas algo penoso que tem que ser impingido ou ensinado, disfarçado mas enfiado goela abaixo, já que nenhuma criança em sã consciência iria se interessar por uma coisa tão difícil e pesada.

Diante dessa atitude implícita só posso contestar com a força da minha experiência: se é verdade que tenho encontrado muitos adolescentes e adultos que não têm vocação leitora, nunca se aproximaram de livros ou até alguns que deles se afastaram em certa idade, também é verdade que nunca encontrei uma criança alfabetizada, com pleno acesso a livros e num ambiente leitor sem cobranças, que não gostasse de ler. Pode rejeitar um certo tipo de livro, ou desenvolver preferências que não são as que o adulto escolheria para ela, mas isso não significa que não goste de ler. E aí faço a comparação: é como alguém dizer que não gosta de namorar só porque ainda não descobriu como pode ser bom, ou porque teve alguma experiência negativa com um parceiro. Pois então, se esse é o caso, não generalize para todo e qualquer namoro: que procure outro, mais outro, vários, vai acabar se encaixando perfeitamente com algum, desenvolvendo o gosto pela própria procura, refinando o processo de aprender a gostar. Em cima de um instinto biológico há uma construção cultural deliciosa, uma aprendizagem do prazer, para usar a expressão da Clarice Lispector. Leitura não é um instinto, claro, nem ninguém está dizendo isso. Mas o próprio Freud relacionou o instinto sexual à curiosidade, ao desejo de saber, investigar e explorar, e apontou as ligações entre a arte e a sublimação do instinto. Esses campos, portanto, não são conflitantes mas vizinhos.

Comecei falando nesses dois tipos de pergunta porque são lugares-comuns, clichês do cotidiano, e os acho indicativos de uma certa recusa em aceitar a possibilidade de associação entre literatura e prazer, preferindo deixar a leitura na área da dominação e do poder. E o que quero discutir é exatamente essa proximidade do ato de ler e de escrever com o desejo e a satisfação, examinando alguns aspectos dessa ligação, principalmente num campo mais reduzido, o da narrativa.

Talvez o detonador teórico dessa minha reflexão tenha sido uma observação do crítico francês Roland Barthes, com quem estudei, dizendo que seria necessário que se fizesse um dia uma erótica da escritura. Que a criação literária não fosse apenas estudada numa Poética ou numa Retórica, mas numa Erótica, relacionada ao desejo e ao prazer.

Ampliando essa sugestão, outra escritora muito respeitável, a crítica e romancista norte-americana Susan Sontag, voltou a esse ponto, lembrando e retomando o apelo de Barthes, ao proclamar: "Em vez de uma hermenêutica, precisamos de uma erótica da arte".*

---

* Susan Sontag, *Against Interpretation*. Nova York: Anchor Books/Doubleday, 1964 [ed. bras.: *Contra a interpretação*. Porto Alegre: L&PM, 1987].

E comecei a pensar em algumas observações que eu já vinha fazendo. Não apenas essas que já mencionei, mas algumas outras. Por exemplo, a questão do prazer de ler. O próprio Barthes escreveu um livro chamado, justamente, *O prazer do texto*.* Mas essa expressão, muitas vezes citada por quem não leu o livro, geralmente tem sido confundida e deturpada. Ele nunca quis dizer que uma leitura tem que dar prazer no sentido de ser divertida, leve ou engraçada, gostosinha, capaz de distrair e fazer passar o tempo. Muito pelo contrário, para ele esse prazer nada tem a ver com um consumo passivo da escrita, mas está associado a algo ativo, uma atividade a dois, encontrando-se num jogo entre autor e leitor, em que o texto do primeiro desperta um possível texto do segundo, até então latente, e capaz de recriar a obra escrita. Desencadeia-se uma troca interativa a partir de um contato sedutor. Para Barthes, todo ato de contar histórias é contratual: pede alguma coisa em troca do que fornece.

Essa premissa torna mais fácil o entendimento de outro aspecto ao qual só vou aludir de passagem, para não me desviar da estrada principal que tento percorrer. Mas não posso deixar de mencioná-lo. É a questão da economia que rege a oferta e a demanda de arte, tomando-se o termo "economia" num sentido mais amplo e antropológico, de quem focaliza o sistema de trocas subjacente a esse campo. E mesmo sem querer me afastar do que vinha examinando, quero mencionar um livro muito interessante, a que cheguei por uma recomendação entusiasmada da romancista canadense Margaret Atwood, e que foi escrito pelo professor de arte norte-americano Lewis Hyde: *A dádiva*. Nele, o autor examina os fundamentos econômicos das sociedades, distinguindo dois tipos de sistema: o de trocas de mercado e o de

---

* Roland Barthes, *Le Plaisir du texte*. Paris: Seuil, 1973 [ed. bras.: *O prazer do texto*. Trad. de J. Guinsburg. 6. ed. São Paulo: Perspectiva, 2013].

trocas de presentes. No de mercados e mercadorias, que estamos acostumados a perceber, estabelecem-se níveis constantes de valor e retribuições diretas equivalentes. A troca é nítida e clara, toma lá, dá cá, o verbo-chave é trocar, em seus dois aspectos: vender e comprar. No sistema de economia de presentes (exaustivamente examinado por ele, em relação a sociedades ditas primitivas ou a comunidades informais e práticas sobreviventes dentro da economia de mercado), quem oferece não desencadeia um retorno direto, e sim uma circulação da oferta, que acaba voltando indiretamente ao ofertador sob outra forma. A troca é ritualizada, o verbo-chave é dar, com seu correlato receber.

Para Hyde, seria essa a forma típica da circulação natural característica da arte, baseada em três instâncias de dar ou doar. Três momentos do dom, doação ou presente.

No primeiro, o artista recebe um dom e o reconhece. De quem? "Da percepção, da experiência, da intuição, da imaginação, do sonho, de uma visão ou de uma outra obra de arte", diz ele. De seu inconsciente, poderíamos acrescentar, dos misteriosos caminhos daquilo que tradicionalmente se chama inspiração.

No segundo momento, o artista dá a esse material o presente do seu esforço, do seu trabalho. Já que ganhou esse dom e nem sempre sabe bem de onde ou como, mas reconhece que foi presenteado, dotado de alguma capacidade que recebeu mas não adquiriu pagando por ela, esse artista passa então a "pagá-la" com seu trabalho, para aperfeiçoar o que recebeu, geralmente com longas horas de prática.

"Em outras palavras, se o artista é talentoso, sua dádiva torna-se mais valiosa ao passar através do *self*. O artista produz algo mais elevado do que o que lhe foi dado, e isso, sua obra acabada, é a terceira doação, a que é oferecida ao mundo", resume Hyde.*

---

* Lewis Hyde, *The Gift: Imagination and the Erotic Life of Property*. Londres: Vintage/Random House, 1988 [ed. bras.: *A dádiva: Como o espírito criativo*

A esse sistema em que o mais importante é sempre dar, sair dando, sem esperar ser compensado diretamente ou indenizado pelo que se deu, ele chama de economia erótica, movida pelo próprio impulso dinâmico da necessidade de dar, do desejo de tocar algo fora do eu, do impulso de chegar ao outro a partir de algo recebido. E, como esse movimento do que é dado — dons e presentes — se faz circularmente, a energia que fica na obra de arte exige que ela seja passada adiante, e acrescida de novas doações, pela atividade de quem a recebe. Primeiro para consigo mesmo, atuando numa elaboração interna. E em seguida, por uma ação voltada para os outros, falando nessa obra, nesse presente, comentando-a, compartindo com outras pessoas. Não vou me deter muito nisso agora, porque foge do que estou examinando no momento, que é o mecanismo de sedução e prazer da própria narrativa. Mas o livro de Hyde é uma obra instigante, relacionada com todas essas coisas em que venho pensando, e que eu não podia deixar de mencionar aqui. São ideias que eu também queria trazer de presente para vocês, fazendo-as circular.

Mas fecho essa digressão e volto à questão do prazer do texto. Barthes diz também que, se um texto dá prazer, é porque foi feito no prazer do processo da escrita (o que não elimina a possibilidade de ele ter sido escrito na dor, os conceitos não são excludentes). Mas o prazer do escritor não garante o do leitor, até mesmo porque não se sabe quem vai ser esse leitor; ele precisa ser procurado e "paquerado", como Barthes diz num termo de gíria (*drague*), seduzido. Como assinala o crítico francês, o desejo de prazer do escritor não tem como objeto uma pessoa, mas um espaço — o espaço da possibilidade de uma dialética do desejo, de uma imprevisão do gozo, no qual se aposta mas não se tem certeza de que vá ocorrer.

---

transforma o mundo. Trad. de Maria Alice Máximo. Rio de Janeiro: Civilização Brasileira, 2010, pp. 292-3].

Necessariamente, tem de ser um jogo sem cartas marcadas. Não tem graça nenhuma, do ponto de vista de quem escreve, apelar para os clichês e lugares-comuns que garantem o já esperado. Qualquer escritor medianamente experiente é capaz de fazer isso, mas não é o que se busca e deseja. Um autor que faz isso está interessado no mercado, na manipulação mecânica do maior número possível de consumidores de livros, se satisfaz com um texto frígido, de redundância e balbucio, não se dispõe a instalar um espaço erótico em que o texto se exerça na plenitude de um jogo de sedução, capaz de atrair um possível leitor para um prazer ativo de decifração, criação e reescrita, uma produção indireta. Um leitor não gosta de um texto ao acaso, mas porque sente que esse texto o escolhe, o atrai, o deseja, o excita, por meio de todo um jogo de esconder e revelar.

Revelar o quê? Quem?

O outro. O autor. O parceiro nessa relação que se estabelece por meio da língua. Língua que então fala em vez de lamber. E que traz ao corpo um prazer que não é sensorial como aquele que pode trazer ao tato e ao paladar, mas que agora, com toda sua carga mental, não deixa também de ser físico. Mais uma vez recorro a Clarice Lispector, que definiu tão bem a intensidade desse gozo individual e solitário que se pode ter com a leitura, ao falar em "felicidade clandestina" para se referir à relação da garota com a história que lia, não "mais uma menina com um livro, mas uma mulher com seu amante".

Da mesma espécie é a comparação de Umberto Eco quando diz que estar imerso num romance (ele falava da escrita, mas qualquer leitor pode reconhecer o mesmo fenômeno em uma leitura apaixonada) é muito semelhante a viver um caso de adultério — tem-se uma vida dupla. Quando não se está lá naquele espaço privilegiado de prazer, a todo momento se quer escapar para lá, voltar para o livro que está sendo escrito (ou lido), e as pessoas em volta nem desconfiam que aquela pessoa à sua frente está ao mesmo tempo em outro lugar, em outro mundo, mais rico, mais intenso, muito mais prazeroso e secreto do que aquela casca social que estão vendo. Novamente as ideias de gozo em segredo ou clandestinidade estão aí expressas.

Hélène Cixous também se refere a algo parecido, atraente, secreto e inescapável, quando fala no "mundo duplo" feito de livros e escrita, que está latente sob a superfície do cotidiano:

> Às vezes acho que levo uma vida dupla. Há o mundo de minhas relações e atividades profissionais, e o outro mundo da escrita, que me acompanha em todo canto, gradualmente tomando forma dentro de mim o tempo todo enquanto estou ocupada com outras coisas e não estou podendo escrever.

Mais que isso, ela continua seu depoimento deixando bem claro que a escrita, geralmente vista apenas como uma atividade mental, passa necessariamente pelo corpo:

> Escrevo porque tenho que escrever. Preciso escrever como preciso comer, como preciso dormir, como preciso fazer amor. É como um segundo coração. Sinto que, escrevendo, eu me renovo continuamente, e me recarrego de forças vitais. Preciso do movimento incessante que vai do corpo ao símbolo, do símbolo ao corpo; para mim as duas coisas estão intrinsecamente ligadas.*

Convém lembrar a maneira pela qual, na famosa formulação de Barthes, essa ligação se estabelece — até mesmo pela ruptura e pela independência: "O prazer do texto é o momento em que meu corpo vai seguir suas próprias ideias — pois meu corpo não tem as mesmas ideias que eu".

---

* Susan Sellers (Org.), *Delighting the Heart: A Notebook by Women Writers*. Londres: The Womens Press, 1989.

E mais:

O prazer do texto não é forçosamente do tipo triunfante, heroico, musculoso. Não tem necessidade de se arquear. Meu prazer pode muito bem assumir a forma de uma deriva. A deriva advém toda vez que *eu não respeito o todo* e que, à força de parecer arrastado aqui e ali ao sabor das ilusões, seduções e intimidações da linguagem, qual uma rolha sobre as ondas, permaneço imóvel, girando em torno da fruição *intratável* que me liga ao texto.*

Claro que existem escritas de outro tipo, que não são de entrega nem de se deixar levar à deriva. A de ensaios críticos, por exemplo. Nesse caso, é preciso trocar de lugar. O escritor não está primordialmente criando, está examinando a criação do outro. Seu prazer passa a ser também de outro tipo, quando ele não se faz de confidente mas reivindica a crítica. Nesse caso, diz Barthes, "posso tornar-me o seu *voyeur*: observo clandestinamente o prazer do outro, entro na perversão".

Para sair um pouco das citações teóricas, convido cada um de nós a lembrar alguns exemplos de sua experiência com esse prazer, esse "ficar à deriva num texto". É coisa que leitor costuma fazer — com muito gosto. Conversa de gente que tem prazer em ler sempre se enche de recomendações de leitura, lembranças de textos favoritos, trocas de experiências. Num grupo, quando há duas ou três pessoas que vibram com a mesma leitura, de repente elas embarcam nessa conversa, começam a falar nisso, e deixam os outros todos morrendo de vontade de sair dali e correr para procurar esse livro.

Recentemente, dei um curso para professores que consistiu, basicamente, em uma imersão em leitura. Levei poemas, contos, crônicas, trechos de textos de que gosto e me limitei a flutuar

---

* Barthes, op. cit., p. 26.

nessa seleção, lendo com eles, à deriva. Na última aula, fizemos uma festa: eles é que trouxeram textos de que gostavam, para ler em voz alta. Foi uma experiência única, saímos todos dali com a sensação de que estávamos flutuando de prazer. Nas nuvens, não mais apenas nas ondas.

Há outros bons exemplos de se deixar levar pela sedução da narrativa. É o que ocorre quando nos deixamos carregar pela correnteza de um bom relato bem-contado, em termos de enredo, estrutura, estilo. O mais clássico é o de Sherazade nas *Mil e uma noites*, que não é apenas uma fabulosa coleção de histórias, mas uma engenhosíssima construção estrutural, que emenda uma história na outra em diferentes formas. Labirintos, espirais, uma caixinha dentro de outra, uma moldura menor dentro da outra, dosagens de histórias provocativas que criticavam o poder (e o sultão) e de histórias de distensão, que celebravam a esperteza de um governante, ou sucessão de relatos de mulheres espertas e desenvoltas (que provavam que nem todas eram como a dele, que o traiu), alternando com narrativas de mulheres tolas e fúteis a serem punidas. Esse oceano capaz de manter o ouvinte-leitor à deriva por tanto tempo acabou salvando a vida da narradora por meio da palavra. Outros exemplos de estruturas diferentes mas imbricadas, em que a sucessão de histórias também desempenha um papel sedutor, está em livros como o *Decameron*, de Boccaccio, e outros do gênero, comuns em sua época, em que um grupo de pessoas se isolava em algum lugar e se revezava contando histórias, e essa própria organização tinha um sentido particular.

Esse tipo de narrativa trabalha com outro aspecto: a sedução pelo enredo e pelo estilo, ou seja, o que acontece na história e como essa ação é contada. E se apoia muitíssimo na noção de tempo narrativo. Como frisa Calvino:

> A arte que permite a Sherazade salvar sua vida a cada noite está no saber encadear uma história à outra, interrompendo-a

no momento exato: duas operações sobre a continuidade e a descontinuidade do tempo. É um segredo de ritmo, uma forma de capturar o tempo que podemos reconhecer desde suas origens: na poesia épica por causa da métrica do verso, na narrativa em prosa pelas diversas maneiras de manter aceso o desejo de se ouvir o resto.*

Essa observação de Calvino nos traz um elemento absolutamente essencial na erótica (textual ou não). Trata-se do tempo, o ritmo, o jogo de continuidade/descontinuidade, as alternâncias entre apressar e ralentar, entre tensionar e distender. Freud foi, talvez, o primeiro a mostrar que na fantasia, como na escrita, existe um movimento que vai de um tempo a outro, um percurso feito de mudanças e desvios, instável mas pronto a receber "de cada nova impressão ativa uma espécie de 'carimbo de data de fabricação'".** Examinou como a relação de uma fantasia com o tempo paira entre os três momentos do tempo que somos capazes de conceituar, sendo ligada a uma ocasião provocadora no presente, que foi capaz de despertar um desejo forte e levar de volta a uma memória de experiência anterior, geralmente infantil, quando esse desejo foi satisfeito. Então, agora, no presente, a lembrança desse passado cria uma situação relacionada com o futuro, representando a satisfação desse desejo.

Muito antes de ler esse trecho, eu costumava tentar responder a perguntas sobre minha criação literária falando em elementos atuais que se ligavam a minhas lembranças e despertavam mi-

---

* Italo Calvino, *Seis propostas para o próximo milênio*. Trad. de Ivo Barroso. 2. ed. São Paulo: Companhia das Letras, 2002. p. 51.
** Sigmund Freud, "Creative Writers and Daydreaming", in *Art and Literature*, Londres: Penguin, 1985 [ed. bras.: "Escritores criativos e devaneio", in *Edição standard brasileira das obras psicológicas completas de Sigmund Freud*, v. 9, *Gradiva de Jensen e outros trabalhos*. Rio de Janeiro: Imago, 1996].

nha imaginação. Quase como uma fórmula: "o que faço é sempre feito de memória e imaginação". Depois, a romancista Lygia Fagundes Telles publicou um livro que se chama, justamente, *Invenção e memória*, também falando sobre isso. Achei que era uma coincidência. Só recentemente, quando tive conhecimento desse texto de Freud, é que vi que estávamos ambas apenas repetindo empiricamente, numa constatação ligada a nossa prática, aquilo que ele já formalizara no início do século xx. Mas ele acrescenta um elemento que nos faltava explicitar: o desejo, como motor.

Motor, movimento. Tem que se mexer. Esse é outro aspecto ligado ao prazer de um texto. E já aludimos a isso de passagem, ao mencionar a importância do ritmo, marcando a dinâmica do tempo. Tanto para a narrativa quanto para o erotismo. Sherazade sabia disso. Como observa Umberto Eco:

> Encontramos nos velhos manuais de casuística sexual [...] a noção de *delectatio amorosa*, uma demora concedida até mesmo àqueles que sentem a necessidade crescente de procriar. Se algo importante ou absorvente está ocorrendo, temos que cultivar a arte da demora.*

Em seguida, explicita:

> Uma das técnicas que um autor pode utilizar para demorar-se ou diminuir a velocidade é a que permite ao leitor dar passeios referenciais. [...] Em toda obra de ficção, o texto emite sinais de suspense, quase como se o discurso se tornasse mais lento ou até parasse, e como se o escritor estivesse sugerindo: "Agora tente você continuar".**

---

* Umberto Eco, *Seis passeios pelos bosques da ficção*. Trad. de Hildegard Feist. São Paulo: Companhia das Letras, 2009. pp. 55-6.
** Ibid., p. 56.

Barthes chama isso de "espaço dilatório" da narrativa, feito de adiamentos, retardos, erros e revelações parciais, um lugar de transformações, em que os problemas colocados pelo desejo inicial são elaborados e levados adiante.

É variadíssimo o repertório de recursos de que um autor pode se valer para fazer essa diminuição de velocidade — interrupções, repetições com variantes, alusões mais ou menos implícitas a outras obras que trazem à cena outro universo, mudanças de ponto de vista, aproximação ou afastamento do foco, ênfase na representação, revelação da própria estrutura com que trabalha, enfim, uma gama infinita de possibilidades. Muitas delas se apoiam nos dois eixos tradicionais a que a linguagem recorre cotidianamente quando queremos narrar algo, e que são velhos conhecidos dos psicanalistas que trabalham com narrativas de pacientes — a metonímia e a metáfora. Ou seja, a contiguidade e a substituição. Dizer uma coisa por outra que está próxima, ou em vez de outra que está ausente e não é dita.

Mas nada disso faz perder de vista que há um objetivo, uma direção, uma espécie de linearidade virtual, garantindo que tudo caminha para um sentido, que vamos chegar lá, estamos apenas nos permitindo apreciar a paisagem. O ponto de partida era um desejo, a meta é satisfazê-lo, o prazer está em todo o percurso e não apenas no destino. Ou, na frase de Guimarães Rosa que poderia ser um lema do leitor: "O real não está na partida nem na chegada, ele se dispõe para a gente é no meio da travessia".

Certa vez dei um curso de um semestre em Berkeley sobre literatura brasileira. O português não era a língua nativa dos alunos, o quadro referencial deles sobre a sociedade e a cultura brasileiras era cheio de lacunas, e muitas vezes a leitura das obras escolhidas apresentava grandes dificuldades.

Um dos livros selecionados foi *A hora da estrela*, de Clarice Lispector. Uma tarde, uma aluna veio me procurar em minha sala para discutir os desafios que estava encontrando, e me disse que um dos motivos para não gostar do livro era que as coisas demoravam muito a acontecer, e ela ficava querendo pular uns pedaços. Disse-lhe que todos somos livres para fazer isso quando estamos lendo, e somos até livres para simplesmente deixar o livro de lado. Mas num curso como aquele, optativo, eu tinha um projeto, e ela escolhera aderir a ele, então precisaria ler o livro e fazer um trabalho. Porém, propus que ela pulasse todos os trechos que não quisesse ler, e se concentrasse apenas nas passagens que a atraíam, as de ação, que faziam a história andar. Mas que deixasse marcados todos os trechos saltados. Depois voltaria a eles. Seu trabalho seria comparar as duas leituras.

Foi uma experiência muito interessante. Ela começou o trabalho dizendo: "Pela primeira vez na minha vida, eu entendi o que é literatura". E concluiu constatando que acabou gostando mais da segunda leitura, dos trechos que não contavam a história mas a fascinaram de tal modo que ela ficou relendo obsessivamente e não conseguia largá-los, incorporando-os à sua memória. Distinguiu que, na primeira leitura, a do enredo, ficou contente no final. Na segunda, "deliciou-se" o tempo todo, como explicou. Não precisava correr utilitariamente para chegar a lugar nenhum, já sabia como a história acabava, e se sentiu livre para ir apreciando cada nuance sutil daquele narrador/narradora que estava por trás do enredo, se ocultando e se revelando.

O crítico canadense Northrop Frye, a partir de um enfoque vindo da antropologia, faz uma observação seminal em sua *Anatomia da crítica*:

> A civilização não é simplesmente uma imitação da natureza, mas o processo de criar uma forma humana total a partir da natureza, sendo impelida pela força que acabamos de chamar de desejo. O desejo por comida e abrigo não se satisfaz com raízes e cavernas: ele produz as formas de natureza humana que chamamos de

agricultura e arquitetura. O desejo não é então uma resposta simples à necessidade, pois um animal pode precisar de comida sem plantar uma horta para obtê-la, nem é uma resposta simples à necessidade, ou ao desejo por algo em particular. Não é nem limitado, nem satisfeito por objetos, mas é a energia que leva a sociedade humana a desenvolver sua própria forma. O desejo, nesse sentido, é o aspecto social do que conhecemos no nível literal como emoção, um impulso em direção à expressão que teria permanecido amorfo se o poema não a tivesse liberado ao fornecer a forma para a sua expressão. A forma do desejo, similarmente, é liberada e tornada visível pela civilização. A causa eficiente da civilização é o trabalho, e a poesia, em seu aspecto social, tem a função de expressar, como uma hipótese verbal, uma visão do objetivo de trabalho e das formas do desejo.*

O que me parece interessante nessa proposta de Frye é a ideia de que a própria forma literária tem a ver com uma projeção do desejo. Com isso, a energia desse impulso erótico da leitura não fica apenas concentrada na dinâmica do enredo, no movimento das peripécias dos personagens, na ação em si, mas impregna a própria expressão criadora. Está na linguagem poética (tomando esse termo no sentido de Jakobson, como a função estética da linguagem).

Esse aspecto sutil é muitas vezes esquecido quando se fala em erotismo e literatura, ora confundindo um enredo erótico com os mecanismos eróticos do texto, ora privilegiando a satisfação trazida por uma história bem contada. De minha parte, creio que as coisas são muito mais amplas e mais fundas. O prazer que um texto dá ou a sedução que ele exerce não se reduzem ao enredo, mas se disseminam por toda a linguagem artística, embora a carga energética do enredo

---

* Northrop Frye, *Anatomy of Criticism*. Princeton: Princeton University Press, 1957 [ed. bras.: *Anatomia da crítica*. Trad. de Marcus de Martini. São Paulo: É Realizações, 2014. p. 229].

seja fortíssima e mais óbvia, como examinaremos mais adiante.

Antes disso, quero ainda me deter um pouco nessa questão da linguagem. "A sexualidade na literatura é uma linguagem em que aquilo que não é dito é mais importante do que aquilo que é dito",* afirma Italo Calvino, e não vejo como discordar dele. Aliás, não seria fácil, pois ele prova isso de modo convincente ao citar a misteriosa obscuridade a que recorrem até mesmo os autores que partiram dispostos a ser os mais explícitos em uma narrativa deliberadamente erótica (como Sade e Bataille), quando se aproximam dos momentos de maior tensão. Como se o resultado procurado só pudesse ser obtido pela constatação de que estão tratando com algo indizível e inexpressável. A esse respeito, impossível ser mais claro que Calvino:

> A espessa armadura simbólica atrás da qual se esconde Eros não é nada mais que um sistema de escudos conscientes e inconscientes que separam o desejo de sua representação. Desse ponto de vista, toda literatura é erótica, da mesma forma que todo sonho é erótico.

Em seguida ele prossegue, acentuando sua distinção entre retratar cenas de sexo e expandir o erotismo de um texto. Examinando o primeiro caso, mostra como em nossos dias o texto literário vem se afastando da cena erótica em si por ela estar sendo desvalorizada em termos literários e artísticos.

Depois das grandes rupturas que reivindicaram o mundo sexual para os romances na primeira metade do século XX e da exaltação retórica da sexualidade que veio em seguida, ocorreu nas últimas décadas outro fenômeno. A banalização e proliferação da mitologia sexual nos meios de comunicação de massa acabaram trazendo o risco da perda (ou diluição) do erotismo,

---

* Italo Calvino, *The Uses of Literature*. Nova York: Harvest/Harcourt/Brace & Company, 1986.

de modo paradoxal, tanto pelo excesso quanto pelo afastamento do jogo estético de revelação e ocultamento. Ficou óbvio, fácil, repetitivo, grosseiro. Para Calvino, após algumas tentativas a que assistimos no século XX, de autores como D. H. Lawrence (que de certo modo mitificou o primitivismo, pregando um redespertar sexual) ou Henry Miller (que tentou estabelecer uma relação mais cálida com a realidade, dando ao encontro sexual um lugar proeminente numa escala de valores baseada nas expressões vitais na experiência humana, e para quem a literatura é um método de restaurar a existência de Eros), hoje a situação é mais séria. Isso porque os signos dessa comunicação erótica foram gastos pela retórica midiática e porque o riso se apropriou em grande parte dessa área, seja tentando dar-lhe a leveza de um humor superficial e descartável, seja disfarçando-a sob o peso do grotesco.

Assim, o autor italiano nos vê diante de um desafio: numa sociedade que parece supersexuada, mas que talvez esteja mais assexuada e menos erótica do que nunca, a literatura vai ter que descobrir outra maneira de expressar a cena sexual. Pessoalmente, acho que talvez uma saída nos esteja sendo apresentada pela escrita feminina contemporânea, capaz de trazer a esse erotismo uma perspectiva diferente — e a quem quiser um exemplo concreto, recomendo a leitura de *Através do vidro*, de Heloisa Seixas.

Resta falar no prazer do enredo, a mais evidente e consciente das delícias de ler ou ouvir uma história. Ou até mesmo de acompanhar numa novela de televisão. É algo tão forte que podemos dizer que somos viciados em narrativa, precisando de doses diárias de relato para poder seguir adiante. É tão poderoso que a civilização depende dele para se desenvolver. Todas as grandes religiões recorreram à narrativa para transmitir sua doutrina e encarnar seu desejo de melhorar a espécie humana — da mitologia grega aos contos sufis, budistas e taoistas, do Velho Testamento às parábolas cristãs e ao Corão. É com a narrativa que se imagina um mundo melhor em termos econômicos e políticos — nos ensinou o marxismo com sua noção de marcha da história. É com a narrativa que se curam as neuroses ou se mergulha no inconsciente — e não preciso insistir nisso para esta plateia.

O enredo é justamente a linha de organização da narrativa em direção a seu objetivo. É ele que faz o leitor avançar, mover-se ao longo de um texto que se abre e se desenrola, precipitando significado e forma. É um simulacro de como o sentido pode ser construído por meio do tempo — na feliz expressão de Peter Brooks, que estudou o enredo como poucos.*

Lembrando que Barthes fala numa "paixão pelo sentido" que nos incendeia à medida que vamos lendo e ardendo pela significância do que lemos, Brooks apresenta o enredo como algo ligado especificamente à esfera do leitor, vinculado à sua competência e sua performance, e um elemento-chave dessa paixão.

Por isso, para ele, antes de mais nada o enredo é uma forma de desejo que nos leva incessantemente para a frente, pelo texto afora. As narrativas ao mesmo tempo contam uma história de desejo e despertam e utilizam o desejo como o motor da significação. E aí falamos de desejo no sentido freudiano de Eros, uma força que inclui o desejo sexual, mas é mais ampla e polimórfica, procurando "combinar substâncias orgânicas em unidades cada vez maiores".**

No início de uma narrativa, lembra Brooks, o desejo está sempre presente, seja latente, seja começando a ser despertado, seja já tão intenso que deve imediatamente passar à ação e criar um

---

* Peter Brooks, *Reading for the Plot: Design and Intention in Narrative*. Cambridge: Harvard University Press, 1984.
** Sigmund Freud, "Além do princípio de prazer", in op. cit., v. 18, *Além do princípio de prazer, psicologia de grupos e outros trabalhos*. Rio de Janeiro: Imago, 1998.

movimento. A energia desse impulso vai conduzir os acontecimentos em seguida, canalizando seu estoque de apetites em uma série de transformações e trocas que configuram uma economia libidinal subjacente ao sistema circulatório de signos linguísticos e literários.

Concordando com esse quadro, creio que, ao mesmo tempo, a narrativa de um desejo tem que se formular como o desejo de uma narrativa, o ímpeto de se lançar numa aventura com as palavras em busca de um sentido para toda essa experiência.

E aqui vale um parêntese, para duas observações etimológicas. "Aventura" vem de *ad-venire*, aquilo que há de vir, e está relacionada a futuro e surpresa. "Sentido" tem parentesco com sentimento, mas também com senso, sensorial, sensual. E tanto traz a ideia de algo passado e completo como evoca um rumo e direção determinada.

De qualquer modo, a narrativa de um desejo e o desejo de narrativa são as duas faces de uma mesma moeda, sempre se transformando uma na outra. Uma narrativa é um mergulho em transformações, um vaivém entre semelhanças e diferenças, um "jogo formidável com o tempo" (no dizer de Proust).

O impulso narrativo inicial, portanto, está ligado ao despertar de um desejo que se desenvolve num enredo por meio de uma série de interconexões, seguindo uma intenção, numa lógica própria. Essa lógica do discurso narrativo é a dinâmica que organiza um modo de entendimento especificamente humano. A antropologia moderna nos ensina que o aparecimento do *Homo sapiens* se dá quando começa a expressão simbólica.[*] Confirmando essa noção e a levando mais adiante, especialistas em estudo do cérebro e ciências cognitivas do Massachusetts Institute of Tech-

---

[*] Toda a exposição de arqueologia da recente *Mostra do Redescobrimento Brasil+500* está montada em cima desse conceito.

nology (MIT) já chegaram à conclusão de que essa é uma das características próprias da nossa espécie — somos biologicamente programados para uma linguagem narrativa, da mesma forma que uma aranha é programada para tecer uma teia.*

O desejo inicial, numa boa narrativa, desencadeia uma energia excitante, faminta, túmida, crescente e expansiva, que se lança em direção a um fim e busca atingi-lo com prazer, em deliciosos rituais levemente repetitivos, que vão aos poucos construindo um aumento de tensão, cada vez maior, até chegar a um ponto em que a descarga daquela energia crescente não pode mais ser adiada. Grande parte da competência estética de um bom narrador está em não monopolizar o relato, de modo a não transformar o leitor num objeto passivo, mas, pelo contrário, em deixar espaço para que ele também seja ativo. Para isso, é preciso não se contentar apenas com o prazer imediato, nem sucumbir à pressa de chegar logo lá, mas ser capaz de criar formas de adiamento, que prolonguem o processo de pulsação do texto até a descarga final de energia, para que ela então possa ser mais completa e total, libertando toda a tensão e conduzindo a um estado de relaxamento e aquiescência.

Em sua análise do enredo, Peter Brooks mostra como Freud estabeleceu de forma tão exata os mais agudos modelos de análise da narrativa de que dispomos, em *Além do princípio de prazer*, quando examinou a relação entre a compulsão de repetir e os instintos, frisando que estes obedecem a uma necessidade inerente à vida orgânica, o princípio conservador, de restaurar um estado de coisas anterior. Repetir leva a adiar a descarga que alivia e a prolongar o prazer. Assim, um grupo de instintos corre e avança, mas quando se chega a um certo estágio, outro grupo volta um pouco para recomeçar e prolongar a jornada — afirma Freud, descrevendo esse ritmo vacilante.

---

* Ver Steven Pinker, *The Language Instinct:* How the Mind Creates Language. Londres: Penguin, 1995.

Para Brooks, esse é um modelo narrativo. E a diferença entre o que se desejou e o que se obteve, de cada vez, mantém uma energia que faz avançar, muito além da necessidade básica, para uma ficção mais elaborada.* Esse avanço para a posição seguinte na cadeia significativa opera na linha da contiguidade, da metonímia, fazendo com que o desejo de sentido seja insistente, avançando em direção aos significados ocultos, ligando um detalhe a outro, caminhando da precedência à consequência, mas sempre ansiando pela totalidade, a grande calma que permitirá viver uma espécie de morte sem vivê-la realmente. Uma morte metafórica, apenas semelhante e substituta da que tememos e queremos dominar.

Desse modo, o texto narrativo prossegue, em meio a desvios, extravagâncias, excessos, transformações, todo um jogo de repetições mais ou menos disfarçadas que vão levando a obra até o ponto em que ela engendra significação, permite reconhecimento e ilumina retrospectivamente toda a leitura. Faz sentido, finalmente. Nesse momento, ao concluir sua leitura, o leitor abandona o processo metonímico e ganha uma visão global, que permitirá que o texto seja compreendido como uma metáfora total. Em resumo, na frase de Brooks: "A repetição a caminho do reconhecimento constitui a verdade do texto narrativo".

Estamos muito próximos da fórmula freudiana: "lembrar, repetir, elaborar".

Essas semelhanças deveriam levar a uma maior incorporação dos estudos sobre a narrativa psicanalítica feitos por Freud (e seus seguidores) no exame da narrativa literária. Não para pretender diagnósticos de personagens e autores, mas para iluminação dos mecanismos e processos. Talvez esse seja o caminho para que o

---

* Brooks lembra também que esse processo de subtração é fundamental para a teoria do desejo de Lacan, visto como a lacuna entre necessidade e demanda. Mas isso, para vocês, já deve ter ficado óbvio.

verdadeiro prazer do texto possa ser aceito, entendido e respeitado.

Entre os estudos literários mais interessantes que li nos últimos tempos, está o livro *Imaginando personagens*,* uma série de seis conversas entre a romancista inglesa A. S. Byatt e a psicanalista brasileira radicada em Londres Ignês Sodré sobre seis romancistas mulheres. Esses diálogos me confirmaram como encontros multidisciplinares desse tipo podem ser fecundos e prazerosos.

Com um certo pessimismo, Roland Barthes escreveu ao final de seu livro sobre o prazer do texto:

> Mal se acabou de dizer uma palavra, em qualquer parte, sobre o prazer do texto, há logo dois policiais prontos a nos cair em cima: o policial político e o policial psicanalítico: futilidade e/ou culpabilidade, o prazer é ou ocioso ou vão, é uma ideia de classe ou uma ilusão.**

Comecei nossa conversa justamente falando da patrulha política do prazer ligado à literatura, apresentando-o como fútil e ligado a uma ideia de classe. Meu mestre tinha toda razão. Espero que Barthes não tenha razão quando fala também na patrulha psicanalítica que veria no prazer da leitura a fuga para uma ilusão.

Mas confesso que esta semana, enquanto escrevo estas considerações, li nas Páginas Amarelas de *Veja**** a entrevista do psiquiatra Jorge Alberto da Costa e Silva e fiquei pensando. Depois de condenar os laboratórios por excesso de ganância e os governos por falta de ação, ele menciona o grande desenvolvimento

---

* A. S. Byatt & Ignês Sodré, *Imaginando personagens*. Rio de Janeiro: Civilização Brasileira, 2002.
** Barthes, op. cit., p. 67.
*** Revista *Veja*, 27 jun. 2001.

das neurociências e lamenta que, embora Freud tenha aberto uma porta para o universo com suas teorias, os que vieram depois dele só conseguiram chegar até a Lua, ninguém trouxe uma contribuição revolucionária.

Não pude deixar de pensar que há uma imensa diferença: Freud foi um grande e maravilhoso leitor de literatura, e talvez seja isso que esteja faltando a seus seguidores hoje. As portas que ele nos abriu para esse universo podem ter sido escancaradas com a chave de sua inteligência e azeitadas por sua prática clínica, mas com certeza giraram em torno do eixo dos gonzos e dobradiças de narrativas de Sófocles, Ovídio, Shakespeare, Goethe, Dostoiévski, Hoffmann, Ibsen, Grimm, Jensen, Arthur Schnitzler, Stefan Zweig — de romances, tragédias, dramas, contos, poemas, contos de fadas, que ele leu amorosa e atentamente, curioso e embevecido, crítico e ativo, sem arrogância nem autossuficiência.

Quantas obras de ficção nesse nível a maioria dos psicanalistas contemporâneos se permite ler por ano? Qual sua intimidade com a literatura? Qual sua predisposição para se entregar a leituras de prazer, de decifração textual, que lhe ofereçam desafios para uma leitura ativa desse tipo a que venho me referindo?

Essas perguntas são algo inquietantes e meio provocadoras. Por isso mesmo, talvez possam se constituir num ponto de partida para novas contribuições. Um chamamento a profissionais que teriam um papel essencial a desempenhar se se deixassem tentar pela sedução e submergir na erótica da narrativa. Um convite a uma celebração da leitura sutil, inteligente e não utilitária. Puro prazer.

Livros infantis como pontes entre gerações[*]

No começo, é o verbo. Em forma de poesia. Ao som de música. Cantarolado de leve, pela mãe ou pelo pai, para o bebê amorosamente aninhado nos braços, aquela criança pequena que se pretende acalmar e ajudar a mergulhar no sono. Geralmente, nesse momento o adulto repete os sons que tinha ouvido na infância e guardado em algum recôndito da memória, na época em que, a seu tempo, foi bebê e era posto para dormir por seus pais e avós. No mesmo gesto, planta a semente do que esse filhote enrodilhado vai cantar um dia para crianças que ainda não nasceram. Acalantos, cantigas de ninar, melodias em tom menor, uma das mais universais formas de poesia popular infantil, primeiro contato com a literatura oral que liga uma geração a outra.

Em seguida, à medida que o bebê se desenvolve e a criança vai crescendo, novas formas de criação verbal lhe vão sendo oferecidas pelos mais velhos — jogos, brincadeiras, parlendas, adivinhas, trovas. E histórias, muitas histórias, em situações narrativas

[*] Palestra proferida no Congresso de Jubileu do International Board on Books for Young People (IBBY), em Basel, em setembro de 2002.

ritualizadas, do "era uma vez" ao "viveram felizes para sempre", do "há muito tempo, num reino muito distante" até o "entrou pelo pé do pato, saiu pelo pé do pinto, quem quiser que conte cinco". Histórias que possibilitem a ação de mecanismos de identificação e projeção por parte do pequeno ouvinte, histórias em que acontecem coisas, surgem conflitos, o personagem os enfrenta, se supera e no fim de um crescimento da tensão chega ao remanso de uma solução satisfatória, que acalma e cumpre um papel de construção de sentido.

Tais poemas e histórias simples acompanharão o indivíduo para sempre, guardados na memória. Não apenas como um vasto legado cultural subjacente ao que irá construir pela vida afora, mas também como lembrança específica do adulto que os contou. De minha parte, posso atestar que recordo perfeitamente quem me introduziu a diferentes áreas desse território dos clássicos universais infantis. Até mesmo porque fui a mais velha entre muitos irmãos e ouvi esse repertório repetidas vezes. Distingo os acalantos cantados por meu pai ou por minha mãe. Cantar certas cantigas de roda é evocar diretamente algumas tias. Determinadas brincadeiras e histórias folclóricas me trazem de modo vívido e nítido a evocação de minha avó. É um repertório tão claro que posso identificar que minha mãe me contava histórias de Grimm e da carochinha, enquanto meu pai me apresentou a Dom Quixote, Gulliver, Robin Hood e Robinson Crusoé — já aí de livro na mão, mostrando as figuras e resumindo as aventuras. As pontes que construíram entre as gerações deles e a minha foram tão sólidas e úteis, que depois pude utilizá-las para cruzar novamente o rio do tempo, em direção às margens onde estavam meus filhos ou meus netos.

Entretanto, convém que não se pense que, por fazer parte da tradição folclórica, criação anônima e coletiva, ou por ser constituído por elementos literários aparentemente simples, esse primeiro contato com a poesia e as histórias tradicionais seja limitado, não deixe marcas ou se contente em permanecer apenas na superfície, em meio a uma coleção de lembranças afetivas e rasas. Pelo contrário, como podemos atestar em todas as culturas, nas obras de tantos grandes autores, essas raízes vão fundo, penetram com força na tradição nacional, buscam seiva e alimento para futuras árvores frondosas, capazes de espalhar sua sombra por uma grande área e de alimentar com seus frutos muitas gerações vindouras.

Os elementos básicos da forma poética — rimas, aliterações, paralelismos — já surgem nessas primeiras manifestações e se solidificam, modelares, muitas vezes finos e sofisticados. No mesmo processo, o contato com os elementos fundamentais da lógica narrativa também se consolida nessa prática de contar e ouvir histórias, como bússola e norte das grandes navegações literárias que o futuro oferecerá. A força metafórica de muitas dessas imagens já estabelece desde o início da vida cultural um universo onírico densamente povoado de imagens que não seguem a lógica direta e objetiva do cotidiano, mas apresentam desde cedo a possibilidade paralela de uma dimensão mais ampla para o espírito humano. Um território não passível de ser reduzido apenas à sua materialidade, mas que, pelo contrário, exige voos mais abstratos por espaços ilimitados, a serem habitados mais adiante pela invenção, pela arte, pela filosofia.

Como a atestar a força e permanência dessas formas orais de transmissão literária entre gerações, alguns dos maiores nomes da literatura contemporânea, nas mais diversas culturas, fazem questão de retomar essa linha por meio de citações, paródias e homenagens ou lhes dando a atenção de sua capacidade consciente de análise e seu espírito crítico. Os exemplos poderiam ser inúmeros, e vamos ficar com apenas alguns poucos. Nas culturas de língua hispânica, por exemplo, o ensaio de Federico García Lorca sobre cantigas de ninar é magistral e nos ajuda a perceber a profundidade da contribuição dada à sua obra pela tradição oral e o patrimônio cultural adquirido na infância. Ainda na latinidade, um autor como Italo Calvino não apenas se dedicou a coletar e recontar as *Fábulas italianas*, mas exibe de forma transparente em sua obra a influência desses relatos populares ouvidos na infância como base para a transfiguração luminosa que sofreram em seus textos em contato com a modernidade, mesclando-se com elementos do inconsciente, com técnicas disruptivas e com a grande erudição do autor. Do inglês, basta citar o parágrafo inicial de uma novela de um dos maiores nomes da língua no século XX, radical inovador e fundador da literatura moderna:

> Certa vez — e que linda vez que isso foi! — vinha uma vaquinha pela estrada abaixo, fazendo muu! E essa vaquinha, que vinha pela estrada abaixo fazendo muu!, encontrou um amor de menino chamado Pequerrucho Fuça-Fuça...
> Essa história contava-lhe o pai, com aquela cara cabeluda, a olhá-lo por entre os óculos.
> Ele era o Pequerrucho Fuça-Fuça que tinha encontrado a vaquinha que fazia muu! descendo a estrada onde morava Betty Byrne, a menina que vendia confeitos de limão.*

E James Joyce prossegue seu *Retrato do artista quando jovem* com ecos de poemas infantis.

Em português, podemos lembrar exemplos marcantes e influentes, como a prosa de Mário de Andrade ou a poesia de Manuel Bandeira, entre tantos outros, para confirmar como a criação brasileira do último século é perpassada pela influência oralizante dessas primeiras vozes literárias ouvidas na infância.

---

* James Joyce, *Retrato do artista quando jovem*. 4. ed. Trad. de José Geraldo Vieira. Rio de Janeiro: Civilização Brasileira, 1998. p. 9.

Desse acervo de prosa e poesia que constitui o primeiro contato da criança com a arte da palavra, um acervo vindo oralmente da noite dos tempos e passando de uma geração para outra em sucessivas pontes, vai aos poucos se construindo um legado. Uma vez sedimentado, esse patrimônio passa a exigir rupturas e reinvenções que ao mesmo tempo o contestem e reconfirmem — em novas vozes e novos tons, para que possa ser retransmitido também de forma renovada, com o acréscimo de experiências originais.

Nas gerações mais recentes, que são mais alfabetizadas que as anteriores e viveram tempos de escolarização mais democratizada e universal, o veículo para essas novas criações já passa a ser a palavra escrita — sobretudo a partir de uma maior diferenciação do mercado editorial, que incorporou novos recursos gráficos e avanços tecnológicos com o objetivo de valorizar os atrativos visuais de ilustração e diagramação e criar livros para crianças que também funcionam como brinquedos sedutores.

É nesse quadro, portanto, que se pode falar atualmente num gênero específico, o da literatura infantojuvenil, surgido a partir das primeiras obras que, no século XIX, principalmente na Inglaterra, se propuseram conscientemente o projeto de lançar pontes literárias entre gerações. Muitas vezes de forma simples, apenas pretendendo lançar pontes entre seres humanos que se amavam, mas que tinham idades diferentes. Um processo que combinou talento individual, intimidade com a tradição literária e afeto pessoal.

É o caso de Lewis Carroll escrevendo as aventuras de Alice para as meninas que o acompanhavam num passeio de barco em um dia de verão. Ou de Beatrix Potter mandando para os filhos de sua governanta, em sucessivas cartas ilustradas com desenhos encantadores, as histórias irônicas e divertidas que sua imaginação apresentava como possíveis de terem sido vividas pelos pequenos animais a seu redor. Ou de James Barrie, visando a atingir de forma direta uma plateia de todas as idades, constituída por famílias que assistiam à sua pantomima sobre Peter Pan, sentadas na escuridão de uma sala de espetáculos londrina. Ou de Robert Louis Stevenson, que, ao ver seu filho entretido a desenhar um mapa, passou a criar para ele uma maravilhosa história de um tesouro escondido que um mapa poderia revelar. Ou de Kenneth Grahame, inventando para seu filho as peripécias de alguns pequenos animais silvestres que viviam à beira de um rio, enquanto soprava o vento nos salgueiros. Ou de A. A. Milne, contando para o pequeno Christopher Robin as coisas que se passavam com ele mesmo e seus brinquedos quando o Ursinho Puff, o Leitão e o coelhinho de pelúcia saíam com os outros para passear no bosque. Ou de J. R. R. Tolkien, oferecendo a seu filho todo um mundo paralelo, perfeitamente autocontido e bem estruturado, a partir do que sonhava e ia botando no papel com *O Hobbit*. Ou de Gianni Rodari, angustiado com o regime fascista em seu país e tratando de formular para os pequenos italianinhos do interior as mais diferentes histórias que lhes assegurassem a soberania da imaginação humana ilimitada sobre a tentativa de dominação política que sofriam e lhes desejava impor uma única forma de ver o mundo. Ou do brasileiro Monteiro Lobato, desencantado com a violência do mundo demonstrada pela selvageria das guerras europeias do século xx, disposto a construir em seus livros um mundo imaginário onde as crianças pudessem morar, preservando a cultura clássica, em contato com a natureza, respeitando todas as formas de imaginação criadora e criticando o absurdo da política adulta.

Os exemplos são inúmeros. Não constituem a única forma de escrever livros para crianças. Mas, sem dúvida, são uma das mais frequentes entre as experiências bem-sucedidas nesse setor, mostrando como a conjugação do talento literário e do domínio da arte de escrever com o desejo de construir pontes entre indivíduos de gerações diferentes pode ter excelentes resultados e gerar obras-primas.

Mas falei sempre em indivíduos, afeto, amor. Nunca será demais enfatizar esses aspectos. E insisto nisso, porque não acredito que as coisas se passem com a mesma força se pensadas e planejadas em termos de mercado, numa distorção que parece ser muito corrente hoje em dia. Pelo menos é a impressão que muitas vezes tenho, quando percebo a reação da mídia e do público em geral nos contatos com os escritores. Por isso, convido todos agora para virem comigo examinar mais de perto esse equívoco em suas manifestações mais correntes.

Um primeiro exemplo. Num congresso de escritores nos Estados Unidos, nos anos 1980, descobri estarrecida que existem cursos de escrita criativa que pretendem ensinar a construir essas pontes segundo técnicas claramente formuladas, que não partem da necessidade íntima e inadiável de que um adulto se dirija a uma criança, mas de receitas para atingir determinada faixa etária do mercado. Além de propor temas, aconselhar sobre a linguagem adequada, sugerir situações plausíveis e esquematizar o tipo de personagem desejável, as instruções desciam a minúcias como recomendar quantas palavras em média deve ter cada capítulo de livro para crianças de determinada idade.

Lembro perfeitamente de uma participante do encontro que me trouxe um problema com o qual estava tendo dificuldades: estava no meio de uma situação que ainda não chegara ao ponto de solução, tivera uma ideia nova que lhe parecia interessante, mas se a incluísse na história, isso faria com que o livro passasse a ter mais páginas do que o recomendado para aquela faixa de idade. Assim, não funcionaria. Não sabia se mudava de faixa e aumentava o livro, ou se abandonava a ideia (talvez a única verdadeiramente original e interessante de sua história) e continuava com aquele público-alvo. Quando eu lhe disse para esquecer aquilo tudo e seguir apenas as suas ideias, sem se preocupar com nada disso, porque não tinha a menor importância, ela me explicou que, se fizesse aquilo, jamais conseguiria publicar a obra, que nesse novo formato dificilmente se encaixaria numa coleção. Duas editoras presentes confirmaram que, realmente, isso diminuiria muito as chances de publicação, porque o mercado não aceitaria o rompimento da regra confiável do jogo a que estava acostumado. À medida que a discussão prosseguia, fui notando que eu era até tratada com certa condescendência, coitada de mim, aquela escritora que nem ao menos sabe como funcionam essas coisas, nunca estudou escrita criativa, vem de um país que nem sonha com essa maneira mais moderna e racional de conquistar o público. Não me chamaram de ignorante, foram delicados. Mas me deixaram de lado, como se eu não estivesse ali, porque aquelas coisas que eu dizia não eram pertinentes ao debate. Passaram simplesmente a discutir entre si questões transcendentais como número de páginas, tamanho de capítulos e outros fatores semelhantes, capazes de garantir maior comunicabilidade com o público segundo um modelo hipotético formulado não sei por quem, mas certamente não por escritores verdadeiramente criativos.

Entendi então que havia entre essas duas visões um abismo profundo: a distância que existe entre quem, de um lado, acha que escrever para crianças é comunicar-se com um público-alvo e, do outro lado, quem escreve porque não tem escolha, precisa se expressar e quer ser capaz de atingir leitores de idades diferentes — inclusive crianças. Porque ama algumas crianças e quer compartilhar com elas o que está imaginando. E aqui, vale a pena lembrar a opinião de C. S. Lewis, quando afirmava que um bom livro infantil é aquele que, depois de dar prazer ao ser lido aos dez anos, será capaz de propiciar novas descobertas ao ser relido aos cinquenta anos.

Posso dar outro exemplo, de outra área, a dos leitores ditos especializados na imprensa e na academia. Outro sintoma frequente desse equívoco a que me refiro está em certas perguntas que às vezes os jornalistas e os professores me fazem. Não sei se todos os escritores para crianças têm essa experiência, mas comigo ela é frequente, talvez por circunstâncias particulares de minha biografia — porque antes de me tornar conhecida como autora infantil fui editora de jornal e professora universitária, porque também escrevo para adultos, porque fiz tese de pós-graduação em Paris sob a orientação de Roland Barthes, tenho sete romances e quatro livros de ensaios publicados, alguns deles premiados, e porque também recebi prêmios por meus livros para adultos. Então, surge uma certa estranheza — como é que uma pessoa tão integrada no establishment adulto e tão sofisticada literariamente consegue fazer tanto sucesso com as crianças ao ponto de ter milhões de exemplares vendidos? Qual o segredo do sucesso com o público infantil? Qual a diferença entre escrever para adultos e para crianças? Qual sua fórmula? Qual o mapa da mina? Como é que você consegue reduzir sua linguagem para o alcance das crianças? Será sua porção criança guardada em você? Como se eu não tivesse a idade que tenho e o amadurecimento feito por tudo o que vivi e tudo o que recordo, mas fosse uma espécie de aparelho com canais diferentes, trocáveis ao aperto de um botão segundo a necessidade de uma programação diversa. O equívoco subjacente a essas perguntas é a ideia de que são programações diversas. E quem se especializa em uma não poderia dominar bem a outra.

Em outras palavras, a dúvida embutida nessas perguntas é mais ou menos a seguinte: como é que você consegue construir uma ponte fraquinha que seja ideal para uma criança atravessar, mas não aguente um adulto? É mesmo possível fazer isso? Claro que é possível, mas acho que ela logo cai, porque logo irá ser cruzada por duas ou três crianças ao mesmo tempo, ou por uma criança e um cachorro, e não vai aguentar o peso. Não tem a menor utilidade, é uma perda de tempo e esforço e a negação da engenharia, em seu imediatismo irresponsável. Ou seja, acho que uma ponte que não aguente o peso de adultos não serve para crianças e não devia ser oferecida a elas, pode até ser perigosa. Um engenheiro que fizesse isso seria condenado. Mas parece que, de modo geral, a sociedade muitas vezes acredita que um autor que fizesse isso deveria ser um modelo de sucesso. E talvez seja mesmo, considerando o que muitas vezes se entende por sucesso. Logo seria abandonado, sairia de moda e daria lugar a novos hits que alimentariam a indústria de novidades.

Na tentativa de desfazer esse mal-entendido e explicar como as coisas se passam, procuro recorrer à linguagem. O que me faz escrever para crianças não está ligado a um objetivo mercadológico que transforme o ato de criação com palavras em uma corrida em direção a determinado alvo. Claro que existe uma consciência de que há uma criança do outro lado, no momento de chegada, mas para mim é sempre uma criança específica ou um grupo de crianças que eu conheço e em que penso com amor, não uma entidade abstrata caracterizada como "faixa etária" ou "segmento de mercado". Para essas crianças que amo, quero contar e expressar coisas sérias e fundas, parte de minha busca de sentido na vida. Mas tento fazer isso numa linguagem que também seja capaz de incorporá-las — trazê-las ao corpo. Para perto, com ternura. Ao colo, ao abraço, ao aconchego. Para mim, a ponte com uma criança leitora é feita de afeto e linguagem.

O afeto é óbvio. A linguagem exige um olhar mais de perto. Tem a ver com tradução.

Nas situações concretas do cotidiano, ninguém se preocupa com a linguagem quando vai falar com crianças. Ela flui naturalmente. Parte-se do pressuposto de que a criança é capaz de entender e o adulto é capaz de se expressar. Se necessário, uns recorrem a recursos óbvios de linguagem afetiva (como o uso de diminutivos, que pessoalmente eu procuro evitar), ou da linguagem coloquial (que é muito rica e interessante), ou repetem o que fez a espécie humana em sua infância e instintivamente procuram empregar termos concretos, imagens visuais diretas, percepções poéticas sensoriais, repetições, refrões e estribilhos que facilitem a memorização. Mas não passa na cabeça de ninguém que um adulto não seja capaz de falar com uma criança. Porque é natural que consiga. Sempre conseguiu, ao longo de toda a história humana. Não há nada de surpreendente nem estranho nisso. É um uso natural da linguagem.

O que não é natural é a linguagem que os adultos usam entre si, quando querem se impressionar mutuamente em discursos políticos, sermões religiosos, conquistas amorosas etc. e passam a construir edifícios inteiros de palavras — muitas vezes ocas, outras vezes falsas, outras vezes belas — para convencer e dominar o outro. Como, porém, os adultos ouvintes ou leitores sabem disso, passaram a aceitar esses artifícios como um jogo — e artífice, artesão e artista das palavras se movimentam nessa área de construção consciente e elaborada. Qualquer adulto acostumado ao convívio social aprendeu a se situar nesse mar de linguagem, filtrá-lo de acordo com as situações e dar o devido desconto ao que dizem a publicidade, a oratória, a retórica dos discursos, a poesia épica ou amorosa e assim por diante. Distingue com facilidade o que é comunicação direta do que é artifício verbal, seja como recurso artesanal em manchetes de jornal ou mensagens publicitárias, seja como recurso artístico na literatura.

As crianças não sabem disso — e rejeitam essa linguagem adulta artificial, não têm vontade de passar por essa ponte que não as atrai. Muitas vezes ela até as assusta e se apresenta como um obstáculo a ser transposto, não como uma estrada aberta ou uma ponte convidativa. Assim, para elas, o jogo de construção artificial inerente a toda e qualquer arte da escrita, como construção cultural, tem que enfrentar uma dificuldade a mais, porque não pode parecer artificial. A ponte tem que ser sólida, mas não pode ser ameaçadora. Cada escritor para crianças vai resolver essa questão segundo sua própria sensibilidade e capacidade, segundo seu talento e suas leituras, sua história e sua tradição. Mas, sem resolvê-la, não vai muito longe, porque perde a sustentação.

Falei em tradução porque creio que os processos têm semelhanças. Como assinala George Steiner, só é viável fazer tradução quando se parte da premissa de que isso é possível, de que existe uma traduzibilidade entre as duas línguas. Nesse sentido, como para os tradutores, os melhores escritores para crianças deveriam ser bilíngues, conhecer muito bem a língua da qual se traduz e a língua para a qual se verte. Assim, serão capazes de construir pontes firmes, solidamente presas às duas margens.

Mais até do que os escritores que só escrevem para adultos, os que escrevem para crianças estão condenados a sofrer da doença básica do escritor, de que falou Roland Barthes — precisam ser capazes de ver a linguagem com um tipo especial de sensibilidade para o uso do idioma. Mas não apenas a linguagem em sentido reduzido. É preciso saber vê-la de forma mais ampla e abrangente, englobando seu universo cultural. Wittgenstein dizia que cada língua particular é habitada por uma mitologia particular, um complexo não circunscrito de valores semânticos e culturais e de reconhecimento internalizados. O mesmo ocorre com a língua adulta e a língua infantil. Traduzir uma na outra só funciona quando esses universos são reconhecidos e respeitados.

Uma boa tradução é um transporte, leva de uma cultura à outra, transfere uma energia vital do original e a restaura com a força integral de sua presença na outra margem. Há riscos de perda e de diminuição, há ameaças de traição e distorção nesse processo, é claro. Mas, quando é bem-sucedido, constitui-se numa ponte real entre seres humanos.

O mesmo pode ocorrer nos escritos para as novas gerações, quando não se limitam a ser apenas livros para crianças e são literatura infantil. Nesse caso, como literatura, o que mais importa é o substantivo, não o adjetivo. É a linguagem, não o público-alvo. É a arte das palavras. Uma arte feita de sutileza e precisão. Uma arte exata — para empregar a expressão que o crítico George Steiner usa para se referir à tradução. Aliás, algumas das observações de Steiner sobre tradução são especialmente iluminadoras para refletirmos sobre literatura para crianças como ponte entre gerações. Ele afirma que

> a tradução dá novas vidas ao original. Afrouxa as amarras que, por definição, prendem até mesmo as maiores criações poéticas ao lugar e época de sua concepção. Traduzir é dar existência, passando por cima do espaço e do tempo, é a refutação de Babel, sem a qual a cultura, os "monumentos do intelecto", as artes do discurso só subsistiriam, se o conseguissem, num estado de isolamento monádico.*

Há, porém, um aparente paradoxo nesse processo, no transporte por meio dessa ponte. A boa tradução, para ser fiel, não pode ser literal, mas tem de fazer com que a resposta ao texto seja responsável, não apenas técnica mas eticamente, segundo uma economia moral, como assinala Steiner.

E é sobre essa observação que eu gostaria de concluir esta reflexão, até para deixar mais claro por que procurei fazer essa comparação entre traduzir e escrever para crianças. Creio que esse paralelo, de alguma forma, restaura o afeto nessas questões que venho tratando mais à luz da linguagem. É que, nessa área, para ser bom, não se pode ser impositivo. Não adianta escrever pensando numa criança, se tudo o que o adulto deseja é mostrar-lhe como ele é mais sábio, mais experiente e como ele pode lhe dar conselhos e lições — como tantos exemplos de livros infantis in-

---

* George Steiner, *No Passion Spent: Essays 1978-1995*. New Haven/ Londres: Yale University Press, 1998. p. 202.

sistiram em fazer, seja com morais da história, seja com preocupações politicamente corretas, didáticas ou de proselitismo.

Para um autor, expressar-se de forma a atingir uma criança implica deixar aberto e livre um espaço para que a criança também possa se manifestar e responder, se expressando livremente ao receber esse texto, e por sua vez criando também um novo texto, por meio de sua leitura e imaginação. O alvo não pode ser um público de determinada idade, mas sim a garantia do processo, a criação de condições de troca significativa:

> As setas do significado, dos benefícios culturais e psicológicos, devem se mover nos dois sentidos e reciprocamente. O ideal é que possa ocorrer uma troca de energia sem haver perda. [...] Ordem, coerência, energia potencial, tudo deve se preservar nos dois extremos do ciclo: emissor e receptor.*

Esse processo de reciprocação — como denomina Steiner — vai fundo. Quando a criança lê literatura, ela "outorga ao original o que já estava lá", como afirma Steiner de uma tradução excelente. Um texto que permita uma leitura dessas só consegue fazê-lo porque armazena em si uma boa quantidade de elementos de conotação, de ambiguidade, de subtons, alusões, insinuações, latências de significância, afinidades ou contrastes com outros textos e culturas — em resumo, uma riqueza literária densa e espessa, que não era visível e ostensiva, mas que já estava "ali", presente desde o início.

"Recriar o que foi criado antes", diz Goethe, "de modo que a criação não vista a armadura da rigidez: esse é o propósito da ação eterna de viver."

"E recriá-la de modo a tornar real sua presença, a preencher o que já é completo", acrescenta Steiner sobre o propósito da

---

* Id., p. 203.

tradução responsável. E, acrescentamos, também o da literatura para crianças.

Livros infantis podem ser, sim, uma ponte entre gerações. Mas não há por que construir pontes que só podem ser cruzadas em um sentido. E se queremos que os livros sejam realmente pontes e não escorregas ou tobogãs, se pretendemos ter reciprocidade e aceitamos que a leitura das crianças também possa interferir criativamente em textos escritos por adultos, temos que insistir para que esses textos façam parte da literatura como um todo. Deverão, nesse caso, pertencer a um universo em que a arte das palavras não é governada por preocupações psicológicas, pedagógicas ou mercadológicas, mas está sujeita às mesmas exigências e critérios rígidos de julgamento e análise crítica de qualquer outra grande criação do espírito humano que escolha utilizar as palavras como seu meio de expressão. É arriscado e difícil, mas é honesto. O jovem leitor tem o direito de fazer também a sua travessia de volta, tendo a certeza de estar se apropriando de uma parte que lhe toca no mundo da literatura, um legado cultural. Não é ético, em vez disso, lhe servir um artigo comercial, descartável, só para o mercado, algo que nenhum leitor maduro consideraria digno de uma releitura.

Apenas dessa maneira é que os livros para crianças podem ser pontes ricas e significativas entre as gerações. Não apenas entre gerações contemporâneas. Mas podem também ser capazes de dar vida a antepassados de todos os cantos do mundo e de ajudar a plantar as sementes de pessoas que um dia virão, mas ainda não nasceram.

Fantasma oculto:
Alguns segredos de quem escreve[*]

Como leitora, sempre senti uma certa curiosidade sobre os segredos de quem escreve. Mesmo antes de me tornar escritora, quando ainda era apenas estudante de letras, jornalista ou professora, gostava de ler entrevistas de autores sobre seus processos de escrita. Devorei um livro chamado *Escritores em ação*, da Paz e Terra, que reunia várias das famosas entrevistas dadas por autores contemporâneos (de variados países, com obras em diferentes gêneros) à revista *Paris Review*. Mais tarde, a Companhia das Letras reuniu em dois volumes outra coletânea desses depoimentos, sob o título geral de *Os escritores* — e também os li com avidez e atenção. A essa altura, eu já escrevia, mas nem por isso perdi o interesse pelos mistérios da escrita. Pelo contrário, passei a me sentir ainda mais fascinada por eles, seja para aprender alguma coisa com os mais experientes ou para me sentir menos sozinha, ao constatar que não sou a única com certas esquisitices ou rituais. Ou, quem sabe?, meramente por curiosidade ou bisbilhotice.

---

[*] Texto desenvolvido a partir de palestra proferida na Bienal do Livro de Goiânia, em abril de 2004.

Por exemplo, nessas entrevistas da *Paris Review* eu me dei conta de que, ao contrário da imagem corrente que apresenta o escritor como um boêmio que dorme tarde e trabalha noite adentro até de madrugada, na verdade a grande maioria dos autores prefere escrever de manhã. No universo coberto pelas entrevistas em questão, pode-se mesmo dizer que praticamente a quase totalidade dos autores profissionais (aqueles que são senhores do seu tempo e podem escolher a hora que mais lhes convém para escrever, sem ter de se contentar com o que sobra nas pontas de uma outra jornada de trabalho) é formada de trabalhadores matutinos. As exceções são raríssimas. A rigor, só lembro de uma — Georges Simenon. Mesmo os conhecidos boêmios ou com fama de vida social intensa só vivem no agito quando estão entre uma obra e outra, se recompondo da sensação de vazio de ter terminado algo, ou reunindo material para um novo trabalho. Assim que começam a escrever, passam a acordar cedo para trabalhar. William Faulkner, por exemplo, mesmo quando morou direto num bordel, tratava de madrugar para escrever e até dizia que não podia deixar de aproveitar justamente as horas mais tranquilas da casa para mergulhar na escrita. Ernest Hemingway, outro famoso beberrão, tinha uma disciplina férrea quando estava escrevendo: acordava cedinho, nadava meia hora se tivesse piscina disponível e o tempo permitisse, comia alguma coisa e em seguida ia para a máquina de escrever — sua esquisitice era apoiar a máquina na prateleira da lareira e escrever em pé, só de calção ou até sem roupa. Apenas quando terminava o trabalho do dia é que se vestia, sentava, tomava um uísque, almoçava, fazia a sesta, encontrava os amigos. Mas se recolhia cedo, para ter uma manhã longa (e livre de ressaca) à sua espera.

Posteriormente, lendo mais depoimentos e diários, encontrei em outros autores essa mesma preferência. Escrever de madrugada, na maioria das vezes, significa acordar bem cedo e mergulhar nas palavras. Raramente corresponde a começar a escrever de noite e seguir madrugada adentro, como tantos leitores imaginam. Talvez porque, acabando de acordar, o inconsciente está mais próximo, aquilo que Virginia Woolf chamou de "visitar os reinos silenciosos outra vez". João Ubaldo Ribeiro repetidas vezes contou em suas crônicas como gosta de escrever a partir das quatro da manhã, quando todos dormem, o silêncio é convidativo e não há interrupções nem telefone tocando. Rubem Fonseca, também conhecido madrugador, é outro que, como Hemingway, sempre gostou de uma atividade esportiva para esquentar a mente — no seu caso, ginástica e longas caminhadas, hábito adquirido há muitos anos, desde muito antes que isso se tornasse mania universal. Entendo perfeitamente o processo, porque também, de certo modo, começo a escrever enquanto estou caminhando. Chico Buarque, embora não se anuncie como madrugador contumaz e só caminhe em horários mais tardios, também confessa que aproveita esse momento para resolver problemas pendentes na escrita. Zuenir Ventura revela o mesmo segredo. Moacyr Scliar é outro companheiro andarilho, e já temos nos encontrado cedinho pelas ruas desertas de diferentes cidades, quando viajamos para feiras de livros.

 Outra característica comum a muitos desses hedonistas, segundo mostram as entrevistas, é que frequentemente um autor começa um livro sem saber como ele vai acabar nem por onde vai se desenvolver. É claro que muitas vezes se tem uma noção de para onde as coisas caminham, qual é o vago objetivo a se alcançar. Mas tudo costuma ser bem menos nítido do que um leitor imagina. De qualquer maneira, apenas quando comecei mesmo a escrever histórias mais complexas e elaboradas — novelas, romances — foi que me dei conta de como é verdadeira a afirmação que já lera várias vezes, em declarações de vários romancistas, sobre a vida própria dos personagens. Realmente, não os controlamos.

Eles escolhem seu próprio destino, muitas vezes diferente do que planejamos, tomam caminhos que não imaginávamos, vão para onde bem entendem.

Mas eu comecei dizendo que, além de constatar afinidades ou semelhanças, também aprendi algumas coisas nessas coletâneas de entrevistas. Outras lições me vieram em cartas, diários, prefácios, conferências ou em entrevistas esparsas, que muitas vezes recortei e até acabei usando como fonte para o trabalho de uma personagem, a Isadora de meu romance *Canteiros de Saturno*, uma professora de literatura que faz uma tese sobre a criação literária vista pelos próprios criadores. Na verdade, esses segredos são coisas miúdas, já que não existe fórmula nem receita transmissível. Não há mapa da mina nem caminho das pedras. Mas algumas dicas são bem-vindas. Por exemplo, alguns bons truques que realmente funcionam para lidar com o bloqueio súbito, quando dá um branco na cabeça e o pobre autor ainda está no meio de um livro. Podemos copiar tudo o que já tínhamos escrito, para entrar no clima novamente e pegar outra vez o embalo. Ou podemos tentar diminuir a possibilidade de que esses bloqueios ocorram: seguindo uma sugestão de Hemingway, nunca encerrar o trabalho do dia com um ponto final, de modo que, no dia seguinte, ao recomeçar, o que se tenha a fazer seja uma continuação de um período suspenso ou cena interrompida. Melhor ainda para tentar evitar tais situações, vale a pena aprender com a experiência alheia e jamais falar do que se está escrevendo ou pensando em escrever. Dessa forma, reduziremos os riscos de botar em forma de frases encadeadas o que está na cabeça e, com isso, gastar a surpresa do encontro único e cintilante da ideia com a palavra, que só se deve dar no momento do próprio ato da escrita. Com isso, pode-se evitar um nascimento prematuro do possível texto e fugir da ameaça a que Drummond se referia ao aconselhar: "Não forces o poema a desprender-se do limbo".

Drummond, aliás, sabia das coisas. Sabia perfeitamente que o que importa na literatura não é o tema nem qualquer preocupação com uma possível mensagem.

Não faças versos sobre acontecimentos.
Não há criação nem morte perante a poesia.
Diante dela, a vida é um sol estático,
não aquece nem ilumina.
As afinidades, os aniversários, os incidentes pessoais não contam.

Nunca é demais lembrar que é com palavras que se escreve. Drummond de novo:

Lutar com palavras é a luta mais vã.

E que cada uma dessas palavras pergunta, "sem interesse pela resposta/ pobre ou terrível" que lhe dermos, "Trouxeste a chave?".

Começamos então uma luta com palavras e vagas ideias sobre o que queremos dizer — aquilo que achamos que é preciso dizer, e de uma forma que ainda não tenha sido usada antes. "A pintura é uma coisa mental", dizia Leonardo da Vinci. A literatura também, podemos afirmar. Pode ficar vivendo em nós por muito tempo, às vezes anos a fio, esvoaçando e se debatendo, como algo puramente mental, nebuloso, buscando tomar forma.

Mas a partir de que ponto essa coisa mental estará pronta a se desprender do limbo e começar a tentar a viagem para o outro, garrafa lançada ao mar, na imagem de Stendhal? Quais os sinais de sua maturação?

Gabriel García Márquez já afirmou que nenhum outro romancista se compara a Hemingway em matéria de conhecimento de nosso ofício. Só concordo em parte. Porque acho que ele mesmo, García Márquez, é outro que tem notável consciência dos procedimentos da escrita. E ele já nos esclareceu sobre esse ponto, ao dizer que às vezes está convivendo com uma ideia de uma história há muito tempo, mas é impossível começar a narrá-la enquanto não descobre a estrutura oculta que aquele livro vai ter. Com isso, nos chama a atenção para um aspecto importantíssimo, um dos mais misteriosos segredos da escrita: a construção. Para mim, é exatamente isso, não podia concordar mais. Só quando consigo descobrir a estrutura que vai ter o próximo livro é que sei que ele começa a existir.

Mesmo quando o autor não tem consciência de como se articulam os diversos componentes do livro que está fazendo, o leitor atento depois percebe que toda obra tem seu próprio esqueleto invisível, que lhe dá sustentação e coerência. Não se trata de um arcabouço formal externo, como um molde a ser aplicado em diferentes instâncias, mas de algo intrínseco àquele texto, único, indissociável daquela história. Para um é o desenho de um jogo de amarelinha, para outro é o pêndulo entre o vermelho e o negro. Pode ser um desenho do tapete para Henry James, a circularidade de uma longa e penosa travessia para Guimarães Rosa, a aspereza fragmentada de um romance desmontável para Graciliano Ramos, o cruzamento em X entre uma visão delirante que cai na real e uma atitude realista que começa a delirar para Cervantes, uma alternância de danças em rapsódia para Mário de Andrade ou em exibição de um corpo de baile para Rosa, um zigue-zague entre dois polos para Jorge Amado, uma iminência de queda vertical no abismo para crianças que brincam no campo de centeio para Salinger, uma cintilante constelação de quiproquós numa comédia de Shakespeare, uma inexorável marcha linear para a fatalidade numa tragédia de Sófocles. Mas cada história precisa que cada autor descubra essa sua estrutura recôndita para ser construída. E a mesma história contada por dois autores será diferente, porque cada um a montará em cima do esqueleto que só ele vê.

García Márquez conta que só conseguiu escrever *Cem anos de solidão* quando percebeu que tinha de começar pelo coronel Aureliano Buendía diante do pelotão de fuzilamento, lembrando o dia em que o avô o levara para ver gelo pela primeira vez. E que o tom teria de ser o da naturalidade com que a avó falava em coisas descabidas e exageradas. Bom, isso é o que o autor revela. O que ele não revela é a estrutura que viu para construir o romance em torno dela. Mas confessa que, só após a ter visto, finalmente pôde narrar aqueles cem anos.

João Cabral de Melo Neto, controlador e lúcido como raramente já se viu num artista, numa carta a Clarice Lispector, em 1948, explicou a engenharia do livro que acabara de escrever:

> É um livro construidíssimo; não só no sentido comum, i.e., no sentido de que trabalhei muitíssimo nele, como num outro sentido também, mais importante para mim: é um livro que nasceu de fora para dentro, quero dizer: a construção não é nele a modelagem de uma substância que eu antes expeli, i.e., não é um trabalho posterior ao material, como correntemente; mas, pelo contrário, é a própria determinante do material. Quero dizer que primeiro o planejei, abstratamente, procurando depois, nos dicionários, aqui e ali, com que encher tal esboço. O que eu fiz me lembra aquela máquina que há nas ruas do Rio, que serve para fazer algodão de açúcar. Você a olha no começo e só vê uma roda girando, depois, uma tênue nuvem de açúcar se vai concretizando em torno da roda e termina por ser algodão. A imagem me serve para dizer isso: que o primeiro é a roda, i.e., o trabalho da construção; o material — que é a inspiração, soprado pelo Espírito Santo, o humano etc. — vem depois: é menos importante e apenas existe para que o outro não fique rodando no vazio (prazer individual, mas sem justificação social, imprescindível numa arte até que lida com coisa essencialmente social, como a palavra).

Ainda nessa mesma carta, João Cabral faz questão de dizer que procura sempre evitar o espontâneo e o fluente. Reitera essa ideia de construção tão cara a um poeta que se quer engenheiro, fazendo uma poesia mineral, de educação pela pedra. Mas com tudo isso não consegue deixar de reconhecer algum imponderável que escapa à mera construção, e fala em inspiração, sopro, espírito santo ou humano.

Quero trazer aqui a imagem criada por outro poeta, T.S. Eliot. Faz parte de um de seus poemas sobre gatos, que cito na bela tradução de Ivan Junqueira. Diz que "dar nome aos gatos é um assunto traiçoeiro", porque "a um gato se dá TRÊS NOMES DIFERENTES./ Primeiro o nome por que o chamam diariamente" e que ele exemplifica com sutilezas delicadas. Em seguida,

Mas a um gato cabe dar um nome especial,
Um que lhe seja próprio e menos correntio:
Se não como manter a cauda em vertical,
Distender os bigodes e afagar o brio?

E depois de discorrer e exemplificar, lembra:

Mas, acima e além, há um nome que ainda resta,
Este de que jamais ninguém cogitaria,
O nome que nenhuma ciência exata atesta
somente o gato sabe, mas nunca o pronuncia.

Na verdade, quem involuntariamente me chamou a atenção para esse poema foi o compositor Edu Lobo, numa declaração que deu quando Chico Buarque fez sessenta anos. Edu lembrou que, da mesma forma que Eliot diz que algumas pessoas especiais e raras conseguem descobrir o nome da alma do gato, alguns compositores especiais e raros conseguem saber o nome da alma de uma música, a letra perfeita que aquela melodia guardava. E cita Cole Porter e Chico Buarque como dois exemplos. De certo modo, é esse o desafio de um escritor — descobrir a alma de sua história e dar nomes a ela.

Misterioso, inexplicável, quase um milagre. Mas algumas dessas coisas são mesmo misteriosas. A essa altura da vida, se estou escrevendo um romance e um certo mistério não se manifesta, vou me preocupando e posso até desistir. Mas, quando se manifesta, é um alívio, uma alegria, e sei que estou no caminho certo. Refiro-me às sincronicidades.

Bom, referir-me é fácil. Explicar é muito mais difícil. É muito fácil dar um exemplo, todos nós conhecemos isso. O sujeito está mergulhado num livro escrito no século XIX, no meio de uma sala cheia de gente, com a televisão ligada. De repente, na hora exata em que o olho dele bate numa certa palavra do texto, o locutor na TV diz essa mesma palavra. Ou seja, não é apenas uma coincidência. É uma coincidência no tempo — daí o nome, sincronicidade, que evoca a junção de dois tempos diversos. Aos interessados em mais detalhes, remeto à obra de Gustav Jung, que foi quem criou esse nome e estudou a fundo o fenômeno.

Embora não seja minha intenção discutir isso aqui, desejo mencionar a ocorrência dessas sincronicidades, porque esse conceito ajuda a chamar a atenção para uma espécie de dinâmica latente do texto, a energia singular que vai ativá-lo e permitir que passe da mente à realidade. Pode ser que um dia se descubra que essas sincronicidades revelam certas sintonias captadas na mesma onda, não sei. Impossível saber a esta altura. Mas são, no mínimo, um tipo especial e muito interessante de coincidências.

O que me fascina, como escritora, é a quantidade de sincronicidades significativas que começam a se manifestar a partir de um certo ponto da escrita de um romance. E a constatação da frequência com que isso acontece com tantos de nós. Em geral, não falamos disso em público, há um certo pudor. Afinal de contas, a explicação junguiana é algo como dizer que a criação individual do artista entra em sintonia com a criação cósmica, e ambas se exercem paralelamente, uma contribuindo para a outra. Ora, se quem está criando é o escritor, parece muito pretensioso falar dessas coisas. Quase arrogante e presunçoso. Muito antipático. Como se a gente estivesse querendo se apresentar como parceiro de Deus ou procurar explicações místicas e escapistas para fenômenos corriqueiros do cotidiano, de modo a nos supervalorizar. Então, embora não se trate disso, esse é um aspecto raramente mencionado em entrevistas, até mesmo por dificuldade de explicar direito sem ficar ridículo. No entanto, em conversa entre escritores, já ouvi tantos episódios contados, por tantos autores diferentes... Tantos que, a partir de certo ponto, passei a colecioná-los.

"Emissário de um rei desconhecido, eu cumpro informes instruções do além" — dizia Fernando Pessoa, explicando como seus versos lhe eram oferecidos como se viessem do nada. E afirmava: "Não sou eu quem descrevo. Eu sou a tela/ E oculta mão colora alguém em mim". Mas ele era um místico, esotérico, capaz também de evocar a "súbita mão de algum fantasma oculto". Não é a isso que estou me referindo. Conto, porém, alguns casos.

Começo pelos meus próprios. O mais recente, por exemplo. Estava em Londres, escrevendo *Palavra de honra*, e cheguei à cena em que precisava descrever uma pianola. Vira algumas em criança, mas não lembrava se o rolo girava na vertical ou horizontal, se a chave era no pedal ou ao alcance da mão etc. Então resolvi ir a um museu de instrumentos musicais e verificar. Tomei banho e me vesti para sair. A manhã já terminara, e decidi fazer um almoço rápido. Enquanto o preparava, liguei a televisão à espera de um noticiário. Estava no ar um programa sobre pessoas que trocam de casa para passar as férias. Entrevistavam um casal de australianos numa casa no campo inglês. Mostravam a casa toda, depois um senhor se sentava ao piano e tocava lindamente. Então a câmera se afastava, revelando que, na verdade, as teclas tocavam sozinhas: era uma pianola! A partir daí, o programa esmiuçou em imagens e explicações o mecanismo e o resultado da pianola. Não precisei mais sair para ir pesquisar no museu, bastou ver e anotar. No final, o locutor perguntou ao entrevistado como se chamava a música que tinha sido tocada. "Contos de Hoffmann" foi a resposta. "Era a que estava no rolo, pronta, me esperando." O locutor quis saber o nome dele: Hoffmann. O programa terminou com o comentário do apresentador: "Certas coincidências são inexplicáveis".

Outro exemplo, ainda do mesmo livro. Escrevi — também em Londres — a cena da chegada do menino à baía de Guanabara, de navio, no século XIX, deslumbrado com a primeira visão dos trópicos. Incluí o Gigante Deitado, formado pela linha de montanhas cariocas, que lembro de ter sido mostrado a mim pelo meu pai quando eu era criança (visto de onde? De Niterói? De algum barco, num passeio fora da barra? Não lembro). Também me veio à lembrança uma figura de meu livro de leitura no terceiro ou quarto ano primário, que tinha um texto sobre essa figura e o desenho do gigante adormecido. Então falei nele, mencionei que o Pão de Açúcar formava seu pé. Mais tarde, já de volta ao Rio, com o texto pronto, em fase de revisão e ajuste nos detalhes (o que eu chamo de passar o pente-fino), fiquei em dúvida. Seria aquilo mesmo ou a memória me traía? Tentei pesquisar, procurei em vários livros sobre o Rio de Janeiro, perguntei a diversas pessoas, não consegui a informação. Ninguém sabia, ninguém se lembrava, muitos jamais tinham ouvido falar nisso. Na internet, não encontrei nada. Um belo dia, desisti. Não tinha como me fazer ao mar para observar com a perspectiva necessária. Para não me arriscar, e como não podia conferir, resolvi então que retiraria aquela menção na manhã seguinte, quando voltasse ao texto. Nessa mesma tarde, fui à sessão da Academia Brasileira de Letras, onde se anunciou que o vencedor do Prêmio Ermírio de Moraes daquele ano seria Antônio Bulhões, com seu belo livro *Diário da cidade amada*. Antes de dormir, peguei na estante o primeiro dos três volumes da obra premiada (que eu tinha, mas ainda não lera) para dar uma olhadela. Abri a esmo justamente na página de uma ilustração da baía de Guanabara no século XIX, vista pelo pintor inglês John Landseer. Tive então a confirmação que buscava: o pé do gigante era mesmo formado pelo rochedo granítico do Pão de Açúcar. Passo por cima do fato de que foi um inglês chamado Landseer (aquele que vê a terra) quem me comprovou como ela era vista, para um texto que escrevi na Inglaterra com a visão da memória. Só registro que um fato ocorrido no dia exato em que eu ia desistir da informação acabou me levando a puxar da minha estante o livro que a encerrava — e a abri-lo justamente na página que trazia a imagem de que eu precisava.

Ainda no mesmo livro, *Palavra de honra*, eu estava querendo incluir uma personagem diferente: uma velha que gostava de tocar piano e estava recolhida numa clínica geriátrica. Lembrei que uma parenta remota, já falecida, vivera uma experiência parecida e deixara uns papéis que podiam ter alguma informação útil — como indicações do repertório que as moças tocavam na época e coisas assim. Fui procurar. Tinha bastante coisa, inclusive algumas anotações. Começavam com a da data de seu nascimento. Era justamente o aniversário dela nesse dia.

Outra sincronicidade, de quando eu escrevia *Aos quatro ventos*. A história partira de uma lenda medieval, recontada por Italo Calvino, sobre um certo anel mágico usado por Carlos Magno. Mas como o meu relato se passava no Rio de Janeiro contemporâneo, numa moldura realista, eu precisava de uma explicação tecnológica verossímil para as propriedades estranhas do anel da lenda, que eu inventei que mudaria de formato. Não tinha ideia do que teria de criar como possibilidade científica, mas estava com a estrutura narrativa bem definida na minha cabeça (um pêndulo que oscilaria entre um capítulo narrado na primeira pessoa e outro na terceira, sempre se alternando), estava possuída pelo tema da compulsão, via os meus personagens com clareza e sabia como eles caminhavam, então fui tocando para a frente. Até que, numa manhã, empaquei. Não dava mais para adiar, não tinha como prosseguir se não tivesse uma explicação plausível. Ia ter de procurar algum físico ou engenheiro metalúrgico e tentar discutir a questão, em busca de uma hipótese viável para aquela propriedade do anel. No café da manhã, comentei isso com meu marido. E continuamos lendo os jornais. De repente, ele me estendeu o caderno de economia que estava lendo: "Será que isso serve?".

Era uma reportagem intitulada "Liga de memória chega ao Brasil", sobre uma empresa japonesa que vinha oferecer uma nova tecnologia para ligas metálicas, permitindo que os objetos feitos com ela mudassem de forma de acordo com a temperatura a que fossem submetidos, segundo uma programação prévia guardada numa espécie de memória. Hoje é usada para fazer consertos em plataformas submarinas de petróleo, entre outras coisas. Mas a notícia saiu no jornal no dia exato em que eu precisei dela, e Lourenço a leu em seguida ao momento em que eu lhe contei como era preciso ter logo uma informação desse tipo.

Não vou ficar apenas com os casos ocorridos comigo, embora tenha outros para contar. Mas as sincronicidades se manifestam por toda parte. García Márquez conta que, quando estava escrevendo *Cem anos de solidão*, sabia que em algum ponto da história a bela Remédios ascenderia ao céu em vida, mas não tinha ideia de como isso ia acontecer. Quando chegou o momento de escrever a cena, deu branco. Não conseguia imaginar como fazer aquilo de forma plausível. Depois de alguns dias tentando, desistiu. Resolveu viajar de carro com a mulher e ir passar uns dias no interior para descansar. Quando saíam da cidade, havia obras na estrada e eles ficaram presos num engarrafamento. Ele olhou o quintal de uma casa, viu uma mulher estendendo num varal as roupas lavadas que estavam numa bacia. No instante em que ela sacudiu um lençol e o vento bateu, ele viu o que queria. Fez meia-volta, abriu o texto e levou a bela Remédios ao céu (e nós, seus leitores, com ela, quando lemos isso mais tarde).

A romancista inglesa A. S. Byatt contou numa conversa em Cambridge (1996) que, quando estava escrevendo *Babel Tower* [A Torre de Babel], sabia que a estrutura recôndita do livro era uma espiral ascendente, uma hélice que fosse se fechando — talvez por influência de um quadro renascentista famoso sobre o tema desse episódio bíblico, que retrata essa construção com uma rampa que sobe pelo exterior de uma torre e vai se afunilando. Numa cena, um personagem encontra uma pedra com um fóssil, e para descrevê-lo ela usou um termo, obviamente em inglês, derivado da palavra latina *ilex*. Ficou com essa palavra na cabeça, achando que tinha algo a ver com caramujo. Resolveu então usar a ideia de caramujo para outro personagem que entraria em seguida e para o qual procurava uma profissão: seria um biólogo que estudaria caramujos. Pretendia verificar a palavra no dicionário, mas não teve tempo, porque estava atrasada e tinha de sair, já que estava em cima da hora para uma entrevista na rádio. Deixou para quando voltasse. Ao chegar ao estúdio, descobriu que teria de dividir o programa com outro entrevistado. Um cientista, da área biológica. Aproveitou e resolveu perguntar a ele onde poderia se informar sobre caracóis e caramujos. Tratava-se simplesmente do maior especialista inglês nesses animais, ele ficou encantado em poder ser útil e deu a ela toda a assessoria necessária durante a escrita do livro.

Outra inglesa, P. D. James, uma mestra nos romances policiais, nos contou nessa mesma ocasião outra bela sincronicidade. Estava escrevendo um livro sobre uma personagem que trabalhava numa editora inglesa contemporânea, à beira do Tâmisa.

Inventou o prédio, pesquisou a história do rio. Descobriu que exatamente naquele local onde estava imaginando o edifício-cenário houvera um desastre horroroso no século XIX, com um barco chamado *Princess Alice*, em que morreram novecentas pessoas. Nunca tinha ouvido falar nisso, ficou impressionadíssima que pudesse ter havido navios com tantos passageiros na época e que houvesse ocorrido uma tragédia daquelas proporções em pleno centro da cidade. Então escreveu uma cena em que a heroína ouve contar essa história e fica olhando o rio, a pensar sobre uma porção de coisas vagas a partir desse naufrágio um século antes, coisas que a própria autora não sabia por que estava incluindo ali, mas percebia que passariam a ter uma relação com sua história. No mesmo dia em que escreveu a cena, a autora foi à tarde tomar chá com uma amiga. Esta contou que a filha recentemente tinha ganhado de alguém um álbum vitoriano de fotos de família, que não era de ninguém conhecido, e não sabia o que fazer com ele. Não era nada de mais, fora apenas encontrado na arrumação dos guardados de uma parenta velha que morrera, não interessava a mínima guardar. Comentou que era um presente esquisito para alguém ganhar, ia jogar fora, será que por acaso a escritora gostaria de dar uma olhada ou até mesmo de ficar com ele? Pegou-o em cima de uma mesa e abriu a esmo: justamente na página em que a família registrava o enterro do filho, morto três dias antes, no naufrágio do *Princess Alice*. E ilustrava com um retrato dele embarcando, e fotos do navio. Nesse momento a autora teve certeza de que as reflexões que a personagem fizera de manhã, em sua escrita, eram essenciais ao livro. E depois viu que eram.

Há ainda outro tipo de coincidência, que não se manifesta no próprio momento do ato de escrever, mas também fascina. Embora não se trate de sincronicidade, nem sinalize que aquele gesto da escrita pode estar conectado com algo misterioso naquele momento, é igualmente intrigante. E bem mais frequente do que se poderia supor. Ocorre quando o autor imagina algo, inteiramente criado de sua mente, e depois constata que pensava ter inventado alguma coisa, mas apenas mostrou o que já existia na realidade. Como o tal fingidor que finge tão completamente que chega a fingir o que deveras sente, de que falava Fernando Pessoa. Nesse caso, os exemplos se multiplicam e são bem mais simples.

Dediquei meu livro *Tudo ao mesmo tempo agora* a alguns sobrinhos — os que são surfistas e advogados. Um deles levou um exemplar para o escritório e o deixou em cima da mesa. Como um contínuo pedisse para ler, ele emprestou. Daí a dias, o rapaz veio falar com ele meio zangado. Estava furioso porque dizia que o protagonista era ele, tinha certeza de que meu sobrinho havia descoberto a sua história pessoal e íntima sem ele saber (nem imaginar como poderia ter sido) e depois tinha comentado comigo para eu "botar num livro e contar para todo mundo". Muito mais do que identificado com o personagem, sentia-se traído e invadido. As coincidências eram tantas que foi difícil convencê-lo de que a pretensa invasão indiscreta não ocorrera. Em outro caso, no do meu *Mistérios do mar oceano*, a escritora Marina Quintanilha foi procurada por uma adolescente, frequentadora da biblioteca onde trabalhava. A garota queria um jeito de me encontrar para descobrir como eu poderia ter tido acesso à sua história. Quando nos conhecemos, descobri que, realmente, havia várias coincidências — não apenas no perfil psicológico e em pequenos episódios, mas até em detalhes sobre sua família e no próprio nome da personagem, Cris.

Um amigo meu escreveu um romance ainda inédito, em que o protagonista é um adolescente que descobre a música. Para dar verossimilhança a certas viagens e contatos, o autor deu ao menino um pai diplomata que, a certa altura, vai servir numa cidade do Leste Europeu antes da perestroika. Lá o garoto encontra um empregado da embaixada que conhecia música a fundo e o leva a concertos, exercendo poderosa influência sobre ele. No desenrolar da história revela-se que ele era um grande maestro, perseguido pela polícia política e que havia anos usava a condição de serviçal de diplomatas como forma de se esconder e ter certa segurança. Pois bem, um amigo a quem o autor mostrou os originais acabou deixando o texto ao alcance da namorada, que apanhou algumas folhas a esmo e começou a lê-lo. Levou um susto: o irmão dela fora embaixador naquela capital e o tal empregado clandestino existia, ela o conhecera. Não era um velho mordomo, mas um caldeireiro e bombeiro hidráulico. E, embora tocasse violino, não era músico profissional, mas um grande matemático e físico. O autor não sabia nada disso, mas inventou o que realmente existira, como muitas vezes ocorre.

No mesmo seminário de escritores na Universidade de Cambridge, onde numa conversa nós contamos alguns casos desse tipo (como os que reproduzi aqui, de A. S. Byatt e P. D. James), a romancista irlandesa Anne Devlin desfiou uma série de coincidências ocorridas com seu processo de escrita. Disse que agora chega a ter medo e evita escrever certas coisas, porque anda cismada de que, ao fixar na escrita, o que imagina acaba se transformando numa espécie de premonição — o que é uma forma extrema de levar a sério o processo e, por si só, daria bom material para um livro.

Numa entrevista à televisão quando estava lançando a tradução portuguesa de *Noite do oráculo*,* o escritor norte-americano

---

* Entrevista a que assisti num quarto de hotel em 30 de abril de 2005, na Maia, norte de Portugal, a caminho da aldeia de onde meu avô paterno saiu para vir ao Brasil e onde eu ia encontrar uns parentes que lá ficaram. Acabava de chegar de Goiânia, onde tinha feito uma palestra a partir da primeira versão deste texto sobre sincronicidades.

Paul Auster contou outra boa coincidência. Parte da história que narra em seu livro se passa na Polônia, durante a guerra. Para ter acesso a nomes de ruas e de personagens, ele se muniu de mapas e de uma antiga lista telefônica de Varsóvia de 1937-8, chegando mesmo a transcrever partes dela na obra. Foi assim que escolheu nome e endereço da família do protagonista, os Orlovsky, e inventou para eles uma história fictícia. Assim que o livro saiu, um jornalista norte-americano, descendente de poloneses, foi designado para entrevistá-lo e, rapidamente, tratou de ir lendo o livro antes do encontro. Até mesmo a caminho. Chegou lá tremendo, quase teve uma crise: aquelas pessoas eram justamente uns tios dele, que moravam naquele endereço e não migraram como seus pais — e a história real deles era muito parecida. Como Auster poderia ter sabido? Na entrevista à TV portuguesa, Auster contava o fato, em camisa esporte de mangas curtas, revelando que ficava arrepiado só de falar nisso, e a câmera mostrava em close. Depois, o escritor discorreu um pouco sobre esses muitos mistérios e coincidências que se verificam em torno da escrita, e que autores conhecem e reconhecem bem, ainda que não entendam nem tenham como explicar.

Conheço muitos outros episódios desse tipo, ocorridos comigo ou com outros autores. Como já disse, raramente falamos neles — por um certo pudor diante do mistério, talvez. Por pura perplexidade. Aristóteles dizia que toda criação é mimesis, uma forma de imitação. Talvez não seja apenas uma imitação da realidade como costumamos imaginar. Pode ser que Platão também tivesse alguma razão e a arte seja um reflexo, uma imitação da outra criação. Aquela com C maiúsculo, a que Picasso certa vez se referiu como obra "daquele outro artesão, o dos seis dias".

Nesse sentido, o crítico George Steiner diz que nenhuma explicação está à altura da força do óbvio, e que todo poema, toda música ou pintura diz isso melhor. Mas de qualquer forma, afirma: "Existe criação estética porque existe criação. Existe construção formal porque somos criados em forma".*

De certo modo, faço também uma leitura das sincronicidades. Talvez elas nos mostrem que todas as coisas criadas podem mesmo estar mais ligadas entre si do que conseguimos entender. Não me meto a explicar, nem tenho como. Apenas constato. E confesso que a explicação me transcende. Natural que ela fique na esfera da expressão artística, já que a arte talvez seja uma das mais poderosas formas de o homem arranhar certos mistérios da transcendência.

* George Steiner, *Real Presences*. Chicago: The University of Chicago Press, 1989.

Em louvor da narrativa[*]

Não sou especialista em educação. Quando recebi o convite para vir a este encontro, meu primeiro cuidado foi afirmar isso, a fim de evitar qualquer possível equívoco. Torno a fazer essa ressalva ao iniciar minha fala. Explicaram-me que não havia equívoco no convite e eu não estava sendo chamada como educadora, mas como escritora, pois o objetivo era justamente fazermos um encontro multidisciplinar, somando as contribuições de experiências diversas e confrontando pontos de vista bem distintos entre si. Assim sendo, aceitei e humildemente trago algumas observações e reflexões para compartilhar com o grupo. Sem nenhuma pretensão de apontar caminhos, mas apenas procurando trazer à mesa comum os frutos de minhas experiências.

Como romancista e autora de livros infantis, viajo muito pelo

---

[*] Parte deste trabalho foi apresentada para os participantes do encontro Sentidos da Educação, organizado pela Unesco em Santiago do Chile, em março de 2005, e serviu de base à palestra proferida na abertura do evento. Posteriormente, as referências ao que foi dito no encontro por Luc Ferri, um dos participantes do grupo, foram acrescentadas.

interior do Brasil — e um pouco também por outros países, sobretudo da América Latina — para visitar escolas e conversar com alunos e professores. Algumas constantes me impressionam muito nesses encontros. A primeira delas é a situação de imenso desprestígio e abandono em que se encontra atualmente o magistério em meu país, traduzida pelos baixíssimos salários e pelas péssimas condições de trabalho. A segunda é a dedicação e a capacidade de improvisação e inventividade que os professores demonstram possuir, apesar disso — somadas à avidez por novos conhecimentos, ao interesse em saber mais e se preparar melhor. A terceira constante é a dolorosa constatação de como são malpreparados, em sua maioria, esses cidadãos que se dedicam à docência. É espantoso constatar como sua formação em geral é precária e deficiente. Repito que falo do Brasil, e sei que essa situação varia enormemente de um país para outro. Com toda certeza, na América Latina há países em que as coisas se passam de modo semelhante e outros em que o quadro é completamente diferente. Mesmo no Brasil, essa situação não é homogênea, e o que estou dizendo pode ser contestado com vários exemplos contrários, como acontece com toda generalização. Há bolhas de excelência, há casos individuais muito bem-sucedidos, sem dúvida. Mas sabemos que os baixos índices sistematicamente alcançados por estudantes brasileiros em recentes testes internacionais de avaliação de aprendizagem têm muito a ver com a qualidade dos professores. Tenho certeza de que, se tais testes avaliassem a capacidade de ensino dos docentes e não a aprendizagem dos alunos, teríamos a confirmação cabal desse fato.

Como essas constantes que acabo de apontar não vivem separadas, mas se entrelaçam, o resultado é que temos às vezes algumas situações surpreendentes e até paradoxais. Pode-se mesmo desconfiar que a sociedade finge que forma professores, mas no fundo evita fazê-lo de propósito, porque não pretende realmente lhes dar oportunidade de crescer. Por um lado, afirma retoricamente que a educação é importante e, por outro, desprestigia os educadores aviltando seu trabalho. Ou seja, na verdade trata de mantê-los despreparados para justificar que seus salários sejam tão baixos, já que são impedidos de ser realmente professores e ter a remuneração que um mestre mereceria. Não é o caso aqui de discutir os mecanismos que operam com eficiência para impedir que essa situação se altere, nem os interesses que se sentem ameaçados pela eventualidade de uma transformação radical desse quadro, atuando para manter o status quo. Essa é uma discussão política interna que a sociedade brasileira um dia deverá enfrentar e que nos obrigará a examinar um elenco complexo de razões variadas, que vão desde causas históricas (como um sistema colonial que impediu leitura e edição de livros e periódicos, num país onde a primeira universidade só foi criada no século xx) até uma tradição jurídica de incluir na Constituição detalhes em tal número e tão minuciosos que amarram com nó apertado as instituições.

Basta eu dar dois exemplos.

Primeiro: pela Constituição, o ensino básico é atribuição do estado e dos municípios, o secundário é dos estados e o superior é do governo federal. Então, o dinheiro do orçamento federal, do Ministério da Educação, tem que ser canalizado para a universidade (a do Rio de Janeiro pode se dar ao luxo de ter um funcionário administrativo para cada dois alunos, sem falar nos professores...) e deixar de lado as escolas onde crianças e adolescentes deveriam ser educados — no máximo, pode-se dar merenda escolar, livros e transporte. Outro exemplo: há alguns anos, um governador de estado recém-eleito (Vitor Buaiz, no Espírito Santo) começou seu mandato aumentando significativamente os salários dos professores, conforme prometera em sua campanha de candidato do Partido dos Trabalhadores. Outros funcionários públicos foram aos tribunais, garantiram que se respeitasse uma certa "isonomia" prevista na Constituição, e obtiveram os mesmos percentuais de aumento. Em poucos meses, havia policiais milionários, o estado quebrara, não havia dinheiro para pagar a todo mundo, professores (e médicos) fizeram quase um ano de greve, os alunos ficaram sem aulas e sem aprender, o governador foi expulso de seu partido, perdeu todo o apoio da opinião pública e acabou abandonando a carreira política. Ficou para todo o país a lição de que nisso não se deve mexer.

Foram apenas dois exemplos, de passagem. Não vou entrar nessa discussão aqui. Estou apenas fazendo um diagnóstico da situação concreta e real do magistério em meu país. Os docentes ganham pouco, são despreparados, não têm perspectivas.

Como os próprios professores reconhecem as deficiências em sua formação, costumam aproveitar qualquer oportunidade de se atualizar um pouco. Eventuais cursos ou palestras que lhes sejam oferecidos atraem multidões: eles participam, fazem perguntas, revelam sua curiosidade. Mas ao mesmo tempo ocorre algo humano e compreensível. Quanto mais percebem a extensão do que ignoram e a falta que esse conhecimento lhes faz, mais se sentem ameaçados e procuram negar essa carência. Numa reação muito natural nessas circunstâncias — ainda mais se considerarmos que não se sentem valorizados nem apoiados —, ao constatarem a precariedade de sua formação profissional, se sentem inseguros. Algumas vezes, se dedicam cuidadosamente a seguir os novos modelos do jeito que os entendem, sem qualquer questionamento ou crítica, como se se tratasse de obedecer a uma receita culinária ou a uma fórmula química infalível, com doses meticulosas de ingredientes diversos e nenhuma contribuição própria. Tornam-se fanáticos defensores do modismo didático do momento, sem qualquer flexibilidade que lhes permita aceitar opiniões divergentes, num apostolado da última teoria pedagógica de que ouviram falar. Outras vezes, caem no extremo oposto e se refugiam em seu próprio passado, onde se sentem mais firmes, rejeitando qualquer coisa diferente de sua prática habitual e renegando qualquer novidade. Não podem admitir publicamente suas carências intelectuais, desconfiam de mudanças e novidades, apostam na inércia, tendem a um conformismo repetitivo que é a própria negação do processo educativo. Ou seja, a pouca informação que lhes é oferecida nessas ocasiões, por ser descontínua, escassa e inadequada, muitas vezes acaba piorando a situação e contribuindo para impedir que a qualidade da educação melhore.

Até alguns anos atrás, os números referentes à escolarização e alfabetização no Brasil eram absolutamente assustadores. Num imenso esforço na última década, o país conseguiu atender 98% de suas crianças em idade escolar — incluindo merenda escolar diária, em alguns casos até mesmo nas férias. Isso representa uma fantástica alocação de recursos. A ela se somam projetos de redistribuição de renda que exigem dos pais a contrapartida de manter os filhos na escola. Mais ainda: criados no governo anterior, mas tendo alguma continuidade neste, contamos também com programas de fornecimento de livros didáticos que são recordistas mundiais e programas de bibliotecas escolares com milhões de exemplares de livros de literatura de muito boa qualidade distribuídos anualmente. Os números são impressionantes. Ou seja, o país está procurando dar atenção à educação, compreendeu sua prioridade, está investindo nela. Mas que educação? Essa é a discussão atual. Após uma grande melhoria quantitativa, constata-se que agora é indispensável dar atenção à qualidade.

Como afirmou uma alta funcionária do Ministério da Educação do atual governo a respeito da conveniência ou não de se prosseguir com a distribuição de livros de literatura entre as crianças das escolas públicas, não havia dúvidas de que os livros eram muito bem selecionados e de boa qualidade, ou de que a distribuição estivesse sendo muito bem-feita, com eficácia, atingindo seus objetivos e chegando às mãos das crianças nos mais distantes rincões do país. Ao interromper o programa Literatura em Minha Casa em 2004, após quatro anos de distribuição de milhões de exemplares e centenas de títulos para crianças e bibliotecas escolares, as autoridades educativas fizeram questão de explicitar que nenhum desses aspectos estava sendo questionado. Toda a dúvida se referia à qualidade da leitura nas mãos de um leitor potencial.

O diagnóstico feito por essa especialista tem sua razão de ser. O que eu tenho a dizer é que ela tem mesmo razão em se preocupar — se levarmos em consideração que o professor não lê, nunca leu, não tem qualquer intimidade com livro. No fundo, tem é medo de livro. Um objeto estranho e com tal carga simbólica que o ameaça. Mas não é culpa dele. É consequência de sua "formação", que passa longe dos livros. Cada vez mais.

Chegamos então ao que proponho discutir aqui — a importância fundamental da leitura na formação do professor. Sobretudo da leitura de narrativas — história e literatura.

Octavio Paz afirmou que a pluralidade de passados torna plausível a pluralidade de futuros. Tal pluralidade só se faz conhecida e apropriada pelo cidadão por meio da leitura. Em especial, de relatos literários e históricos. Pessoalmente, estou convencida de que, em nossos dias, a democratização da leitura de literatura é um passo indispensável para que uma sociedade seja mais justa. E creio que jamais poderemos nos aproximar disso se não tivermos professores leitores.

Algumas nações resolveram há séculos essa questão da alfabetização e da escolarização universal para todos seus habitantes. Nesses casos, pode-se esperar hoje em dia que a família facilite o convívio inicial da criança com o livro e lhe propicie um ambiente leitor que estimule intimidade com a palavra escrita. Apesar disso, não deixam de se preocupar com a leitura de qualidade. O ex-ministro da Educação da França, nesse encontro, revelou há pouco que as escolas francesas reservam por lei duas horas e meia diárias para a leitura. E que na educação primária se está criando um currículo de literatura infantil para os pequeninos, compreendendo contos de fadas e tradicionais, bem como autores contemporâneos. Luc Ferri assinalou também que um programa desse tipo tem ainda uma vantagem extra: propiciar oportunidades para que se faça o primeiro contato com a literatura estrangeira desde a mais tenra idade, assim promovendo nos estudantes uma abertura cultural para outros países e sociedades diversas. Nos países onde isso não aconteceu, a escola passa a carregar também a responsabilidade de atender a essa urgência e se transforma na única esperança de que essa situação seja saneada. Não se pode cruzar os braços.

Vivemos numa época em que vários outros meios concorrem com o livro (ou a ele se somam, como prefiro encarar) na transmissão dos conhecimentos e na aquisição de informações. É bom que assim seja, e é importante que a internet, a televisão, os filmes, vídeos e DVDs estejam presentes nas escolas e nos lares, abrindo janelas e portas para as novas gerações. Mas justamente esses novos meios, tão úteis e bem-vindos, estão também causando efeitos colaterais muito fortes, que necessitam ser equilibrados por influências mais estabilizantes e integradoras, tais como as relações afetivas e a leitura de narrativas. O culto à dispersão, à fragmentação e ao efêmero são características da cultura contemporânea, como sabemos. A isso se soma, como lembra George Steiner, a hipertrofia de uma linguagem tecnológica e matemática — muitas vezes utilizada apenas em seus aspectos superficiais — a criar a ilusão de que todo conhecimento tem sempre significados únicos e exatos, sem admitir controvérsias, argumentações contraditórias ou opostas, exposições lógicas. Isoladamente, não é um ambiente cultural propício à leitura, à literatura, à arte em geral.

Mas nem por isso os seres humanos deixaram de ter necessidade de buscar alguma forma de unidade inteligível em sua própria vida, alguma forma de sentido para o que lhes sucede no dia a dia e nas relações entre esses acontecimentos e as recordações que trazem em sua memória ou as expectativas que alimentam para o futuro. Um relato é sempre uma busca de sentido. Narrar não é apenas fazer uma enumeração linear e pontual de sucessos triviais. Preparar uma história para ser narrada pressupõe eliminar os incidentes irrelevantes, hierarquizar os fatos selecionados, arrumá-los numa forma coerente que destaque seu encaminhamento numa certa direção. Ou seja, ordenar um caos formado de infinitos fragmentos, fazer conviver elementos heterogêneos de forma a extrair deles uma coesão, conceber um marco temporal para tudo isso e outorgar a fatos particulares uma ressonância que lhes permita adquirir um significado maior, passível de ser captado por outros seres humanos. Por isso, uma boa narrativa, bem preparada, bem formulada, bem escrita, dessas que a literatura guarda, muitas vezes se constitui numa iluminação súbita, numa revelação.

Há um episódio belíssimo na *Odisseia*, que Hannah Arendt lembra e merece ser evocado aqui para ilustrar essas observações.* Em sua longa viagem de volta a Ítaca, após uma sucessão de peripécias, Ulisses chega à Feácia, onde é muito bem recebido pelo rei Alcino, que, sem saber sua identidade, o acolhe num banquete com todas as honras que a hospitalidade grega reservava aos viajantes. Ao final da refeição, o aedo Demódoco começa a cantar as famosas gestas dos grandes heróis que despertavam a admiração da época. Entre elas há um poema que conta, justamente, o episódio da vida de Ulisses em que ele teve uma terrível discussão com Aquiles. Ouvindo o canto, Ulisses cobre o rosto e começa a chorar, como não chorara no momento em que o episódio acontecera, nem quando depois se lembrara dele. Apenas ao ouvi-lo cantado, na forma que lhe deu o aedo, foi que perce-

---

* Hannah Arendt, *The Life of the Mind*. Londres: Seeker & Warburg, 1978 [ed. bras.: *A vida do espírito*. Rio de Janeiro: Civilização Brasileira, 2009].

beu como aquela briga entre os dois mais bravos entre os aqueus enchera de prazer Agamenon, ao lhe trazer o cumprimento de uma profecia ouvida do oráculo de Apoio. Ou seja, apenas quando o episódio foi transformado em relato seu significado se tornou claro na consciência do herói e protagonista do fato — e isso o levou às lágrimas, envergonhado e arrependido, cobrindo a cabeça com o manto, gemendo e soluçando.

Devo o resgate desse exemplo ao excelente estudo que o chileno Jorge Peña Vial fez sobre a importância da narração, intitulado *La poética del tiempo: Ética y estética de la narración*.* Eu já estava quase terminando de escrever esta palestra quando comecei a ler esse livro, que um amigo me deu de presente. E tive justamente a sensação de uma bela sincronicidade, num desses momentos de encontro que a leitura nos oferece. Abri espaço em meu texto para incluir algumas contribuições do livro, além das coincidências de meu diálogo constante com autores como Steiner e Arendt, ambos de minha especial predileção, como sabem os que costumam ler meus textos teóricos.

O homem é um animal que conta histórias. Alguns filósofos o definem dessa maneira. Mas, além de uma visão filosófica, também os mais avançados estudiosos do cérebro, como Steven Pinker, do Massachusetts Institute of Technology (MIT), assinalam essa característica humana, frisando que o ser humano tem um cérebro biologicamente programado para o uso narrativo da linguagem, como a aranha é programada para tecer sua teia.

Em termos individuais, Freud e a psicanálise nos demonstraram o intenso poder da narrativa para levar ao autoconhecimento e diminuir o sofrimento. Ao contar e recontar sua própria história, o indivíduo vai ordenando seu caos interior e construindo uma estrutura de referências e sentido, de modo a compreender

---

* Jorge Peña Vial, *La poética del tiempo: Ética y estética de la narración*. Santiago: Editorial Universitária, 2002.

a si mesmo e poder viver melhor. Ao ler e reler histórias alheias, amplia seu universo de experiências, entende melhor a natureza humana, abre-se para um território maior do que os limites de sua vida, incorpora à sua consciência níveis diferentes de realidade. Afinal, como o romancista Italo Calvino afirmou com rara felicidade, um escritor escreve para um lado e para o outro.* É isso que permite algo essencial que outro italiano, Umberto Eco, tão bem definiu: "Essa é a função consoladora da narrativa — a razão pela qual as pessoas contam histórias e têm contado histórias desde o início dos tempos. E sempre foi a função suprema do mito: encontrar uma forma no tumulto da experiência humana".**

Em termos coletivos, é a rememoração narrativa que forja um povo e lhe dá um patrimônio cultural e ético. Tenho insistido muito nesse ponto em vários de meus ensaios, defendendo o direito que tem todo cidadão à leitura da literatura (e ao conhecimento da história, por extensão), e sempre acentuando a importância da democratização da leitura literária. Ambas (literatura e história) levam a compreender melhor a realidade e a condição humana. Uma sociedade que se quer justa tem de dar a todos a oportunidade de acesso à arte da palavra, propiciar o encontro com o livro, oferecer a cada indivíduo a chance de descobrir o que a poesia e a narrativa podem lhe revelar. É uma herança do cidadão, ele tem direito a ela.

A educação tem obrigação de lhe dar as ferramentas necessárias para que ele possa aproveitar o que esse universo lhe oferece. Ortega y Gasset assinalou:

> Frente à razão pura físico-matemática existe, portanto, uma razão narrativa. Para compreender algo humano, pessoal ou coletivo, é necessário contar uma história. Esse homem, essa nação fez tal

---

* Italo Calvino, *The Uses of Literature*. San Diego: Harcourt Brace, 1986.
** Umberto Eco, *Seis passeios pelos bosques da ficção*. Trad. de Hildegard Feist. São Paulo: Companhia das Letras, 2009. p. 93.

coisa, e o faz *porque* anteriormente fez tal outra e foi de tal outro modo. A vida somente se torna um pouco transparente ante a *razão histórica*.*

Por um lado, a história nos mostra como coisas que parecem caóticas e confusas para um indivíduo no momento em que acontecem, na verdade fazem parte de um todo. Adquirem sentido quando são narradas com imaginação construtiva disciplinada, num discurso que lhes dá coerência e as organiza numa imagem compreensível. Por outro lado, a ficção nos permite viver uma multiplicidade de vidas e de experiências, entender as emoções e razões alheias, e assim ilumina nossa própria realidade.

As narrativas guardam a memória, constroem a tradição, transmitem sabedoria — que é muito mais do que apenas informação e conhecimento. Constituem uma barreira contra o esquecimento. E deixar que se instale o esquecimento, em termos humanos, equivale a privar a vida de uma dimensão, a profundidade, como mostrou Hannah Arendt ao longo de sua obra, sobretudo quando se debruçou sobre a questão do mal. Nos diversos textos que dedicou à análise do nazismo e suas atrocidades, ela insistiu na importância de narrar o que aconteceu e de ler narrativas em geral, históricas e literárias, para aprender a perceber o significado daquilo que, sem isso, continuaria sendo apenas uma sequência insuportável de acontecimentos. Em sua apaixonada defesa da narrativa, examina de perto vários textos literários (como contos de Karen Blixen, por exemplo) e chega a afirmar que os caminhos mais importantes para preservar a memória, impedir o esquecimento e chegar à verdade estão nas

---

* José Ortega y Gasset, *La historia como sistema*. Madri: Revista de Occidente, 1975, citado por Peña Vial, op. cit. [ed. bras.: *História como sistema. Mirabeau ou o político*. Trad. de Juan A. Gili Sobrinho e Elizabeth Hanna Côrtes Costa. Brasília: Universidade de Brasília, c. 1982. p. 48].

mãos dos poetas, dos historiadores e dos jornalistas. Só assim a humanidade pode julgar e condenar o mal. "Nenhuma filosofia, nenhuma análise, nenhum aforismo, por mais profundos que sejam, podem se comparar em intensidade e riqueza de sentido a uma estória contada adequadamente", afirma ela.*

E aqui estamos já entrando em outro aspecto fundamental das narrativas, um papel essencial que elas desempenham. O ponto onde se encontram filosofia e literatura, segundo Calvino — o terreno comum da ética. Uma história contada de forma coerente tem uma veracidade que nos faz desejar a verdade, buscá-la mais além do próprio texto, nos desperta para avaliar o que está sendo contado desde o ponto de vista de um outro, que ocupa a cena. Assim, somos conduzidos a refletir sobre o bem e o mal, num processo que não pode nem deve ser confundido com uma simples redução ao maniqueísmo. Na verdade, uma narrativa nos convida a um julgamento. Em outras palavras, nos instala em pleno território da ética, levando-nos a procurar juízos de valor. Isso se torna ainda mais importante numa época como a que vivemos, pois estes tempos pós-modernos, como bem resume Peña Vial em seu estudo, se caracterizam pela supressão de qualquer totalidade, pela ausência de valores centrais e pela desarticulação da identidade. Mais que nunca, a literatura tem um papel a desempenhar dentro desse quadro.

Elaine Scarry, professora de estética da Universidade Harvard, tem um estudo interessante sobre as relações entre a estética e a ética.** A autora sustenta que o convívio com o belo renova

---

* Hannah Arendt, *Men in Dark Times*. Nova York: Harcourt Brace Jovanovih, s/d [ed. bras.: *Homens em tempos sombrios*. Trad. de Denise Bottmann. São Paulo: Companhia das Letras, 1987. p. 29].
** Elaine Scarry, *On Beauty and Being Just*. New Jersey: Princeton University Press, 1999.

seguidamente nossa busca de verdade e nos empurra em direção a uma preocupação cada vez maior com a justiça. Acentua que o desenvolvimento da percepção de simetria e harmonia nos leva a buscar uma distribuição equilibrada. E que a intensidade do maravilhamento com a beleza tende a ser expansiva, levando a pessoa a querer dividir suas sensações com os outros (seja falando sobre a obra, recomendando-a, criticando-a ou querendo criar também).

Mais importante ainda, Scarry mostra como a acuidade perceptiva que se desenvolve no convívio com a arte aguça os sentidos e ajuda a aumentar a sensibilidade para afirmar a vida, detectar a injustiça, matizar a consciência e incitar a ação. E crê que esse processo tem poder pedagógico. Textualmente, afirma que

> a própria maleabilidade ou elasticidade da beleza — que nos faz avançar e recuar, exigindo que desbravemos um terreno totalmente novo, mas também nos obrigando a ter como referência o terreno que acabamos de deixar e outros muito mais antigos — se constitui como um modelo para a maleabilidade da consciência na educação.

O contato com as narrativas de história e literatura dá ao professor a capacidade de participar da cultura de resistência de que fala Alfredo Bosi,* em vez de funcionar apenas como amplificador da mesmice superficial e repetitiva que tantas vezes domina os currículos impostos centralmente.

Por si só, isso já exigiria maior ênfase na narrativa e na função poética da linguagem durante o processo de formação profissional dos docentes. Para que história e literatura façam parte de sua visão do mundo e também para que possam transmiti-la. Mas há também uma exigência ética e social a justificar essa formação de professores leitores de relatos.

* Alfredo Bosi, *Dialética da colonização*. São Paulo: Companhia das Letras, 1992.

Ela é importante, antes de mais nada, para habituar a um exercício de se colocar no lugar do outro — coisa que as obras de ficção narrativa fazem admiravelmente, ao despertar mecanismos psíquicos de identificação e projeção, permitindo que o leitor compreenda ideias alheias, se solidarize com personagens completamente diferentes de si, tenha compaixão por quem é diferente, perceba que existem pontos de vista variados para encarar qualquer assunto. A narrativa de ficção rompe a indiferença individualista e acostuma o leitor a sair de si mesmo e viver outras vidas — e isso lhe deixa a bagagem de uma experiência emocional riquíssima de abertura para o outro. Afinal de contas, é esse o fundamento de qualquer comportamento ético — ser capaz de pensar nos outros ao fazer as coisas ou deixar de fazê-las e medir as consequências das próprias ações sobre outras vidas.

Além disso, também é importante ler literatura e história para haver memória e para que a tradição possa ser vista como um manancial de vida, uma fonte vital, uma gramática dinâmica, e não apenas um depósito fechado. Para fazer frente à cultura do mero presente, do efêmero e fugaz, que caracteriza a sociedade do espetáculo onde cada vez mais estamos imersos. Defender a preservação da memória e do patrimônio cultural comum não significa ficar numa posição nostálgica nem achar que bons tempos eram os antigos e que este mundo está perdido. Mas é essencial que se faça alguma frente sólida a alguns conceitos dominantes atualmente, como o desprezo pelo outro, o culto do prazer sensorial pronto, a substituição da noção de felicidade como algo a ser construído lentamente pela mera celebração do entretenimento imediato, ainda que passageiro.

No século XIX, era comum a noção de "educação sentimental", e numerosos textos se escreveram sobre o assunto, enquanto o romantismo celebrava o papel exacerbado das emoções idealizadas. Hoje, nos livramos disso — e é bom que essa libertação tenha ocorrido. Mas, ao substituirmos a atenção aos sentimentos por uma racionalidade superficial que caiu na valorização exagerada do cientificismo e do tecnicismo, também passamos a pisar em terreno delicado. Não apenas, como já lembrei aqui citando George Steiner, porque passamos a partir do pressuposto de que o que não é redutível a números não é verdadeiro, e com isso nos privamos das riquezas da arte e do humanismo. Mas há ainda outros efeitos, como analisa com brilhantismo Jurandir Freire Costa em *O vestígio e a aura*.

O extraordinário desenvolvimento científico contemporâneo, além de aumentar o conforto, encurtar as distâncias e acelerar as comunicações, permitiu cuidar do corpo de maneira até então inédita na história. Isso trouxe melhorias fantásticas na qualidade de vida, retardou efeitos da idade e permitiu que enfermos, descapacitados, idosos pudessem ter ganhos corporais inimaginados antes. Por outro lado, muitas vezes esses cuidados com o próprio corpo se prestam a colaborar para um fechamento da pessoa sobre si mesma, enfatizando a juventude e o presente numa busca de renegar o tempo, por meio de um processo que passa a enaltecer os prazeres sensoriais, de êxtases intensos e pontuais, como se fossem os únicos, já que ocorrem no instante, o mais condensado presente inimaginável. Celebram-se então as grandes sensações — das drogas aos esportes radicais, passando pela adrenalina da violência e pelo sexo utilitário que não leva em consideração os sentimentos alheios.

Essa ênfase no presente e no momentâneo também se faz acompanhar da obsolescência de pessoas e objetos. Ficam tudo e todo mundo descartáveis rapidamente — seja no consumismo que leva a comprar sempre a última moda, seja no usar as pessoas para atingir os próprios fins, seja na celebridade que substitui a autoridade. Uma maciça argumentação imediatista apresenta todas essas deturpações como uma conquista da liberdade, mediante a justificativa esperta de confundir autoridade com autoritarismo ou limite com repressão. E, cultuando apenas os brilhantes lampejos momentâneos e fugazes, traz consigo o desprestígio dos prazeres duradouros, lentamente construídos e elaboradamente fruídos — o gozo estético, a criação artística ou científica, os sentimentos ternos, o conforto, a serenidade contemplativa, as procuras espirituais, a dedicação a causas cívicas e humanitárias, o deleite com a admiração pelo outro, a dedicação a ações solidárias.

Mas tal argumentação tem de ser totalmente calcada no momento presente, cortando os fios com o que vem do passado e que pode pôr em xeque a sensatez ou a sabedoria de semelhantes atitudes.

Esse quadro de mudanças de comportamentos e atitudes configura o que se costuma chamar de atual crise de valores. Tem a ver com a ética dos tempos em que vivemos, uma ética do entretenimento em sociedades do espetáculo, uma moral do sensorial e do presente. Não deve ser vista apenas por meio de um nostálgico lamento moral, mas envolve muito mais, como uma transformação complexa em busca de sentido. Qual o significado de tudo isso? Como aproveitar todas essas novas conquistas para melhorar a vida de todos, e não apenas de alguns? Como vivê-las como o melhor possível para toda a humanidade? Como conseguir que pensar em si não implique esquecer o outro? Que tal raciocinarmos a partir de outras premissas? Que tal ouvirmos os outros? Que novos pactos — ainda que implícitos — podem reger as relações entre as pessoas nestes novos tempos? Essas e muitas outras são questões que deveríamos pensar em responder, nessa busca de maior clareza do que significa ser humano em nossa época. E não vejo como se possa pretender refletir sobre qual o sentido de educar sem levar em conta esses diversos aspectos.

    Estou falando nisso tudo para defender minha convicção de que precisamos muito preservar um espaço para o humanismo na educação, e para isso são necessários professores que leiam narrativas de qualidade. Não basta seguir uma história nos capítulos diários da novela que a televisão mostra, ou acompanhar as peripécias da vida amorosa das celebridades do dia nas revistas ilustradas. Também não se deve imaginar que uma palestra ocasional sobre a importância da leitura vá fazer efeito.

O que nossos docentes necessitam — por si mesmos e como educadores, multiplicadores de oportunidades — é desenvolver a capacidade de se situarem como partes de uma história e de uma cultura, percebendo-se como personagens de uma narrativa coletiva ou individual em busca de sentido. Para isso, é essencial conviver com as artes, inclusive a da palavra. Não se ensina ninguém a gostar de bons livros, de literatura, de arte em geral. *Amar* é um verbo diferente de *comprar*, não admite imperativo. A forma gramatical existe, mas não funciona. A publicidade que nos cerca pode incentivar as vendas repetindo: *use, compre, seja como os outros, siga a moda*. Mas não adianta dizer: *goste*. Então, para aproximar o professor dos bons livros, não adianta dizer a ele que deve gostar de literatura. Nem fazê-lo se sentir culpado porque não costuma ler bons livros. O que, sim, se pode e deve fazer é facilitar seu convívio com a arte, dar condições que possibilitem essa intimidade, tanto na formação dos futuros docentes quanto mais tarde, em serviço, durante sua vida profissional. Criar oportunidades para que, pouco a pouco, se desenvolva a sensibilidade individual, por meio do contato frequente com boa música, exposições de arte, teatro, bons filmes, leitura e discussão de textos de qualidade. Em termos práticos, isso pode se fazer inicialmente numa programação orientada, constante, continuada, que permita que aos poucos a pessoa comece a descobrir suas próprias preferências. Em seguida, vem o momento de lhe facilitar o acesso a essas obras, para que ela possa continuar seu caminho por si mesma, voar sozinha, buscando suas afinidades, respeitando suas rejeições.

Algo nesse sentido já foi tentado há alguns anos pelo governo do Paraná, no Brasil, mas de forma episódica, sem constância nem continuidade. Mesmo assim, teve resultados comovedores e provou que é possível buscar alguma coisa por esses caminhos.

As obras literárias nos convidam a um exercício de liberdade de interpretação e de respeito pelas diferenças. Colocam diante de nós o desafio de enveredar por um discurso que oferece diversos planos de leitura, numa linguagem rica em potencialidades inesperadas, cheia de ambiguidades. Como a vida. Num mundo em que cada vez mais se compreende como é vã a ilusão de uma educação que transmita respostas prontas, o contato com a arte em geral (e com as narrativas históricas e de ficção, em particular) nos obriga a lidar com a falta de certezas, nos relembra que não há apenas um significado único para as coisas e nos desperta para a formulação de nossas próprias ideias. Pode ser uma ferramenta preciosa para a consolidação da consciência coletiva e para a formulação de novas perguntas individuais, em nossa eterna busca de algum sentido que faça de nossa dor ou perplexidade uma esperança de um futuro melhor.

Pelas frestas e brechas:
A importância da literatura
infantojuvenil brasileira*

De certo modo, me sinto diante de um desafio comparável ao de um poeta e compositor brasileiro que se viu instado a explicar ao mundo os segredos de algo que conhecia muito bem, de dentro, mas começava a chamar a atenção internacionalmente e com isso estava a exigir alguma forma de exegese. Claro que a situação é bem diferente. Mas, quando este ciclo de palestras me pede para vir aqui e tentar apresentar resumidamente um quadro geral que aponte os traços característicos da literatura infantil brasileira, não posso deixar de lembrar Dorival Caymmi, lá nos anos 1940, tendo que explicar à Europa, França e América aquilo que a Bahia já conhecia tão bem: o que é que a baiana tem.

O que é que a gente tem, que é só nosso, nos livros para crianças? Fiquem tranquilos que não tenho a pretensão de dizer isso cantando, à moda de Caymmi. O que me cabe é dizer isso contando, à minha moda.

Há quase trinta anos, em 1976, fui surpreendida por um convite da Fundação Nacional do Livro Infantil e Juvenil (FNLIJ),

---

* Palestra proferida na Academia Brasileira de Letras, em 5 de abril de 2005.

para a qual eu fizera uma pesquisa sobre adaptações de clássicos para crianças no mercado editorial brasileiro. Agora, sua secretária-geral, Laura Sandroni, me convidava para representar o Brasil num júri internacional que a cada dois anos se reúne para conferir o maior prêmio do setor — justamente com o nome de Hans Christian Andersen, que homenageamos aqui e agora, com estas palestras, para comemorar seu segundo centenário de nascimento. Como o prêmio é conferido ao conjunto de obras de um autor vivo e havia candidatos de dezenas de países, levei mais de um ano discutindo critérios com os outros jurados e, depois, quase outro ano lendo uma quantidade inacreditável de obras, que chegavam em caixas e mais caixas pelo correio, invadindo minha casa como um pesadelo, espalhando-se por toda parte, numa reedição dos rinocerontes de Ionesco. Mas lê-las não tinha nada de aflitivo. Pelo contrário, foi um prazer. E fiquei com as melhores lembranças de toda essa atividade, que culminou com dois dias de reunião intensa em Teerã em 1978, em volta de uma mesa onde nove especialistas levamos oito horas diárias discutindo literatura infantil acaloradamente.

Foi uma bela experiência intelectual. E no decorrer da reunião, lá no Irã, ouvindo tudo o que se dizia sobre o que vínhamos lendo havia dois anos, tive uma súbita percepção iluminadora. A de que nós, brasileiros, tínhamos algo muito especial naquele universo. Estávamos começando a dar uma contribuição à literatura infantil do século XX, de uma originalidade e uma qualidade só comparáveis às que a produção dos britânicos vinha dando desde o século XIX — com autores como Robert Louis Stevenson, Lewis Carroll e suas Alices, James Barrie e seu Peter Pan, Beatrix Potter, A. A. Milne, C. S. Lewis, J. R. R. Tolkien e alguns outros nomes emblemáticos. Não apenas nossa literatura infantojuvenil mais recente não faria vergonha nenhuma diante das grandes obras internacionais, mas também apresentava aspectos próprios absolutamente originais e intensamente sedutores, que poderiam encantar e enriquecer as crianças do resto do mundo — se conseguíssemos sair do gueto de desconhecimento em que estávamos encerrados ao escrever numa língua marginalizada, numa cultura ignorada, num país periférico. Voltei entusiasmada, e a FNLIJ confiou no meu entusiasmo. Em consequência, o Brasil já concorreu ao prêmio seguinte, em 1980, com a obra de Lygia Bojunga em inglês, especialmente traduzida para os jurados. Cinco macinhos de páginas mimeografadas que se empilhavam em cima da mesa na discussão final do desempate, quando ela perdeu em terceiro escrutínio para um poeta tcheco consagrado em seus oitenta anos, cuja obra consistia em três pilhas de livros publicados em dezenas de línguas. Reapresentado o nome de Lygia no biênio seguinte, sem qualquer brasileiro no júri, ela nos trouxe a medalha, na primeira vez que foi concedida a alguém do hemisfério Sul. Minha intuição se confirmava.

Pode não ter sido a abertura de comportas que leva tudo de roldão, mas timidamente aproveitamos a fresta e fomos nos esgueirando desde então, aparecendo e sendo incluídos, considerados, respeitados. A partir daí, os autores de literatura infantojuvenil brasileira ganhamos vários outros prêmios, em diferentes países, e com frequência nossos nomes estão entre os finalistas dos concursos internacionais. Somos respeitados por quem realmente conhece o gênero. Há teses sobre nossas obras em universidades alemãs,[*] artigos nos analisando em revistas estrangeiras, há trabalhos de uma catedrática russa em uma universidade da Suécia[**] comparando a qualidade do que escrevemos a García Márquez, ou artigos de especialistas[***] nos atribuindo o olhar feminino e jovem do realismo mágico latino-americano. Numa entrevista pouco

---

[*] Bettina Neumann, *Brasilianische Kinderliteratur: Lygia Bojunga Nunes und Ana Maria Machado*. Berlim: Universidade Livre de Berlim, 1994, dissertação de mestrado.
[**] Maria Nikolajeva, "The Power of Language: Ana Maria Machado", *Bookbird*, v. 38, n. 3, 2000.
[***] Carlos Sanchez Lozano, "Ana Maria Machado: Camino a la perfección", *Educación y biblioteca*, Madri, ano 12, n. 116, pp. 51-2, 2000.

antes de morrer,* o escritor Marcos Rey, ganhador do Prêmio Juca Pato de Intelectual do Ano, chamava a atenção para o fato de que o Brasil consegue produzir algumas surpreendentes ilhas de excelência cultural, inegáveis e obrigatoriamente reconhecidas por todos os especialistas de suas respectivas áreas — e citava a literatura infantil ao lado da cirurgia plástica, da arquitetura e da teledramaturgia, tão justo motivo de orgulho nosso quanto o futebol.

Por quê? O que é que essa literatura infantojuvenil tem de tão especial? Foram exatamente essas as perguntas que me fiz na ocasião em que percebi o fenômeno, e venho buscando as respostas desde então.

Em primeiro lugar, temos muita liberdade. Temos também uma tradição preciosa. E temos a vantagem do que inventamos a partir de nossas desvantagens.

A liberdade foi fundamental. Hoje, a distância no tempo já permite constatar que a explosão de nossa literatura infantojuvenil no início dos anos 1970 não foi um acaso nem apenas uma coincidência. Já tem sido muito assinalado que, logo após o Ato Institucional n. 5, em dezembro de 1968, quando o regime militar se fechou mais ainda, surgiram vários autores para jovens que mais tarde iriam se consolidar como nomes importantes no gênero. Saiu em 1969 a revista *Recreio*, em São Paulo, onde publiquei meus primeiros contos ao lado de Ruth Rocha, Joel Rufino, Sonia Robatto e, numa segunda fase, Sylvia Orthof e Marina Colasanti. Uma obra-prima, *Flicts*, de Ziraldo, foi lançada em dezembro de 1968. Outra, *O caneco de prata*, de João Carlos Marinho, em 1969 — e para dar uma ideia da sofisticação literária dessa estreia basta lembrar que ele tem um capítulo inteiro contado com onomatopeias e interjeições, em clara homenagem ao célebre capítulo de Machado de Assis em *Memórias póstumas de Brás Cubas* todo feito

* Mareio Vassallo, *Nos bastidores do mercado editorial*. Rio de Janeiro: Cejup, 1997.

de sinais de pontuação. Os jovens leitores entendiam e adoravam. No mesmo ano, estava sendo escrito *Os colegas*, de Lygia Bojunga, enquanto Edy Lima consolidava o fantástico de sua *A vaca voadora*. Em seguida, entrava em cena a refinada mescla de intensidade poética quase abstrata com mineirices concretas que marca a obra de Bartolomeu Campos de Queirós, premiado no ano passado por esta Academia Brasileira de Letras (ABL). E vale a pena frisar que igualmente no ano de 1969 foi fundada a FNLIJ, instituição que tem desempenhado também um importante papel no apoio aos livros de qualidade para crianças e jovens no país.

Num número especial da revista *Tempo Brasileiro*, com um retrospecto analítico sobre a década de 1970, Heloísa Buarque de Hollanda ajudou a dar as coordenadas para uma hipótese crítica de rara agudeza. Como o AI-5 trouxe um fechamento político e uma repressão muito acentuados, alguns dos intelectuais que queriam dizer alguma coisa (e se sentiam pressionados intimamente para conseguir se manifestar de alguma forma) saíram em busca de brechas por onde pudessem tentar passar. Foram quase intuitivamente buscando gêneros alternativos, considerados menores, que não chamassem tanto a atenção das autoridades e que permitissem o uso de uma linguagem altamente simbólica, polissêmica, multívoca. Faziam uma aposta num leitor inteligente que os decifrasse e embarcasse com naturalidade em seu universo metafórico. Esses gêneros acabaram constituindo uma marca da época. Foi o caso da chamada poesia de mimeógrafo, das letras das canções e da literatura infantojuvenil.

Vários críticos também já assinalaram as marcas distintivas dessa literatura infantil que se firmou nos anos 1970 — a rebeldia, o antiautoritarismo, a insistência na emancipação, a ruptura com os compromissos pedagógicos e os modelos de comportamento, o questionamento permanente, a ênfase no uso poético da linguagem, o fino senso de humor, o ludismo verbal, a sofisticação literária, a multiplicação das vozes, a pluralidade cultural, a revitalização da tradição oral, a discussão da contemporaneidade — com seu correlato comprometimento com uma atitude de pensar o mundo, o país e a sociedade. Não vou insistir em esmiuçar essas características já por todos reconhecidas.

Interessa-me, neste momento, tentar me debruçar sobre outro aspecto dessa liberdade que as obras brasileiras refletem, tentar responder a outras perguntas. Como isso foi possível num tempo de pouca liberdade? Que mecanismos permitiram essa eclosão?

Também é quase um lugar-comum nos estudos do gênero afirmar que uma literatura infantil de qualidade só se desenvolve quando a literatura dita de adultos já atingiu sua maioridade e há condições socioeconômicas para a busca de um grande aumento do número de leitores, ou da formação de um mercado de futuros leitores. Em uma palavra (bem antipática, aliás), massificação.

Quanto à maturidade atingida pela literatura brasileira na segunda metade do século XX, depois de Machado de Assis e Euclides da Cunha, de Carlos Drummond de Andrade e João Cabral de Melo Neto, de Clarice Lispector e Guimarães Rosa, não pode haver dúvidas. E no que se refere à possibilidade de atingir maciçamente um grande número de leitores, era justamente o que estava acontecendo naquele instante de final da década de 1960 ou início da de 1970, como mostraram os estudiosos da leitura no Brasil, principalmente Regina Zilberman e Marisa Lajolo. Por um lado, desenvolvia-se o canal de vendas em bancas de jornais, com as coleções de fascículos e a expansão das revistas, entre elas algumas infantis como *Recreio* e *Alegria* (ed. Abril) e *Bloquinho* (ed. Bloch) — um mercado em expansão. A revista *Recreio*, um caso emblemático, estava vendendo poucos meses após seu lançamento 250 mil exemplares por semana. Por outro lado, em 1972 entrou em vigor a Lei n. 5692, com diretrizes para a educação. Um artigo dessa lei recomendava às escolas que propiciassem a seus alunos oportunidades de leitura extracurricular. Num governo autoritário, qualquer recomendação era uma ordem. Outra brecha, mais uma desvantagem que virava vantagem. Como havia poucos livros interessantes, rapidamente os professores descobriram as revistas, que começaram a indicar. Em poucos anos, os contos das revistas estavam sendo reunidos em volumes vendidos em bancas, as instituições oficiais (como prefeituras ou o Instituto Nacional do Livro) faziam concursos para descobrir originais inéditos, a iniciativa privada seguia seu exemplo, a FNLIJ multiplicava seus prêmios de qualidade para livros publicados, destacando a produção recente. Essa efervescência foi revelando e apoiando autores iniciantes, orientando leitores, consolidando um panorama novo. Daí a uns dez anos, na virada da década de 1980 (justamente quando começaram a surgir livrarias especializadas por todo o país, algumas cidades com mais de uma dúzia delas abertas em um único ano), algumas editoras, percebendo o que estava ocorrendo debaixo de seus olhos, começaram a se especializar no segmento, incentivando ilustradores nacionais, apostando na melhoria da qualidade gráfica e técnica. Assim se formaram os excelentes e variados catálogos editoriais de nosso mercado infantojuvenil.

 Graças a essa história, a literatura infantojuvenil brasileira pôde se firmar na contramão da maioria dos processos paralelos. Enquanto nos Estados Unidos, no Japão ou na Europa um editor que quisesse publicar um livro infantil geralmente partia de uma pesquisa de mercado para escolher um determinado tema (pais separados, troca de dentes, morte de avó etc.) e, em seguida, encomendar um texto a um redator capaz de falar uma linguagem considerada infantil, o editor brasileiro tinha outra situação diante de si. Estava frente a uma verdadeira explosão criativa, que irrompia da energia canalizada por quem não admitia se calar e forçava a abertura de brechas. Contava com a força da maleabilidade inventiva de quem aprendia a passar por mínimas frestas.

Assim, nosso editor inteligente e atento podia partir de um texto criado por um autor que não estava preocupado em fazer concessões a um hipotético leitor de determinada idade ou em atender a determinado nicho de mercado considerado promissor, mas que apenas buscava se expressar, como qualquer artista. Em outras palavras, como toda e qualquer literatura, sem adjetivos relacionados à faixa etária dos leitores, essa nossa não surgia do destinatário, mas dos autores. Daí sua força. Era feita por gente que, se estava escrevendo também para crianças e jovens, não era necessariamente oriunda de áreas que trabalhassem com pedagogia ou psicologia infantil, mas que chegava à escrita naturalmente, pelo amor à leitura. Indivíduos que, de tanto ler com paixão, passaram também a escrever. Essa talvez seja então uma primeira marca distintiva da literatura infantojuvenil que eclodiu entre nós a partir dos anos 1970: quem a ela chegava não vinha atraído primordialmente pela criança ou pela educação, mas pelas possibilidades criativas da linguagem e pela literatura em si. Autores carregados de leituras. O que, de imediato, lhes dava uma bagagem extra, que vinha naturalmente, sem que se pensasse nisso: o diálogo com outros livros, a reflexão sobre o próprio fazer literário, a metalinguagem, a intertextualidade. Afinal, o essencial da literatura infantil não deve ser o infantil, mero adjetivo. Deve ser a literatura, isso, sim, substantivo. E a coisa mais importante na literatura é que os livros falam entre si, como lembra Umberto Eco, evocando Borges.

Sendo grandes leitores, com muita intimidade com a literatura, esses autores se sentiram inteiramente à vontade para se movimentar numa floresta labiríntica de alusões, remissões e citações. Ou para partir para a paródia e o pastiche, já assimilados todos os modernismos — de 1922 e posteriores. Por exemplo: Andersen não tinha retomado um conto do espanhol Don Juan Manuel, em *El Conde Lucanor*, sobre um imperador enganado por espertalhões e que acaba saindo à rua sem roupas? Guimarães Rosa não tinha se inspirado no romance medieval da donzela guerreira e no *Fausto*? Machado de Assis não dialogara com Otelo em *Dom Casmurro*? Então toda a literatura universal estava à disposição para que se fizesse o mesmo, ao alcance das crianças. A começar pelos contos de fadas e pelo folclore, repertório da tradição oral que sempre fez parte do acervo familiar e infantil. Essa constatação se fez acompanhar de um certo entusiasmo pela escrita, em festiva multiplicação de títulos e autores.

É que, na verdade, foi intensa a alegria dessa descoberta de que a literatura infantil é um território de total liberdade literária onde é possível estabelecer uma cumplicidade preciosa com o leitor. Ou com diferentes leitores, em níveis de leitura distintos, mais numerosos e diferenciados até do que os da literatura não infantil, incapaz de atingir as crianças. Deliciados, os autores iam constatando que essa literatura que faziam não apenas não precisava aceitar as marcas de menor e menos, mas, pelo contrário, lhes permitia ter algo a mais na riqueza de camadas de leitura que poderia suscitar — e não apenas nas possibilidades de exploração de uma linguagem brasileira a partir do registro oral e familiar, o que confesso ter sido um dos motivos iniciais de fascínio para mim, pessoalmente.

Ao lerem os livros, as crianças se divertiam, os pais e professores percebiam as piscadelas que os autores lhes davam, os críticos se sentiam desafiados a ir cada vez mais fundo e descobrir mais. Principalmente a crítica universitária, salvo raríssimas e honrosas exceções na imprensa — já que a mídia sempre deu ao gênero apenas a atenção sazonal de um soluço anual em outubro, na Semana da Criança, em reportagens iguaizinhas e intercambiáveis ano após ano, variando apenas os títulos dos últimos lançamentos. Aliás, até isso melhorou — há agora outro soluço anual, em abril, quando se comemora o aniversário de Andersen, Dia Internacional do Livro Infantil, 2 de abril, e seu equivalente nacional, dia 18, com o aniversário de Lobato. Mas a universidade, aos poucos, espicaçada pelo desejo de estar à altura daquele desafio proposto pela nova literatura infantojuvenil, passou a trazer à cena contribuições de alta qualidade e olhar agudo, numa reflexão teórica que igualmente colabora para a excelência do gênero entre nós. Ao constatar e demonstrar como o aparente delírio imaginativo da literatura infantojuvenil, analogamente ao de toda literatura, trabalha sobre um jogo de influências e remissões a partir de um arquivo cultural denso, essa crítica tem também exercido um papel importante na consolidação do respeito à cidadania literária desses textos. Isso é fundamental, numa área em que é imprescindível separar o joio do trigo, pois abrange terrenos em que o joio costuma ser adubado para se alastrar profusamente — pela aparente facilidade, pela promiscuidade com o didatismo, pela ilusão da compensação financeira e pelo imediatismo com que pode atrair os holofotes da mídia superficial, por causa de números inchados e sentimentalismos engraçadinhos capazes de apelar para a consciência de uma opinião pública que se sente confusa e difusamente culpada diante da maneira pela qual nossa sociedade abandona a infância. Mas, ao lado dessa essencial triagem e orientação no universo de uma produção vastíssima, a crítica universitária tem sabido ver, na ruptura operada pelos autores infantojuvenis da chamada geração de 70, a criação de novos paradigmas, capazes de mobilizar uma interação estética no encontro com o leitor, sem prescrições nem proscrições (como sintetiza Marisa Lajolo). A excelência dessa reflexão teórica tem sido outra marca do setor entre nós, que nos distingue internacionalmente. Poucas sociedades podem apresentar padrões análogos nesse campo.

Além dessa liberdade assim emoldurada, outro fator que ajudou muito nossa literatura infantil foi o alto nível do que podíamos considerar nossa tradição no setor, com a qual nossos livros também mantêm permanente e amoroso diálogo. Parafraseando a célebre explicação de Sir Isaac Newton para a revolução que operou na física: nossos autores puderam avançar de forma tão marcante porque podiam deixar para trás os primórdios da caminhada e a descoberta do caminho. Já viam tudo do alto e andavam a passos largos, pois estavam montados nos ombros de um gigante. Este é o grande segredo, a explicação maior da qualidade do que se escreve para crianças entre nós. Antes de mais nada, temos o privilégio de contar com um pioneiro fantástico: Monteiro Lobato. E mesmo o extraordinário papel que uma revista como *Recreio* desempenhou no despertar de toda essa atividade não surgiu do nada. Até uma década antes, nós tínhamos tido *O Tico-Tico*, que circulou de 1905 a 1958 (como foi mostrado recentemente em bela exposição na Biblioteca Nacional). Ou seja, era muito recente na memória do mercado a lembrança de uma revista semanal infantil repleta de textos e atividades. Os órfãos de *O Tico-Tico* estavam predispostos a comprar *Recreio* para seus filhos ou indicar a revista para seus alunos.

Leitores da obra de Monteiro Lobato desde a infância, aprendemos muitíssimo com ele, também grande leitor e apaixonado pelos livros. Do universo lobatiano, herdamos preciosas características que nos distinguem. A primeira é o respeito integral à inteligência da criança, a aposta na sua capacidade, a confiança em que ela está à altura e vai corresponder aos mais instigantes desafios — coisas que fizeram a literatura infantil brasileira evitar o tatibitate condescendente, tão abrangente e desastroso em outros casos. A segunda foi o estímulo para mergulharmos nas entranhas do Brasil, como Lobato. O que significa amar o que é nosso, mas ver o atraso em que vive o Jeca Tatu e compará-lo com as alternativas possíveis. Dessa forma, sem qualquer laivo saudosista ou ufanismo excluidor, torna-se possível imergir na memória e nas variadas vivências nacionais, criando condições para que o espírito brasileiro se manifeste em histórias e personagens muito nossos, ligados às raízes folclóricas e à cultura popular, embebidos de nossos falares e da realidade histórica que nos circunda, mas sem com isso excluirmos contribuições anteriores e exteriores. Pelo contrário, ao digeri-las antropofagicamente, essa nossa literatura infantil acabou também expressando constantes universais. Porém, o fez de uma forma própria, muito original, como ninguém mais estava fazendo. Tecida de irreverência, humor, fé na criança, amor aos livros e uma certa visão utópica acompanhada de consciência humanística — todos traços também da obra de Lobato.

Outra herança lobatiana talvez seja a absoluta naturalidade com que transitamos do real ao fantástico, apenas levados pelo faz de conta, sem necessidade de recorrer à mediação de objetos mágicos que tentariam introduzir uma explicação racional no inexplicável. Por exemplo, no início de *Reinações de Narizinho*, a menina está deitada, cochilando ao lado do ribeirão, e assiste à discussão entre um besouro e um peixinho mínimo sobre a conveniência de fazerem moradia em suas narinas. Pouco depois, ela entra no ribeirão e visita o reino desse peixinho-príncipe. E os dois se casam, de braços dados no cortejo nupcial, do mesmo tamanho. Sem qualquer explicação sobre essa variação de tamanho. Na verdade, a essa altura já estão no fundo do mar, com polvos, ostras, baleias e tudo. E ela volta de lá quando ouve o grito de Tia Nastácia: "Narizinho, vovó está chamando!". Também não há qualquer necessidade de explicação para o alcance longínquo daquela voz. Só pela força do imaginado. Uma força tão poderosa que arrebata o leitor, fazendo-o aderir aos personagens, sem questionamento.

Isso não é frequente em outras literaturas infantis, onde a intermediação da visão adulta se faz presente a exigir racionalidade e explicar que os personagens geralmente têm varinhas mágicas, anéis, lâmpadas, palavras, capas etc. Ou então acordam no final para descobrir que foi tudo um sonho. Na obra de Lobato isso não acontece. Pelo contrário, a naturalidade da passagem é tão absoluta quanto no imaginário da criança que brinca. Comparável ao que ocorre na obra dos grandes mestres do realismo mágico latino-americano, com a qual nossa literatura infantil tem sido seguidamente comparada, muitas vezes com a observação de que, no Brasil, essa tendência foi mais característica dos autores que escrevem para crianças do que dos que se dirigem aos adultos, salvo exceções como Murilo Rubião, José J. Veiga ou o Erico Verissimo de *Incidente em Antares*...

Outra herança significativa de Monteiro Lobato foi a ênfase num falar brasileiro coloquial e familiar em delicado equilíbrio com a norma culta e a admiração pelos clássicos. Outro legado: a convicção de que se pode e deve discutir a contemporaneidade com a criança. Ele falou de petróleo, da guerra, das queimadas, da maldade humana, de Hollywood, de tanta coisa mais, de mistura com as histórias que contava. Os autores contemporâneos discutem corrupção e ditadura, o exílio, a Constituinte, padrões de comportamento, divórcio, novos modelos familiares, doença, morte, ecologia, injustiça social, a desigualdade brasileira. Ou seja, não fogem de tema algum, ainda que em geral saibam driblar o tom panfletário redutor. Mas, via de regra, evitam a dicotomia que costuma caracterizar internacionalmente a literatura para jovens e que obriga a separar livros de fantasia de livros de problemas, mais realistas. No nosso caso, também aí as fronteiras se apagam.

Além disso, convém recordar que a cultura brasileira funciona por mecanismos que tendem a ser integradores e includentes — como já assinalaram mestres do porte de Gilberto Freyre e Sérgio Buarque de Holanda. Ou, mais recentemente, Alfredo Bosi, ao chamar a atenção para a capacidade de nossa cultura criadora em integrar amorosamente o popular e o erudito e, com isso, desempenhar um papel de resistência. Não surpreende, portanto, que nela também existam traços de integração entre as gerações. Em outras palavras, a pecha de atividade menor, tão intensamente acentuada em outros meios, não caiu com tanta força sobre nossos autores infantojuvenis, por mais que a pretensa modernidade da segmentação de mercado tente impô-la nos meios de comunicação de massa como condição desejável de uma sociedade de consumo. Difícil saber por quê. Lembro uma conversa com o acadêmico Darcy Ribeiro — também há muito tempo, quando estávamos ambos exilados — em que ele me chamou a atenção para um fato em que eu nunca havia reparado: a influência indígena que temos em nossa maneira de lidar com a criança. Nossa conversa foi despertada porque os que tínhamos filhos pequenos em escolas francesas não nos conformávamos com a prática totalmente aceita (inclusive pela legislação) de que os professores corrigissem os alunos com palmadas, e essa constituía uma das maiores dificuldades de adaptação no cotidiano do exílio: não admitíamos que nossos filhos apanhassem e, ao mesmo tempo, não queríamos que eles fossem vistos pelos colegas como protegidos ou diferentes. Dizia Darcy que, apesar da importação da vara de marmelo e da palmatória e do uso dos castigos corporais como prática educativa, nós temos no Brasil também uma marca muito forte da atitude dos índios com as crianças, feita de toques físicos, de pele, de colo e chamego, de abraço e cafuné, de paciência e atenção, de brincadeira e risada, de aconchego e naturalidade carinhosa. Talvez seja por isso. Mas o fato é que é enorme o número de grandes nomes de nossa literatura que não se sentiu diminuído por escrever para crianças. Em nossa Academia, por exemplo, lembro que Josué Montello, Arnaldo Niskier, Carlos Heitor Cony, João Ubaldo Ribeiro, Lêdo Ivo, Moacyr Scliar, Nélida Piñon, Paulo Coelho, Zélia Gattai vêm publicando para crianças e jovens e se somando a uma tradição que vem de Olavo Bilac e Manoel Bomfim, Viriato Correia, Orígenes Lessa, José Lins do Rego, Rachel de Queiroz, Jorge Amado, passando por Graciliano Ramos, Erico Verissimo, Cecília Meireles, Vinicius de Moraes, Clarice Lispector, Mário Quintana, Carlos Drummond de Andrade, Fernando Sabino, Ferreira Gullar, entre outros. Um time dos sonhos, a comprovar que os preconceitos intelectuais com que sistematicamente a literatura infantojuvenil é vista pela cultura erudita em todo o mundo não conseguiram abafar, entre nós, as incursões dos maiores craques em seus terrenos. E até mesmo quando não foram escritos especialmente para crianças, é com naturalidade que livros de grandes clássicos nacionais têm sido editados, com texto integral, ilustrações e apresentação gráfica voltada para esse público — e têm sido muito bem aceitos, comprovando a observação de que essas fronteiras entre nós são muito permeáveis. É o caso de Machado de Assis, Guimarães Rosa, Manuel Bandeira, João Cabral de Melo Neto, Rubem Braga — para ficarmos só em alguns. Mais uma vez, confirma-se que nossa cultura não considera a literatura infantojuvenil com uma mirada tão excludente como costuma ocorrer em outros países. E todos nos beneficiamos dessa atitude integradora e abrangente.

É igualmente interessante abrir uns parênteses e observar como há semelhanças com o que aconteceu nas letras britânicas, em que a grande força artística de sua literatura infantil pode ser melhor entendida quando verificamos que, diferentemente do que ocorreu na maioria dos outros países, lá também alguns grandes autores escreveram para crianças. Começo com um exemplo significativo, o de Mary Wollstonecraft, famosa por sua militância em prol dos direitos femininos (aliás, tão famosa que é citada pela avó de Carolina em *A moreninha*, de Joaquim Manuel de Macedo), e por ter sido esposa de William Godwin, por muitos considerado o Andersen inglês, devido à sua coletânea de contos tradicionais para crianças — anterior à do dinamarquês e por este conhecida. A filha dos dois foi Mary Shelley, casada com o grande poeta Percy B. Shelley e também escritora, autora de *Frankenstein*. Mas aqui eu desejava destacar a mãe, uma ativa pioneira do gênero infantojuvenil: publicou suas histórias desde 1788, algumas com ilustrações de William Blake, fundou uma livraria infantil em Londres em 1805 e a manteve por vinte anos, e foi sócia do marido numa editora responsável pela publicação da célebre coletânea de Shakespeare para crianças feita por Charles e Mary Lamb, por encomenda dela. Também escreveram para jovens outros autores famosos, de William Thackeray, Robert Louis Stevenson, Oscar Wilde e Rudyard Kipling a Graham Greene, Virginia Woolf, T.S. Eliot e William Golding. E os jovens leitores de língua inglesa, além de se apropriar da obra de Charles Dickens com personagens infantis, de versões adaptadas de alguns de seus próprios clássicos, como Defoe (*Robinson Crusoé*), Swift (*As viagens de Gulliver*), e dos romances históricos de Walter Scott, ainda puderam contar com outras preciosas vozes oriundas do outro lado do Atlântico, de Mark Twain a Hemingway, passando por Faulkner, todos escrevendo para crianças além de para adultos — antes que a ditadura do mercado numa sociedade de consumo pasteurizasse tais originalidades norte-americanas. Daí bastava um passo para que a leitura juvenil britânica saísse devorando outros gêneros muito populares, como as novelas de colégio, os romances de aventura e históricos, os dramas domésticos. Tendo muita variedade de boa qualidade para ler, no final do século XIX as crianças e adolescentes ingleses estavam prontos para enfrentar os desafios mais complexos que a literatura infantil passou a exigir de seus minúsculos leitores, com a prosa de Lewis Carroll e a poesia de Edward Lear, por exemplo. E, por sua vez, algumas das crianças leitoras desses textos exigentes, tão bem alimentadas em sua imaginação e prática literária, puderam crescer para fecundar a literatura com uma experiência de radicalidade na escrita — como demonstra Juliet Dusinberre,[*] professora em Cambridge, ao examinar as influências que exerceram tais leituras e a concepção da literatura como liberdade e jogo, sobre o ex-

---

[*] Juliet Dusinberre, *Alice to the Light House: Children's Books and Radical Experiment in Art*. Londres: Macmillan, 1999.

perimentalismo literário de autores como Joyce e Virginia Woolf, por exemplo. Conforme ela assinala, tais autores se acostumaram a ler textos de densidade literária desde pequenos — com multiplicidade de vozes e de pontos de vista narrativos, com invenção linguística, com exploração de ambiguidades de sentido. Tinham a certeza de que podiam contar com a existência de um pacto tácito em que confiar, de cumplicidade entre autor e leitor. Ao escrever, tinham perfeita consciência de poder lançar desafios à sua plateia leitora, sem se tornar paternalista nem exigir sua dócil reverência. Não precisavam ficar transmitindo mensagens. Podiam se conceder a bela liberdade de apostar numa leitura criativa e dividir a autoria com o leitor.

Toda essa digressão se justifica para estabelecer padrões de aferição. A comparação ajuda a entender a estatura de nossa literatura infantojuvenil e os mistérios de sua qualidade. Ela não surgiu da noite para o dia nem solta no espaço. Precisou de precursores, críticos, leitores anteriores, leitores em perspectiva. Foi possível porque num determinado momento conseguiu escapar às barreiras que se erguiam diante da produção literária e que Machado de Assis já apontava em 1866 no *Diário do Rio de Janeiro*: "A opinião que devia sustentar o livro, dar-lhe voga, coroá-lo, enfim, no Capitólio moderno, essa, como os heróis de Tácito, brilha pela ausência. Há um círculo limitado de leitores; a concorrência é quase nula, e os livros aparecem e morrem nas livrarias".[*]

Mais uma vez, temos de reconhecer que a abertura de uma brecha nessa barreira foi possível graças a Monteiro Lobato. Não apenas como autor, mas também como editor, distribuidor, tra-

---

[*] Afrânio Coutinho (Org.), *Obra completa*. Rio de Janeiro: Aguilar, 1982, p. 814, citado por Marisa Lajolo, *Do mundo da leitura para a leitura do mundo*. São Paulo: Ática, 1993.

dutor, ativo e apaixonado militante do livro. Graças à sua incansável atividade de empreendedor entusiasmado, multiplicando pontos de venda em farmácias e vendas do interior, fazendo publicidade, dedicando-se à promoção da leitura de literatura, *Reinações de Narizinho* pôde atingir a marca de um milhão de exemplares vendidos, num Brasil de população bem menor e menos alfabetizada que a de nosso tempo. É lícito supor que muitos desses pequenos leitores, ao crescer, procuraram seguir o exemplo de Dona Benta, lendo e contando histórias para crianças. Ou trataram de dar livros a seus filhos e netos, na tentativa de oferecer a eles o prazer que tiveram nas suas leituras infantis. E alguns viraram escritores.

Esses antigos leitores (a geração que José Roberto Whitaker Penteado chama de "filhos de Lobato"), amorosamente valorizando a palavra escrita e respeitando a imaginação infantil, é que incentivaram o desenvolvimento do mercado que possibilitou a eclosão da literatura infantojuvenil brasileira em todo o seu esplendor. O trajeto é longo e começou há muito tempo. É fundamental que não se interrompa justamente agora — quando sobem os índices de escolarização no país. Mais do que nunca, exige-se de cada um de nós uma atenção constante sobre as eventuais quebras de continuidade em programas e ações de apoio à literatura infantil, sobretudo as do poder público, impossíveis de serem relevadas por mais que tentem se apresentar como bem-intencionadas ou meras pausas para avaliação. Como também lembrou Machado de Assis em outro artigo, com o qual encerro estas palavras: "É mais fácil regenerar uma nação que uma literatura. Para esta, não há gritos do Ipiranga; as modificações operam vagarosamente, e não se chega em um só momento a um resultado".*

* Ibid.

Lá e cá: Algumas notas sobre a nacionalidade na literatura brasileira*

> Minha terra tem palmeiras
> Onde canta o Sabiá.
> As aves que aqui gorjeiam
> Não gorjeiam como lá
> Gonçalves Dias,
> "Canção do exílio"

Num artigo inicialmente publicado no exterior e em inglês,** Machado de Assis aponta na literatura brasileira de sua época o que denomina "certo instinto de nacionalidade", considerando ser essa característica o seu traço mais evidente. Segundo ele, os diferentes gêneros e "formas literárias do pensamento" buscavam "vestir-se com as cores do país". Mais do que apontar, Machado interpretava essa tendência como inegável "sintoma de vitalidade e abono de futuro".

Corria o ano de 1873 e ele ainda não tinha publicado seus romances da maturidade que, a partir de *Memórias póstumas de*

---

* Palestra proferida no Seminário de Literatura em Português da Universidade de Oxford em novembro de 2005.
** Machado de Assis, "Notícia da atual literatura brasileira: Instinto de nacionalidade", *O Novo Mundo*, 24 mar. 1873. In: *Obras completas*. Rio de Janeiro: Nova Aguilar, 1997. 3 v.

Brás Cubas, de 1891, iriam consagrá-lo definitivamente como o maior escritor brasileiro de toda nossa história. Ao se referir a esse futuro, Machado de Assis nem desconfiava o lugar que nele iria ocupar ou a estatura com que seria visto pelos pósteros.

Não poderia imaginar tampouco que nesse futuro, exatos setenta anos mais tarde, em 1943, outro grande romancista do Brasil iria se dirigir também a um público de língua inglesa para dar um panorama da literatura brasileira, apresentando-o — a ele, Machado de Assis — como um dos grandes orgulhos nacionais.

Em sua série de palestras na Universidade de Berkeley, o gaúcho Erico Verissimo acabou fazendo uma breve história da literatura brasileira — título, aliás, do livro em que mais tarde foram reunidas essas conferências.

Ao falar de Machado, Erico Verissimo não se contém e interfere diretamente no texto, confessando, na primeira pessoa e entre exclamações:

> Estranho homem! Leio e releio suas obras com uma admiração sempre aumentada. Sua prosa é bastante seca, precisa e destituída de colorido. Mas é equilibrada, correta, elegante e límpida. Tem um sabor clássico, mas assim mesmo é profundamente "brasileira".*

Torna-se interessante aproximar esses dois comentários, neste momento, com a distância que o tempo propicia. Entre outras coisas, pela coincidência de que ambos associam a brasilidade ao colorido ao se dirigirem a uma plateia anglo-saxônica.

No entanto, se chegarmos mais perto, verificaremos que há outra semelhança. Não é apenas Erico Verissimo quem, em seguida a essa observação, matiza a impressão mais superficial e a corrige, dissociando a nacionalidade das cores, ao reconhecer que

---

* Erico Verissimo, *Breve história da literatura brasileira*. Trad. de Maria da Glória Bordini. São Paulo: Globo, 1995. p. 75.

se pode ser profundamente brasileiro sendo clássico. O próprio Machado, no texto a que nos referimos, prossegue em sua análise e discretamente corrobora essa percepção.

Depois de observar que "interrogando a vida brasileira e a natureza americana, prosadores e poetas" lá poderiam achar "farto manancial de inspiração" que lhes permitiria ir "dando fisionomia própria ao pensamento nacional", Machado de Assis ressalva sua opinião de que não bastava "ostentar certa cor local". Ao mesmo tempo, reconhece que existia aquilo que estava chamando de um instinto, "o geral desejo de criar uma literatura mais independente" da metrópole portuguesa. Aponta a existência dessa tendência no país que éramos então, uma ex-colônia que a essa altura tinha uma independência política recente, havia apenas meio século, e que por tanto tempo antes disso se limitara a viver apenas "a homogeneidade das tradições, dos costumes e da educação" em relação a Portugal.

Com clareza, Machado em seguida destaca a intensidade com que "a aparição de Gonçalves Dias chamou a atenção das musas brasileiras para a história e os costumes indianos" e despertou uma reação adversa que negava a relação entre a poesia e os povos dominados. Ou, em suas palavras, bem fiéis à mentalidade da época, "os costumes semibárbaros anteriores à nossa civilização", ou "a raça extinta, tão diferente da raça triunfante".

Em tal atitude, que pretendia reduzir a literatura brasileira apenas ao indigenismo, nosso romancista-maior constata um erro. Pondera que a cultura brasileira não está ligada aos indígenas nem deles "recebeu influxo algum", ainda que possa neles se inspirar, embora, para usar seus próprios termos, possa ter nos primeiros povos deste país elementos de "matéria de poesia, uma vez que traga as condições do belo ou os elementos de que ele se compõe". Em suma, Machado considera incorreto definir a literatura brasileira pelo indigenismo, mas se apressa a lembrar que erro igual seria excluí-lo.

Menciona, em seguida, uma questão afim — a de se tomar como assunto os nossos costumes nas diferentes regiões, que também serviram de tema de invenção a nossos romancistas. E, sobretudo, o recurso à natureza tropical americana, "cuja magnificência e esplendor naturalmente desafiam a poetas e prosadores". Todos esses temas, em seu entender, eram relevantes e convidativos, atiçavam a imaginação e vinham dando origem a "alguns quadros de singular efeito". O crítico passeia então pelos diversos elementos que constituiriam a cor local, o colorido e pitoresco que, aparentemente, estariam associados à visão literária brasileira para satisfazer ao tal instinto da nacionalidade de que antes falava. Mas não se contenta com isso. Pelo contrário, vai mais adiante e já insinua que se trata apenas de um legado "tão brasileiro quanto universal" e que "não se limitam os nossos escritores a essa só fonte de inspiração".

A essa altura, porém, nosso Machado dá uma guinada e trata de fazer uma ressalva bem mais nítida:

> Devo acrescentar que neste ponto manifesta-se, às vezes, uma opinião, que tenho por errônea: é a que só reconhece espírito nacional nas obras que tratam de assunto local, doutrina que, a ser exata, limitaria muito os cabedais da nossa literatura.

E depois de, rapidamente, mencionar mais uma vez a obra de Gonçalves Dias, areja toda a discussão, passando a escancarar as janelas para que por elas penetrem todos os ventos. Vai apoiar sua argumentação em autores estrangeiros, encerrando de forma irrefutável: "E perguntarei mais se o Hamlet, o Otelo, o Júlio César, a Julieta e Romeu têm alguma coisa com a história inglesa nem com o território britânico, e se, entretanto, Shakespeare não é, além de um gênio universal, um poeta essencialmente inglês".

Pouco adiante, trata de responder, ele mesmo, a essa pergunta, advogando que não se devem estabelecer doutrinas que empobreçam a literatura: "O que se deve exigir do escritor, antes de tudo, é certo sentimento íntimo, que o torne homem do seu tempo e do seu país, ainda quando trate de assuntos remotos no tempo e no espaço".

Mesmo condenando os exageros e a pouca leitura dos clássicos, bem como o excesso de vestígios do francês, e lembrando que a influência popular tem um limite, Machado conclui seu artigo com uma observação de surpreendente acuidade para a época, trazendo a primeiro plano, com bastante destaque, a importância da língua. Pondera:

> Não há dúvida [de] que as línguas se aumentam e alteram com o tempo e as necessidades dos usos e costumes. Querer que a nossa pare no século de quinhentos é um erro igual ao de afirmar que a sua transplantação para a América não lhe inseriu riquezas novas. A este respeito, a influência do povo é decisiva. Há, portanto, certos modos de dizer, locuções novas, que de força entram no domínio do estilo e ganham direito de cidade.

De certo modo, nosso olhar de hoje — num futuro mais de 130 anos depois do momento em que ele escreveu essas palavras — pode detectar quanto de corajoso havia nessas afirmativas de Machado de Assis.

Por um lado, num momento em que o ideal de imposição de modelos linguísticos castiços se chocava com o que muitos achavam ser uma frouxidão exagerada e ignorante, ele busca um equilíbrio. Por outro, e isso é o mais significativo, ele percebe como é a prática da língua portuguesa no Brasil que será um fator primordial na construção da nacionalidade. Percebe que é nela, e no estilo em que ela discutirá as questões do espírito, que afinal se define o caráter de uma literatura. Não nos temas ou no cenário.

De alguma forma, ele já se erguia com firmeza contra uma onda de argumentação superficialmente nacionalista, destinada a ter uma longa duração e muito sedutora em sua capacidade de atrair simpatias.

Aliás, convém assinalar que essa onda percorreu a crítica brasileira durante muito tempo, chegando ainda fortíssima e vigorosa aos dias de Erico Verissimo, setenta anos mais tarde, como vimos. Mais que isso, trata-se de uma voga de sete fôlegos, em condições de sobreviver, sob outros disfarces, até muito recentemente — se é que ainda não anda por aí, latente e prestes a dar outro bote. Além de tudo, essa tendência crítica tem outro aspecto: é também, em grande parte, uma sobrevivente entre nós de uma visão importada, exemplo da influência das leituras estrangeiras que se fizeram de nossa literatura, sempre prontas a preferir o exótico e colorido, capazes de assegurar que ela se limite a ser pitoresca.

Pode-se, igualmente, detectar nessas palavras a admirável racionalidade de Machado de Assis. O comentário por ele feito nesse artigo demonstrou como já intuía que o "instinto de nacionalidade" que percebia como traço nosso tão essencial não podia se restringir a essas questões superficiais e a meras aparências externas. Pelo contrário, como iria mais tarde confirmar com tanto vigor nossa história cultural, de certo modo somos mais profundamente brasileiros exatamente quando somos mais plurais, mais mestiços, mais acolhedores, mais abertos a incorporar a nosso "sentimento íntimo" aquilo que o mundo de fora nos oferece e a elaborar as tantas e tão diversas contribuições internas que atuam na tessitura de nossa formação e nos enriquecem com suas impurezas.

Nos anos que se seguiram a esse texto, Machado de Assis demonstrou de forma cabal, com sua obra, que podia tranquilamente tomar variadas leituras de autores estrangeiros para torná-las parte integrante daquilo que escrevia. Mostrou também como conseguia, no decorrer desse processo, ser ao mesmo tempo universal e brasileiríssimo.

Com essa atitude, entretanto, lançou-se às feras da arena e foi uma das primeiras vítimas da incompreensão feroz e veemente com que sempre agiu o zelo excessivo dos autonomeados árbitros da brasilidade, aqueles que se acham detentores únicos dos padrões de correção nacionalista. De certo modo, os ataques recebidos por Machado nessa área já prenunciavam incompreensões como as que mais tarde acompanhariam a análise da obra de Joaquim Nabuco, por exemplo, muitas vezes criticado por seu cosmopolitismo e sua admiração por autores e modelos anglo-saxões. Como se abertura fosse pecado e diálogo fosse crime de lesa-pátria. E como se nossa cultura fosse tão frágil e vulnerável, coitadinha, que se arriscasse a ser varrida por qualquer brisa que conseguisse se esgueirar pelas mínimas frestas e brechas eventualmente deixadas abertas na superfície nacionalista.

Uma das acusações que faz Sílvio Romero a Machado de Assis, por exemplo, levando o crítico a lhe atribuir um lugar secundário na literatura brasileira (a ponto de excluí-lo de sua *História da literatura brasileira*, publicada em 1888), é a de voltar as costas à paisagem e ao povo brasileiro e se isolar artificialmente, afastando-se das questões centrais na definição da nacionalidade (e da literatura) brasileira — a saber, as categorias de raça e miscigenação.

Romero, que se autointitulava "um justiceiro", assinala em Machado um grande problema: o de, mesmo sendo um "genuíno representante da sub-raça brasileira cruzada", de alguma forma negar suas origens e não se entregar "à sua condição de meridional e mestiço". Como se, por ser descendente de portuguesa e negro, o romancista não tivesse direito a reivindicar sua parte do legado da cultura universal da humanidade, estivesse proibido de considerar também como seu o patrimônio cultural comum ao Ocidente e tivesse que abordar apenas os temas, cenários ou pontos de vista que fossem característicos do hemisfério Sul e da mestiçagem. Uma receita equivalente a advogar que o autor deveria "conhecer seu lugar" e ser geneticamente obrigado a se limitar a determinado tipo de assunto, proibido de fazer sua obra circular fora de estritas fronteiras temáticas. Nesse processo, o crítico chega até a acusar o humor machadiano de ser apenas uma caricatura, imitação pouco hábil de autores ingleses.

Como frisa um artigo recente de Hélio de Seixas Guimarães,

> em alguns momentos Romero parece não se conformar mesmo é com o fato de Machado ter escrito o que escreveu sendo mulato, sem se perder no que chama de "moléstia da cor, nostalgia da alvura, despeito contra os que gozam da superioridade da branquidade".*

Sílvio Romero não foi o único, porém. Apenas o mais notório, entre seus contemporâneos.

Araripe Júnior foi outro grande crítico da mesma época que recaiu numa atitude um tanto semelhante, ainda que a partir de outro ângulo. Mas insistiu em querer encaixar a leitura e a crítica literária numa forma teórica predeterminada, exigindo que a criação artística se conformasse a seus autoritários pressupostos políticos, filosóficos ou ideológicos.

Na verdade, essa tem sido uma tendência persistente entre nós, variando apenas o arcabouço prévio a que o artista deveria atender e a cujas expectativas deveria corresponder, na opinião desses críticos. Quase um século depois, durante a época da ditadura militar, essa atitude cobradora iria se exacerbar e seria batizada pelo cineasta Cacá Diegues de "patrulha ideológica", introduzindo em nosso debate cultural os polêmicos, mas exatos, termos "patrulhar" e "patrulhamento", destinados a permanecer em cena até hoje, já que com tanta acuidade descreviam um embate recorrente com o qual tantos de nossos artistas tiveram de se defrontar em um ou outro momento de suas carreiras.

---

* Hélio de Seixas Guimarães, "Romero, Araripe, Verissimo e a recepção crítica do romance machadiano", *Estudos Avançados*, São Paulo, v. 18 n. 51, maio/ago. 2004.

Fiel ao gosto dominante e às noções correntes e arraigadas da época, Araripe Júnior inicialmente também foi caudatário dessas ideias exacerbadas de nacionalismo romântico. Em 1870, considerava que Machado de Assis era ingrato para com o "formoso Brasil" e o atacou com virulência, numa frase que ficou famosa, pela "manifesta preferência que vota ao grito da cigarra de Anacreonte sobre o melodioso canto do sabiá". Nessa primeira fase da obra crítica de Araripe Júnior, ele apontava em Machado o imperdoável defeito da excentricidade e confessava constatar que seu próprio "chateaubrianismo intransigente" ficava "em verdadeiro desespero" diante da recusa machadiana em explorar os temas da exaltação da natureza e do índio americano, como fizera e pregara o romancista francês. Paradoxalmente, era preciso escrever sobre índios e o ambiente tropical para poder ser bem brasileiro, seguindo o exemplo de um europeu. Mas a estranheza do raciocínio não chamava a atenção dos detratores nem atraía reparos.

A crítica de Araripe Júnior não se limita a isso, porém. A atitude estética do romancista o irrita tanto que ele passa ao terreno do ataque pessoal. Critica também o recato e a contenção de Machado no trato das personagens femininas — para ele, mulheres sem cheiro e sem perfume, incolores, desprovidas da sensualidade e lubricidade que nos caracterizam. Ultrapassando as medidas de um respeito mínimo, chega até a fazer insinuações deselegantes e ofensivas sobre a duvidosa virilidade e a falta de experiência do escritor, ou sobre a escassez de encantos de sua esposa.

Mais tarde, o próprio Araripe foi se corrigindo e reconheceu que esses seus conceitos foram infelizes. Em 1908, ano da morte de Machado de Assis, retratou-se da grosseria cometida, arrependido do tratamento que inicialmente tinha dado ao romancista em seu primeiro julgamento. Ao fazer uma revisão de seus juízos prévios, percebeu tardiamente no humor machadiano um aspecto essencial de sua obra que, inclusive, lhe permitira tratar, em

Quincas Borba, da importante questão em torno da maneira pela qual as ideias estrangeiras circulam e se assimilam no Brasil. Observação aguda, sensível e pertinente, digna do bom crítico que Araripe Júnior podia ser.

Esse é, aliás, um tema em pauta até hoje — como descobrem os antropólogos urbanos que constatam a forma atual pela qual os jovens das populações da periferia em nossas metrópoles andam preferindo muitas vezes se afastar do samba, do choro e outros gêneros musicais da tradição afro-brasileira para se dedicar ao funk e ao hip-hop, reinventados após a importação de modelos norte-americanos. E, em seguida, a observação e as pesquisas atestam como, apesar disso, o samba "agoniza mas não morre", segundo a definição já tradicional dos velhos sambistas, mas ressurge, transformado e vigoroso, nos diferentes pagodes e fundos de quintal.

Nessa revisão de suas primeiras opiniões, Araripe Júnior procura retificar algumas injustiças anteriores. Observa, então, como o texto de Machado de Assis opera um deslocamento de padrões, com o humanitismo de Rubião em *Quincas Borba*, ao recriar de modo divertido e satírico a forma como um ignorante se relacionava com as grandes ideias filosóficas da época, sobretudo as de Darwin e Comte. De maneira aguda, Araripe Júnior detecta nesse humor machadiano um mecanismo que mais tarde os modernistas do Movimento Antropofágico iriam erigir em princípio norteador: a atrevida incorporação das ideias estrangeiras na certeza de que a novidade não ameaça e o estrangeiro não constitui, necessariamente, um perigo. Pelo contrário: se assimilado, sua deglutição pode ser fecunda e transformar esses aportes em alimento, energia e tecido novo, capazes de sustentar o corpo do devorador, do lado de cá do Atlântico.

A intuição tardia de Araripe Júnior percebe esse paradoxo cultural, sugerindo que na obra de Machado de Assis o contato do *humour* anglo-saxônico com as condições físicas e culturais do Brasil faz com que o humorismo seja substancialmente alterado e se transforme em algo original. Reconhecendo a força satírica do romance, chega a ponto de perguntar, a propósito de Rubião: "Quem nos diz que esse personagem não seja o Brasil?".

E, se abrirmos aqui um parêntese antecipatório para outra visão de aprofundamento crítico, corroborando essa mesma capacidade de Machado de encarnar o espírito nacional, podemos trazer Roberto Schwarz a esta mesa, quando ele afirma sobre outro personagem machadiano: "Percebe-se o problema a que a volubilidade de Brás Cubas dava uma espécie de solução: em termos exigentes, livres de simpatia com nossa estreiteza, qual o significado da experiência brasileira?".

E mais adiante:

> A desprovincianização do Brasil pela via da volubilidade, ou seja, das associações mentais arbitrárias de um brasileiro culto, que vê tudo em tudo, Aristóteles aqui, Santo Agostinho e Gregorovius ali, é a caricatura machadiana daquela situação, ou ainda, a fixação de um seu aspecto apalhaçado que dura até hoje. [...] O efeito literário realista e o insight histórico não estão na justeza ou no prolongamento das reflexões de Brás, mas na sua eficácia como desconversa e no seu significado em outro nível, que cabe ao leitor identificar e construir.*

Voltando a Araripe, sua sugestão de que Quincas Borba pode ser o Brasil, de certo modo, acaba fechando o ciclo e respondendo à pergunta inicial do próprio Machado de Assis. Ou seja, essa reflexão não deixa de corroborar que Shakespeare não é menos inglês ao situar suas peças na Dinamarca, em Chipre, na Itália re-

---

* Roberto Schwarz, *Um mestre na periferia do capitalismo: Machado de Assis*. São Paulo: Livraria Duas Cidades, 1990.

nascentista ou na Roma Antiga. Da mesma forma, Machado não é menos brasileiro por não utilizar signos exteriores de brasilidade. No entanto, até mesmo José Verissimo, o crítico que o admirava e que mais contribuiu para seu reconhecimento em vida, não deixou de fazer restrições à falta da "exuberância [...] própria aos brasileiros" na obra de Machado de Assis. Mais uma vez, verificamos que nessa análise está implícita a noção de que para ser brasileiro há que ser exuberante, exagerado, derramado, colorido, pitoresco.

Entretanto, toda essa sucessão de objeções levantadas contribui também para indicar o lugar central que essa questão ocupa na literatura brasileira. Mais que isso, na cultura brasileira de um modo geral.

Se assim não fosse, essa discussão não teria continuado a ser um ponto polêmico pelos anos afora.

O próprio modernismo de 1922, que consagrou a formulação desse ideal de antropofagia cultural com Oswald de Andrade, iria ter uma outra face mais ambígua que com ele convivia. Muito bem exemplificada em Mário de Andrade, essa vertente desconfiava dos poderes ameaçadores dos influxos estrangeiros, embora, ao mesmo tempo, fosse obrigada a reconhecer o fato inegável de que "o espírito modernista e as suas modas foram diretamente importados da Europa". Não havia como negar que, no movimento modernista, conviveram lado a lado, no dizer do próprio Mário, o internacionalismo e o nacionalismo embrabecido.

O fato é que as duas tendências estavam totalmente mescladas na característica fundamental da "realidade que o movimento modernista impôs", como ele aponta mais adiante na mesma análise. Ou seja: "A fusão de três princípios fundamentais: o direito permanente à pesquisa estética; a atualização da inteligência artística brasileira; e a estabilização de uma consciência criadora nacional".* Tais princípios, pregando ao mesmo tempo um en-

* Mário de Andrade, *Aspectos da literatura brasileira*. São Paulo: Martins, 1972.

raizamento na tradição do Brasil profundo e um compromisso vanguardista, mediante um acompanhamento cosmopolita e constante das últimas novidades do que se fazia lá fora, acabaram por constituir os polos fascinantes que garantiriam a necessária tensão e as ambiguidades da contribuição modernista entre nós.

Em defesa desses princípios, e para garantir sua liberdade estética (onde o assunto ou o cenário não têm a menor importância) e seu direito às inquietações, como lembra Mário de Andrade ainda no mesmo artigo, os modernistas se abriram a todos os ventos. Sem dúvida, com isso enfrentaram vaias, insultos públicos, cartas anônimas, perseguições financeiras. No entanto, ao fazer seu balanço, vinte anos após a Semana de 1922, ele reconhece o espaço conquistado pelos artistas nacionais graças, justamente, a essa abertura. Mais que isso, ele se orgulha da contribuição do grupo.

Com agudeza, constata Mário que "o estandarte mais colorido dessa radicação à pátria foi a pesquisa da língua brasileira". Mesmo que no decorrer desse processo tenha havido exageros e distorções, "as compensações são muito numerosas pra que [...] se torne[m] falha grave" e levaram a um avanço incrível nas linguagens artísticas — da música, das artes plásticas, da arquitetura, da literatura, como avalia em seu balanço.

O espantoso é observar como alguns setores da crítica cultural tiveram tanta dificuldade em enxergar e acompanhar essas conquistas. Um século depois da publicação do artigo de Machado de Assis, surpreendemo-nos com a persistência, em variados campos e momentos, de certa recusa em entender ou aceitar aquela observação machadiana tão lógica e equilibrada, aparentemente irrefutável, sobre a identidade nacional de Shakespeare. E, ainda por muito tempo depois, iremos nos deparar com repetidos exemplos de dificuldade crítica em se fazer essa fusão de que fala Mário.

Os observadores atentos se recordarão de como um dos mais significativos movimentos musicais brasileiros — a bossa nova nos anos 1950 e início da década de 1960 — enfrentou uma hostilidade que chegou às raias de um linchamento cultural público por parte de grandes setores da crítica purista, que a acusavam de ser mera importação do estrangeiro e uma imperdoável traição às nossas raízes mais autênticas. Nesse caso, desde o início, os músicos reagiram de forma bem-humorada. Carlos Lyra — que, aliás, devia estar acima dessas suspeitas, graças a sua militância engajada e seu papel na criação e consolidação do Centro Popular de Cultura da União Nacional dos Estudantes (UNE) — chegou a criar um clássico da bossa nova chamado "Influência do jazz", que se transformaria em um dos seus grandes sucessos, com uma letra cheia de ironia.

Pobre samba meu
Foi se misturando,
Se modernizando
E se perdeu.

E mais adiante:

Pobre samba meu,
Volta lá pro morro,
E pede socorro onde nasceu.

Nada disso era novo. Alguns anos antes, ocorrera algo parecido na época do swing e do boogie-woogie que se misturavam ao samba. Na ocasião, os Novos baianos, igualmente achando graça, inverteram a mão e afirmaram em música que "O Tio Sam está querendo conhecer a nossa batucada...". Foram mais além e defenderam a mistura do chiclete com a banana, dando o mote para que outra geração depois pudesse dar um passo adiante e desenvolver a brincadeira num trocadilho crítico, falando em chiclete com banana.

Mais tarde, novamente, já depois do Golpe de 1964, ocorreria algo semelhante a propósito de uma novidade tecnológica: a introdução dos instrumentos eletrônicos no chamado iê-iê-iê e no tropicalismo. Houve até passeata em São Paulo contra a guitarra elétrica, em nome da pureza nacional de nossa música... Enquanto isso, os músicos brasileiros, criadores e excelentes exemplos de antropófagos culturais na prática, seguiam em frente, com ginga e inventividade. Misturavam linguagens, recriando harmonias e fundindo ritmos na geleia geral brasileira, recorrendo a "batmacumbas" e rindo do "analfomegabetismo" (Gilberto Gil) ou mostrando saídas incríveis ao cantar em aliterações fecundas "o tíquete que te dei pro leite" e ainda rimar isso com "Flamengo" e "River Plate", ou ao rimar "herói" com "cowboy", "rock" com "bodoque", "dentro da lei" com "tá tudo o.k.", "mais um copo" com "allegro ma non troppo" (para só citar alguns dos inacreditáveis achados de Chico Buarque nesse tipo de procedimento) ou "pena de pavão de Krishna/ Maravilha, Vixe Maria mãe de Deus" (Caetano Veloso). E Tom Jobim, o redescobridor da Terra Brasilis, dá o emblemático título de "Chansong" a uma de suas composições. Um neologismo emblemático que, por si só, vale como uma definição ou um programa de trabalho.

Ou seja, as respostas aos puristas vêm sendo dadas na prática, na invenção e na maleabilidade vital de uma língua portuguesa que no Brasil se faz flexível, aberta e divertida. Como Guimarães Rosa intuiu, ao nela detectar a característica fundamental de sua parca e apenas incipiente cristalização, deixando-a ainda passível de se expandir pelo aproveitamento fecundo de todas as contribuições, arcaicas e virtuais, autóctones ou importadas, enriquecida pelas possibilidades das misturas culturais e pela fertilidade de não ser rígida. Portanto, de não estar saturada. Esse idioma português falado e reinventado a todo instante no Brasil, reflexo das porosidades e permeabilidades da gente que o fala, talvez constitua no momento um dos mais poderosos indicadores da identidade nacional. Pelo menos, sua irreverência criativa e surpreendente retrata esses falantes com grande fidelidade.

Mas o patrulhamento dos defensores da brasilidade superficial, de traços externos e facilmente visíveis, não esmorece. Apenas se transforma. Ainda recentemente, em nossos dias, o músico Lobão precisa frisar a cada entrevista que não é vegetal para ter que ser cobrado pela falta de raízes. Mais ainda: faz questão de afirmar, provocador como todo bom roqueiro, que é urbano — como 85% da população do país hoje em dia — e cresceu vendo televisão, ouvindo rock e assistindo a desenho animado e a filme legendado com som em inglês, e não é menos brasileiro por isso.

Na literatura, tais cobranças assumiram formas diferentes, bem mais sutis. Porém, para atestar sua persistência, basta lembrar como sofreram essa restrição as primeiras obras de romancistas brasileiros cuja ação não se situava claramente no Brasil, em paisagem brasileira, com ambiente brasileiro — como era o caso de *As armas e os barões*, de Flávio Moreira da Costa, ou *Stella Manhattan*, de Silviano Santiago, e outros pioneiros.

Praticamente até nossos dias, quando essa questão dá a impressão de ter sido inteiramente ultrapassada, podemos notar ainda os vestígios de sua perseverante sobrevivência, agora sob outra roupagem. Continua sendo bastante comum encontrar críticos que torcem o nariz ao fato de uma determinada obra de ficção retratar o universo de classe média em vez de se concentrar nas camadas mais pobres da sociedade, numa clara indicação de que o eixo purista da identidade nacional sofreu em nossos dias um processo de deslocamento, migrando da paisagem e do tema para a classe social. Aliás, a ressurgência desses pré-requisitos pôde ser atestada há muito pouco tempo, nas veementes discussões que acompanharam as tentativas do governo Lula de organizar conselhos e câmaras setoriais para orientar e/ou controlar a produção e difusão do audiovisual, do livro e da música, algo muito recente.

A tendência redutora e limitadora que é exercida por uma grade teórica dessa espécie, por ironia, ganhou reforços inesperados que vieram justamente de uma moda importada — a dos mandamentos politicamente corretos, surgida sobretudo nos meios universitários norte-americanos e difundida no Brasil pelos setores da mídia mais conectados com os modismos intelectuais vindos do exterior.

Para muitos, tal tendência é reveladora de pouca intimidade dos meios acadêmicos (não importa onde) com a própria natureza do fato artístico em si e da criação estética. Desse modo, tais reparos seriam particularmente de se estranhar e quase inaplicáveis numa literatura como a nossa, que tem sido absolutamente preocupada com a inclusão do excluído social. Apenas o referido desconhecimento explicaria a difusão e expansão do modismo, menos presente — ou quase ausente — na crítica universitária responsável e mais encontrável na superficialidade da cobertura jornalística.

O fenômeno tem sido assinalado por diferentes críticos e pelos leitores comuns. De forma inegável, a literatura brasileira se tem visto sempre intrinsecamente sujeita a essa obrigação solidária, e isso ocorre em níveis desconhecidos na produção literária de outras culturas. Até mesmo por uma simples questão de suscetibilidade pessoal e percepção aguda da realidade, que são características dos criadores em geral.

É bom destacar, a esse respeito, que esse processo não se manifesta apenas no caso dos escritores mais obviamente engajados, como os romancistas do regionalismo ou aqueles que tiveram ligações partidárias a lhes impor modelos de realismo socialista nos anos 1930 e 1940 — de Graciliano Ramos a Jorge Amado. Mesmo os maiores nomes emblemáticos de nossa ruptura com modelos estéticos consagrados (que normalmente seriam considerados como representantes de vanguardas), os grandes inventores de linguagem e abridores de novos caminhos literários, com toda a plena liberdade de seu experimentalismo, não deixaram de dar voz aos excluídos e de trazer ao primeiro plano os marginais da sociedade como protagonistas de suas obras. Basta lembrarmos o Riobaldo de Guimarães Rosa em *Grande Sertão: Veredas*, o Severino de João Cabral de Melo Neto em *Morte e vida severina*, ou a Macabea de Clarice Lispector em *A hora da estrela*, para ficarmos apenas nos exemplos mais evidentes.

Não deixa também de ser irônico que, muitas vezes, as cobranças se apoiem em exigências teóricas que parecem trazer em si uma espécie de ideal purificador ao contrário, afastando tudo aquilo que pareça ser de origem erudita, europeia ou norte-americana e preconizando a obrigatória inclusão de elementos de origem africana ou indígena.

Há setores da crítica que, para elogiar Jorge Amado, por exemplo, sentem necessidade de contrapô-lo "à tradição artística herdada no século passado, de feição lusitanista, propensa ao estilo elevado".*

A melhor resposta a essa observação seria a lembrança do próprio Amado, pela boca de seu personagem Pedro Archanjo, de *Tenda dos milagres*: "Se o Brasil concorreu com alguma coisa válida para o enriquecimento da cultura universal foi com a miscigenação — ela marca nossa presença no acervo do humanismo, é a nossa contribuição maior para a humanidade".

E, evidentemente, para miscigenar tem-se que ultrapassar qualquer pureza, seja ela indígena, africana, oriental ou europeia. Tem que haver mais de um, e diferentes.

Silviano Santiago — que há pouco citei como ficcionista, mas que é também um crítico agudo e atento — já afirmou que

---

* Fábio Lucas, "A contribuição amadiana ao romance social brasileiro". In: *Cadernos de Literatura Brasileira: Jorge Amado*, Instituto Moreira Salles, 3 mar. 1997.

a literatura brasileira nada mais é do que o resgate do subalterno, pois o popular para nós tem sido sempre subalterno, dominado, desprovido de voz. E a ele sempre queremos dar voz, nos sentimos obrigados a falar o tempo todo por esse popular submetido. Essa é uma obrigação que nos vem de dentro, da fidelidade ao que somos em nosso âmago, da solidariedade nascida da sensibilidade diante de nosso entorno social, tão poderoso e asfixiante. De certo modo, é uma manifestação daquilo que talvez seja a forma que continua assumindo para nós o instinto de nacionalidade de que falava Machado, agora muito mais claramente ligado à cultura do povo do que à paisagem nacional. Um sentimento íntimo. Uma maneira própria de sabermos do que fazemos parte. Ou de sermos fiéis à nossa voz, em que uma linguagem híbrida e maleável, indisciplinada e criada por todos assume registros diferentes em cada um para expressar aquilo que é de todos.

Toda colonização é uma dominação, que se transmite e se mantém por meio da uniformização. Daí a desconfiança que os artistas criadores sentem e tantas vezes manifestam em relação à indústria cultural homogeneizante e a seus mecanismos de uniformatação e padronização, impostos com tanta força. Daí também as afinidades intuídas por tantos deles entre a diversidade individual e a expressão da soma nacional, na reiterada aposta em que a resistência à pasteurização se manifesta pela multiplicação de vozes e por sua variedade.

"Somos ainda hoje uns desterrados em nossa terra", afirma Sérgio Buarque de Holanda no início de *Raízes do Brasil*.*

Na conclusão de *O povo brasileiro*, Darcy Ribeiro completa:

Nós, brasileiros, nesse quadro, somos um povo em ser, impedido

---

* Sérgio Buarque de Holanda, *Raízes do Brasil*. São Paulo: Companhia das Letras, 1999.

de sê-lo. Um povo mestiço na carne e no espírito, já que aqui a mestiçagem jamais foi crime ou pecado. Nela fomos feitos e ainda continuamos nos fazendo. Essa massa de nativos oriundos da mestiçagem viveu por séculos sem consciência de si, afundada na *niguendade*. Assim foi até se definir como uma nova identidade étnico-nacional, a de brasileiros.

E conclui o antropólogo com um comentário que acerta em cheio no alvo:

É de assinalar que, apesar de feitos pela fusão de matrizes tão diferenciadas, os brasileiros são, hoje, um dos povos mais homogêneos linguística e culturalmente e também um dos mais integrados socialmente da Terra. Falam uma mesma língua, sem dialetos. Não abrigam nenhum contingente reivindicativo de autonomia, nem se apegam a nenhum passado. Estamos abertos é para o futuro.*

Creio que é nessa mestiçagem cultural e nessa homogeneidade linguística que hoje reside e se realiza plenamente em nossa literatura o tal instinto de nacionalidade de que falava Machado de Assis.

Se existe em nossa literatura esse "instinto de nacionalidade", ou aquilo que mais modernamente, depois de Freud, chamaríamos de nossa "identidade", ele se manifesta em nossa linguagem literária, neste português híbrido e cheio de registros diversos que foi passando a nos expressar, a falar pela gente desta terra colonizada, por todos estes subalternos dominados, nesta nossa maneira de ser, neste DNA mestiço e plural. Uma linguagem poética que, com Manuel Bandeira, soube ser libertação, desprezar a

---

* Darcy Ribeiro, *O povo brasileiro*. 2. ed. São Paulo: Companhia das Letras, 1996. pp. 453-4.

dúvida sobre o cunho vernáculo de um vocábulo, e fez questão de gritar "abaixo os puristas!", além de incorporar "todas as palavras sobretudo os barbarismos universais/todas as construções sobretudo as sintaxes de exceção".

Como queriam os modernistas, essa linguagem aceita a "contribuição milionária de todos os erros".* E com esses erros e equívocos se re-funda, em processo permanente, a se constituir numa linguagem sinuosa, fluente e cantante, cheia de curvas, meandros, remansos e corredeiras. Uma linguagem sedutora e oferecida, mas também escancarada para receber, com extraordinária maleabilidade, permitindo variados aportes. Uma festa do idioma. No fundo, um banquete semelhante aos junta-pratos tão típicos das celebrações populares nacionais, herdeiras dos quarups, ao qual todos podem trazer ao mesmo tempo sua fome e as diferentes delícias preparadas em sua própria cozinha.

Se olharmos a literatura brasileira como um panorama geral, talvez seu elemento mais distintivo seja exatamente essa sua diversidade, irredutível a uma cara só, generalizante e comum. Assim, o que a caracteriza é justamente o fato de que cada escritor tem uma linguagem própria, que é um microcosmo dentro desse universo que é o Brasil. Lado a lado, vão todos formando esta literatura multifacetada.

O resultado acaba sendo uma soma de vozes muito variadas que querem se fazer ouvir. Em seus solos, corais ou contracantos, elas compõem um retrato bastante acurado do que somos. Esse conjunto nos expressa, falando de nossas diferenças e, simultaneamente, fazendo transbordar uma espécie de inconsciente nacional reprimido, híbrido e mestiço, coalhado de impurezas. Mas, ao mesmo tempo, alimentado e vitalizado pela certeza

---

* Oswald de Andrade, "Falação". In: *Cadernos de poesia do aluno Oswald* (*Poesias reunidas*). São Paulo: Círculo do Livro, s/d.

de que temos algo a dizer. Quando mais não seja, ao menos dar o testemunho de uma experiência muito original e teimosa, diferente, num mundo globalizado que tende a ficar cada vez mais igual em toda parte.

De qualquer modo, parece válido assinalar que, se no século XIX a questão da nacionalidade na literatura brasileira se apresentava para o romantismo ainda muito presa ao assunto e ao cenário, com Machado de Assis houve o início de um arejamento. A partir daí, as coisas foram ficando mais flexíveis e mostrando a possibilidade de uma visão mais complexa, mas a persistência de atitudes simplificadoras antigas se manteve em permanente estado de confronto. A modernidade aprofundou e completou essa discussão, que às vezes tende a girar sobre si mesma, em círculos teóricos. Por outro lado, a prática de criadores e usuários culturais vai aparando arestas num processo dinâmico e tecido de fios de mútuo reconhecimento.

As coisas se passam como se, de certo modo, aquele dolorido diagnóstico do exilado romântico Gonçalves Dias, para quem as aves que aqui gorjeiam não gorjeiam como lá, funcionasse também como uma metáfora de um canto novo capaz de surgir na pátria, por oposição ao cantar velho da metrópole, ao exílio e ao estrangeiro. Mas é um canto cuja novidade está em se inventar e se recriar, em construir a originalidade por meio de sua própria linguagem, em enfrentar com ousadia e sem medos o desafio de mostrar "o que quer, o que pode esta língua" (Caetano Veloso).

Para a modernidade — sobretudo para a baixa modernidade, esta que vivemos em nossos dias — acaba se impondo então a prática da diversidade e da multiplicação de vozes e timbres. Na certeza de que as aves que gorjeiam lá e cá podem ajudar a compor essa mistura híbrida e impura, esse grande caldo de cultura que transborda e fertiliza tudo o que alcança, como as grandes cheias dos rios que deixam seus detritos e fecundam a terra.

À sombra de uma palmeira onde canta o sabiá, ouvindo também o que já não há, um tico-tico cá, um tico-tico lá, quem sabe não se acaba comendo quase todo o fubá?
Parece ser esta a aposta cultural brasileira em nossos dias.

Publicações originais dos textos

A ideologia da leitura
Leitura, livro e novas tecnologias
O trânsito da memória: Literatura e transição para a democracia no Brasil
  MACHADO, Ana Maria. *Contracorrente: Conversas sobre leitura e política.* São Paulo: Ática, 2003.

Entre vacas e gansos: Escola, leitura e literatura
Outro chamado selvagem
Texturas: O Tao da teia — sobre textos e têxteis
  MACHADO, Ana Maria. *Texturas: Sobre leituras e escritos.* Rio de Janeiro: Nova Fronteira, 2001.

Do bom e do melhor. E muito
Muito prazer: Notas para uma Erótica da narrativa
Livros infantis como pontes entre gerações
  MACHADO, Ana Maria. *Ilhas no tempo: Algumas leituras.* Rio de Janeiro: Nova Fronteira, 2004.

Fantasma oculto: Alguns segredos de quem escreve
Em louvor da narrativa
Pelas frestas e brechas: A importância da literatura infantojuvenil brasileira
Lá e cá: Algumas notas sobre a nacionalidade na literatura brasileira

MACHADO, Ana Maria. *Balaio: Livros e leituras.* Rio de Janeiro: Nova Fronteira, 2007.

ESTA OBRA FOI COMPOSTA PELO GRUPO DE CRIAÇÃO EM MINION E IMPRESSA PELA RR DONNELLEY EM OFSETE SOBRE PAPEL PÓLEN SOFT DA SUZANO PAPEL E CELULOSE PARA A EDITORA SCHWARCZ EM JANEIRO DE 2016